创新型财经专业“十三五”规划教材

“互联网+教育”新形态教材

基础会计实务

主编　何爱赟　胡红梅　钟炎君

江苏大学出版社
JIANGSU UNIVERSITY PRESS

镇　江

内容提要

本书主要介绍了会计基础的相关知识。全书共分为九章，具体内容包括：总论、会计要素与会计科目、会计记账方法、借贷记账法下主要经济业务的账务处理、会计凭证、会计账簿、账务处理程序、财产清查和财务报表。

本书内容系统、案例丰富、通俗易懂、实用性强，可作为各类院校财经类专业及相关专业学生的教材，也可作为广大会计爱好者初学会计的参考用书。

图书在版编目（CIP）数据

基础会计实务 / 何爱赟，胡红梅，钟炎君主编. -- 镇江 : 江苏大学出版社，2017.8（2019.8 重印）
ISBN 978-7-5684-0539-3

Ⅰ. ①基… Ⅱ. ①何… ②胡… ③钟… Ⅲ. ①会计实务－教材 Ⅳ. ①F233

中国版本图书馆 CIP 数据核字(2017)第 192456 号

基础会计实务
Jichu Kuaiji Shiwu

主　　编 / 何爱赟　胡红梅　钟炎君
责任编辑 / 吴小娟
出版发行 / 江苏大学出版社
地　　址 / 江苏省镇江市梦溪园巷 30 号（邮编：212003）
电　　话 / 0511-84446464（传真）
网　　址 / http://press.ujs.edu.cn
排　　版 / 北京金企鹅文化发展有限公司
印　　刷 / 北京京华铭诚工贸有限公司
开　　本 / 787 mm×1 092 mm　1/16
印　　张 / 14.5
字　　数 / 335 千字
版　　次 / 2017 年 8 月第 1 版　2019 年 8 月第 4 次印刷
书　　号 / ISBN 978-7-5684-0539-3
定　　价 / 45.80 元

如有印装质量问题请与本社营销部联系（电话：0511-84440882）

编者的话

经济越发展，会计越重要。在市场经济环境下，会计信息作为反映和报告企业财务状况和经营成果的信息系统，其作用越来越受到各方面的重视。《基础会计实务》作为会计专业的入门课程，可为专业会计的学习提供必要的理论基础和专业技能。为此，我们编写了这本教材。

本教材以最新颁布的《企业会计准则》为依据，讲述会计学的基本概念、基本原理和基本方法。在编写过程中，紧紧抓住高等院校人才培养目标和人才培养模式改革重点，充分吸收高等院校工学结合课程教学改革的成果，突出职业性、开放性和实践性。

近年来，随着我国《企业会计准则》的新增或修订，会计理论和方法日益丰富。特别是2016年12月，财政部颁发了《增值税会计处理规定》，对会计处理产生了较大影响。为完善增值税制度，2018年5月，我国调整了增值税税率，为深化增值税改革，推进增值税实质性减税，2019年4月，我国再次调整了增值税税率。为适应这些变化，保证教材内容的更新与相关法律法规的要求和会计改革的实践同步，我们对现行教材进行了全面修订，力求进一步提升教材质量，更好地服务于广大读者。

整体而言，本教材具有以下特点：

- 内容系统：本教材根据会计工作流程，按照由浅入深、循序渐进的认知规律来安排总体结构和各章内容，全文条理清晰、结构严谨、内容精炼，易于学生扎实地掌握会计知识。
- 紧跟时代：本教材将财政部最新制定的《企业会计准则》等会计规范融入到正文当中，如最新增值税税率、《关于修订印发2019年度一般企业财务报表格式的通知》（财会〔2019〕6号）等，大大增强了教材的时效性和应用性。
- 形式新颖：本书各章章首均设置了“导入案例”，激发学生学习各章内容的兴趣，促使其主动探寻解决问题的方法；各章正文中均穿插了凸显重点、归纳总结、讲解案例或延伸知识的二维码，以帮助学生理解正文并快速掌握相关知识。
- 案例丰富：本书在讲解基础知识的同时，为重要知识点配备了丰富的例题，使学生通过例题理解知识点，进而在学习中做到有的放矢。
- 账表仿真：本书以实物为模板，精心绘制各种与经济业务相关的凭证和账表，使理论知识与工作实践紧密结合，为学生呈现一个真实的会计世界。

此外，在本书的编写过程中，我们力求做到行文流畅、简洁明快、易读易记，衷心希望该教材能够帮助学生在增强学习兴趣的同时更好地掌握会计知识。

本书由何爱赟、胡红梅、钟炎君任主编，叶欢、刘婷婷任副主编，胡佳妮、刘凯笛、杨亚星、姚雅俊、郜衍参与编写，全书由陈利红主审。在编写过程中，我们参考了大量的文献资料，未能一一列明来源，在此向这些作者表示诚挚的谢意。由于编写时间仓促，编者水平有限，书中疏漏与不当之处在所难免，敬请广大读者批评指正。

本教材配有优质的教学资源包，读者可登陆网站（www.bjjqe.com）下载。

本书编委会

主　编：何爱赟　胡红梅　钟炎君

副主编：叶　欢　刘婷婷

参　编：胡佳妮　刘凯笛　杨亚星

姚雅俊　郜　衍

主　审：陈利红

目 录

第一章 总论

1

学习目标

知识目标

了解会计的产生与发展，以及会计准则体系。
理解会计的概念与特征，以及会计对象与目标。
掌握会计的基本假设、会计的基本职能、权责发生制和会计信息质量要求。

能力目标

理解会计的核算方法体系。
能运用会计核算基础进行正确的计量。

导入案例

张琪是某高职院校会计专业 2018 级新生，报到第一天就急着了解自己是否选对了专业。什么是会计？会计学些什么内容？会计有何用处，难不难，毕业以后工作好不好找？可以胜任哪些岗位？这是每位会计初学者的疑问。

传统会计的工作内容几乎已成为定式：每天都要填写、审核各种凭证，一笔笔登记账簿；月末还要对账、结账、编制报表；向领导汇报工作，在合理避税方面动脑筋。日复一日，年复一年，每日的生活似乎就在这种平淡无奇中消耗。对会计来讲，成功似乎只是奢望，拥有的只是平淡。

可现代成功的思维，不允许我们总用一种凝固的眼光看待一切。成功存在于任何业界中，当然也包含会计界。要想真正获取成功，我们必须改变各种传统思维，从一种全新的角度来重新审视每一个事物，即使是最传统的事物。

从事会计要想成功，一般有两条路可供选择（见图 1-1）：一是职业之路，即终身从业，矢志不渝；二是产业之路，即以此为跳板，转行改业。不管走哪条路，只要有功底、有信心，一定会到达成功的彼岸。

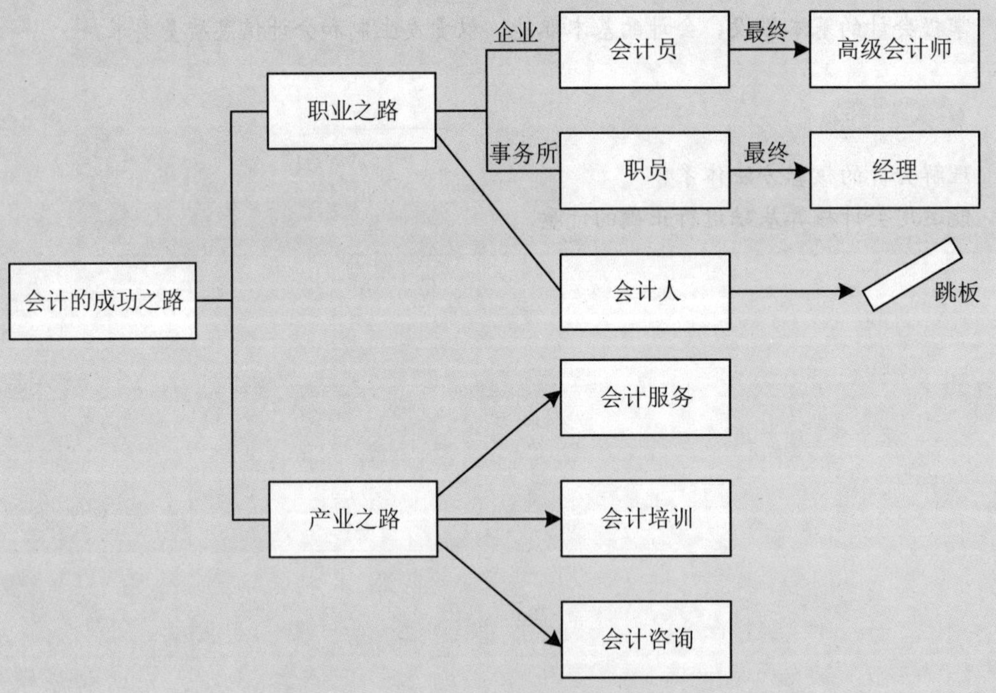

图 1-1　会计职业的成功之路

第一节 会计概述

一、会计的产生与发展

会计是人类社会发展到一定阶段的产物，它是为了适应人们对生产经营活动进行管理的客观需要而产生的，并随着社会生产的发展而发展。

会计在中国有着悠久的历史。据史籍记载，早在西周时代就设有专门核算官方钱粮税赋的官职——司会，并对财物收支采取了“月计岁会”（零星算之为“计”，总合算之为“会”）的方法。

西汉时期，出现了名为“计簿”或“簿书”的账册，用以登记会计事项。以后各朝代都设有官吏管理钱粮、税赋和财物的收支。

宋代官厅中，办理钱粮报销或移交，要编造“四柱清册”，通过“旧管（期初结存）+新收（本期收入）=开除（本期支出）+实在（期末结存）”的平衡公式进行结账，结算本期财产物资增减变化及其结果。这是中国会计学科发展过程中的一个重大成就。

明末清初，随着手工业和商业的发展，出现了以四柱为基础的“龙门账”，它把全部账目划分为“进”（各项收入）、“缴”（各项支出）、“存”（各项资产）和“该”（各项负债）四大类，运用“进-缴=存-该”的平衡公式进行核算，设总账进行“分类记录”，并编制“进缴表”（即利润表）和“存该表”（即资产负债表），实行双轨计算盈亏，在两表上计算得出的盈亏数应当相等，称为“合龙门”，以此核对全部账目的正误。之后，又产生了“四脚账”（也称“天地合账”），这种方法是：对每一笔账项既登记“来账”，又登记“去账”，以反映同一账项的来龙去脉。“四柱清册”“龙门账”和“四脚账”显示了中国不同历史时期传统中式簿记的特色。

现代会计是商品经济的产物。14 至 15 世纪，欧洲资本主义商品货币经济的迅速发展。促进了会计的发展。其主要标志：一是利用货币计量进行价值核算；二是广泛采用借贷复式记账法，从而形成现代会计的基本特征和发展基石。20 世纪以来，特别是第二次世界大战结束后，资本主义的生产社会化程度得到了空前的发展，现代科学技术与经济管理科学的发展突飞猛进。受社会政治、经济和技术环境的影响，传统的财务会计不断得到充实和完善，财务会计核算工作更加标准化、通用化和规范化。

与此同时，会计学科在 20 世纪 30 年代成本会计的基础上，紧密配合现代管理理论和实践的需要，逐步形成了为企业内部经营管理提供信息的管理会计体系，从而使会计工作从传统的事后记账、算账、报账，转为事前的预测与决策、事中的监督与控制、事后的核算与分析，即管理会计。管理会计的产生与发展，是会计发展史上的一次伟大变革，从此，现代会计形成了财务会计和管理会计两大分支。随着现代化生产的迅速发展，经济管理水平的提高，电子计算机技术广泛应用于会计核算，会计信息的搜集、分类、处理、反馈等操作程序摆脱了传统的手工操作，大大地提高了工作效率，实现了会计科学的根本变革。

二、会计的概念与特征

（一）会计的概念

会计是以货币为主要计量单位，运用专门的方法和程序，对一定单位的经济活动进行核算和监督，并向有关经济信息使用者提供财务信息的一种管理活动。

（二）会计的特征

从会计的概念我们可以看出会计具有如下特征。

1. 会计以货币作为主要计量单位

经济活动存在多种计量单位，如货币、重量、面积、时间和实物数量等，会计在对经济活动进行确认、计量、记录和报告时，以货币为主要计量单位。货币是商品的一般等价物，是衡量一般商品价值的共同尺度，具有价值尺度、流通手段、储藏手段和支付手段等特点。其他计量单位，如重量、长度和容积等，只能从一个侧面反映企业的生产经营情况，无法在量上进行汇总和比较，不便于会计计量和经营管理。因为会计对经济活动实施的是价值管理，所以，凡不能用货币计量的经济活动，都不是会计所反映的内容。

2. 会计采用一系列专门的方法

会计方法是用来核算和监督会计对象、执行会计职能、实现会计目标的技术手段。会计方法包括会计核算、会计分析、会计检查、会计控制会计预测和决策等方法。

3. 会计具有核算和监督的基本职能

会计的职能是指在经济管理活动中所具有的功能。会计的基本职能表现在两个方面，即对经济活动进行会计核算和实施会计监督。

在开展会计工作过程中，会计人员一方面要按照会计法规制度的要求，对经济活动进行确认、计量和报告，即会计核算，这是会计工作的基础；另一方面要对经济活动的合法性、合理性进行审查，即会计监督，这是会计工作的质量保证。两者贯穿于会计工作的全过程，是会计管理活动的重要表现形式。

4. 会计的对象是一个单位的经济活动

会计对象是指会计核算和监督的内容，具体指社会再生产过程中能以货币表现的经济活动，即资金运动或价值运动。这里的资金是指一个单位所拥有的各项财产物资的货币表现。其中“单位”是对国家机关、社会团体、公司、企业、事业单位和其他组织的统称。如无特别说明，本教材主要以《企业会计准则》为依据介绍企业经济业务的会计处理。

5. 会计的本质是一种经济管理活动

会计产生于人们管理社会生产和经济事务的过程中，通过产业经营方案的选择、经营计划的制订、经营活动的控制和评价等各种方式直接进行管理。会计既是一种经济管理活动，又是一个经济信息系统。

首先，会计作为一种经济管理活动，不仅为企业经济管理提供数据资料，还通过各种方式直接参与经济管理，如为了实现经营目标而参与经营方案的选择、经营计划的制订、经营活动的控制和评价等。经济管理活动强调的是会计的监督职能。

其次，会计作为一个经济信息系统，它将企业经济活动分散的数据转化成一组客观、系统的数据，并提供相关企业的业绩、问题，以及资产、负债、所有者权益、收入、费用和利润等信息，这些信息是企业内部、外部利益相关者进行相关经济决策的重要依据。经济信息系统强调的是会计的核算职能。

随着社会经济的发展，现代会计正朝着具有更深刻的管理内涵和更广泛的服务领域的方向发展。

三、会计的对象与目标

（一）会计对象

会计对象是指会计所核算和监督的内容，即特定主体能够以货币表现的经济活动。以货币表现的经济活动通常又称为价值运动或资金运动，因此，会计对象就是资金运动。资金运动包括特定主体的资金投入、资金运用和资金退出等过程。

会计按其使用单位分类，一般分为行政单位会计、事业单位会计和企业会计三类，本书以工业企业会计为载体进行知识讲解。

企业是营利性的经济组织，为了进行生产经营活动或商品赊销活动，必须从不同的渠道筹集资金，并用这些资金建造或购置各类物资，包括厂房、机器设备、工具和原材料等，并通过生产活动形成产品，再通过销售本企业的产品或外购商品，收回货币资金并取得盈利。随着企业生产经营活动的不断进行，企业的资金也在不断地发生变化，如资金的取得与形成、资金的耗费与收回、资金的分配与积累等，这就是资金运动。

企业的资金运动如图 1-2 所示。

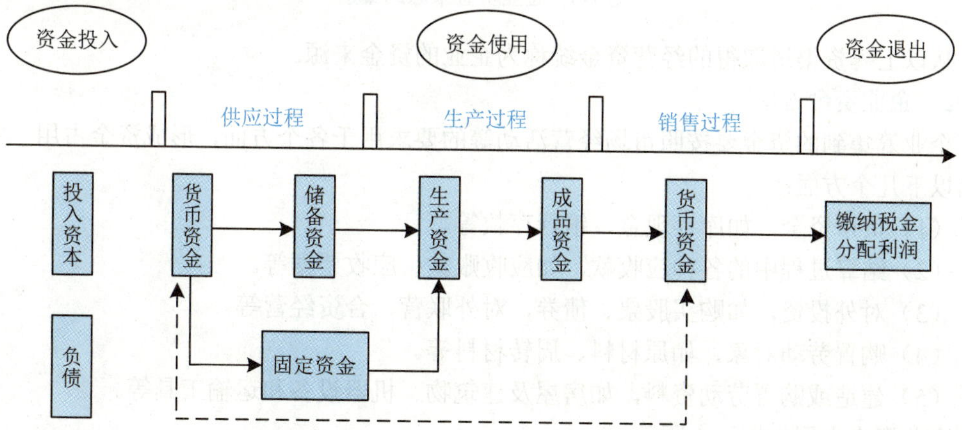

图 1-2　企业的资金运动的过程

1. 企业资金来源

企业无论是从事生产经营活动，还是从事商品购销活动或提供劳务服务活动，都需要筹集必需的经营资金。这些资金可以从多种渠道筹集和取得，包括吸收投资和举债方式。

（1）属于吸收投资的一般筹资渠道有：

✧ 国家投资，即由国家从财政预算中拨款投资。

✧ 发行股票，即通过发行股票筹集资金。

✧ 接受经营投资，即采用联营、合资经营、合作经营等形式，由参与经营各方投入资金。

✧ 用企业内部公积金转增股本，即从企业内部的资本公积金和从经营利润提取的盈余公积中，取出一部分转增为资本金。

（2）属于举债的一般筹资渠道有：

✧ 银行借款，即从银行取得短期借款和长期借款。

✧ 发行债券，即通过发行企业债券筹集资金。

✧ 结算过程中的各种应付款，即企业经营过程中的各种应付款、应付票据和预收款项。

企业资金来源的渠道如图 1-3 所示。

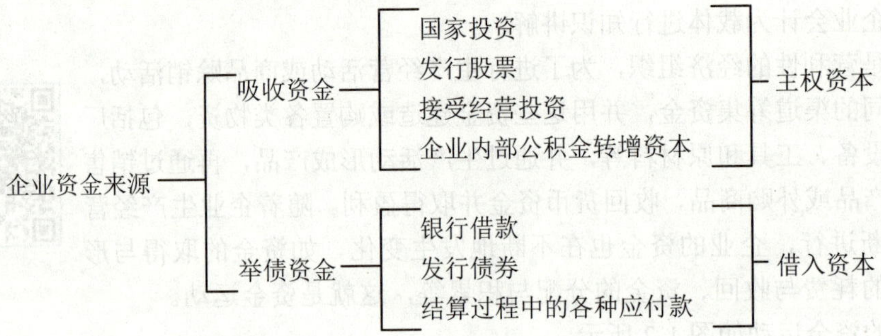

图 1-3　企业资金来源的渠道

从以上筹资渠道取得的经营资金统称为企业的资金来源。

2. 企业资金占用

企业筹集到的资金要按照市场经营活动等的要求用于各个方面，形成资金占用　主要包括以下几个方面：

（1）货币资金，如库存现金、银行存款等。

（2）结算过程中的各种应收款，如应收账款、应收票据等。

（3）对外投资，如购买股票、债券，对外联营、合资经营等。

（4）购置劳动对象，如原材料、周转材料等。

（5）建造或购置劳动资料，如房屋及建筑物、机器设备和运输工具等。

企业资金占用如图 1-4 所示。

- 企业资金占用
  - 流动资金占用
    - 库存现金
    - 银行存款
    - 结算过程中的各种应收款
  - 长期投资占用
    - 购买股票、债券
    - 对外联营、合资经营
  - 固定资金占用
    - 房屋及建筑物
    - 机器设备
    - 运输工具

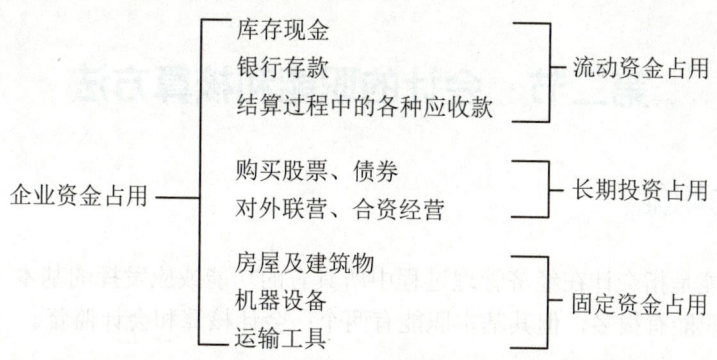

图 1-4　企业资金占用

这些资金的占用实质是指企业拥有了经营所必需的经济资源，会计上称之为资产。从另一个方面看，由于企业所拥有的经济资源是由投资人和各类债权人所提供的资金形成的（即前面讲的资金来源），这就产生了投资人和债权人对这些经济资源的要求权。在会计学中，这种要求权被称为权益。

所以，资金来源和资金占用的关系，实质就是权益和资产的关系。

（二）会计目标

会计目标，又称会计目的，是要求会计工作完成的任务或达到的标准，即向会计信息使用者提供企业的财务状况、经营成果和现金流量等有关的会计信息，反映企业管理层受托责任履行情况，有助于会计信息使用者做出经济决策。

1. 向会计信息使用者提供对决策有用的会计信息

会计信息使用者包括外部使用者和内部使用者。外部使用者主要包括投资者、潜在投资者、债权人、社会公众、税务和政府等有关部门；内部使用者主要包括企业内部管理者和企业职工等。会计应该向这些信息使用者提供有利于决策的会计信息，它强调会计信息的相关性和有用性，如果会计信息不能为信息使用者的决策提供帮助，则该会计信息将失去其价值。

2. 反映企业管理层受托责任的履行情况

在现代企业制度下，企业所有权与经营权分离，企业管理层受委托者的委托经营和管理企业，因此企业管理层负有受托责任，有义务对委托者解释、说明其经济活动及结果。受托人通过企业提供的会计信息定期评价考核管理层的经营业绩和管理水平，以便决定是否继续留用或更换管理层，并针对企业的经营管理提出建议和措施。

第二节 会计的职能和核算方法

一、会计的职能

会计的职能是指会计在经济管理过程中所具有的功能或应发挥的基本作用。会计的职能有很多，但其基本职能有两个：会计核算和会计监督。

（一）会计核算

1. 会计核算的概念

会计核算是指会计以货币为主要计量单位，对特定主体的经济活动进行确认、计量、记录和报告，全面、完整、综合地反映经济活动的过程和结果，为各有关方面提供会计信息的功能。

会计核算是一个连续、系统和完整的过程，包括确认、计量、记录和报告四个环节。即在对一切经济业务进行会计核算时，首先要对经济业务进行确认和计量，在此基础上，利用会计凭证和会计账簿进行记录，再以会计账簿为依据，编制会计报告。

（1）会计确认就是依据一定标准，确认某项经济业务，登记会计账簿，并列入会计报告的过程。企业进行核算，首先要对一项经济业务进行辨识，看其是否属于会计核算的内容，应归属于哪个会计要素，确认其是否应当进行会计记录和会计报告。

（2）会计计量是指在会计核算过程中，对各项交易事项都必须以某种尺度为标准确定它的量。计量方法有实物计量（如吨、千克等）和货币计量（如元、万元等）。计量属性有历史成本、公允价值、重置价值、可变现净值和现值等。

（3）会计记录是指各项经济业务经过确认、计量后，采用一定方法在账户中加以记录的过程，包括以原始凭证为依据编制记账凭证，再以记账凭证为依据登记账簿。

（4）会计报告是以账簿记录为依据，采用表格和文字形式，将会计信息提供给信息使用者的书面报告。

会计确认和会计计量贯穿会计核算的全过程；会计记录和会计报告需要有载体，其载体是会计凭证、会计账簿和会计报表。会计的确认、记录、计量和报告的全过程就是会计核算。

2. 会计核算的内容

会计核算的内容具体表现为各种经济业务活动，包括：① 款项和有价证券的收付；② 财物的收发、增减和使用；③ 债权、债务的发生和结算；④ 资本、基金的增减，收入、支出、费用和成本的计算；⑤ 财务成果的计算和处理；⑥ 需要办理会计手续、进行会计核算的其他事项。

3. 会计核算的特点

会计核算具有以下三个特点：

（1）会计核算以货币为主要计量单位。这是会计核算最显著的特点。

（2）会计核算贯穿于会计活动的始终，包括事前、事中和事后核算。事后核算是其重要内容。

（3）会计核算的内容是企业生产经营活动中的各种经济业务，具有连续性、系统性和全面性。

（二）会计监督

1. 会计监督的概念

会计监督是指利用会计核算的资料，根据国家有关法规和经济管理的要求，通过调节、指导和控制等方法，对企业经济活动实行监督。会计监督的对象是资金运动，会计对资金运动的监督主要表现在：① 监督经济业务的真实性；② 监督财务收支的合法性；③ 监督公共财产的完整性。

2. 会计监督的内容

（1）真实性审查是指检查各项会计核算是否根据实际发生的经济业务进行。

（2）合法性审查是指检查各项经济业务是否符合国家有关法律法规，遵守财经纪律，执行国家的各项方针政策，以杜绝违法乱纪行为。

（3）合理性审查是指检查各项财务收支是否符合客观经济规律及经营管理方面的要求，保证各项财务收支符合特定的财务收支计划，实现预算目标。

3. 会计监督的特点

会计监督具有以下两个特点：

（1）会计监督主要通过货币计量，提供一系列综合反映企业经济活动的价值指标。

（2）会计监督是一个过程，按其经济活动过程的关系，可分为事前监督、事中监督和事后监督。事前监督是在经济活动发生前进行的监督，主要是对未来经济活动是否符合法规政策的规定、在经济上是否可行进行分析判断，以及为未来经济活动制定定额、编制预算等。事中监督是指对正在发生的经济活动过程及其核算资料进行审查，并据以纠正经济活动过程中的偏差和失误，使其按预定计划进行。事后监督是对已经发生的经济活动及其核算资料进行审查。

会计核算和会计监督的关系十分密切，两者相辅相成。会计核算是会计监督的基础，而会计监督是会计核算的保证，两者必须结合起来发挥作用，才能正确、及时、完整地反映经济活动，有效地提高经济效益。如果没有可靠、完整的会计核算资料，会计监督就没有客观依据；反之，只有会计核算没有会计监督，会计核算也就没有意义。

随着社会经济的发展和经济管理的现代化，会计的职能也会随之发生变化，一些新的职能不断出现。一般认为，会计除了核算和监督两个基本职能之外，还有分析经济情况、预测经济前景、参与经济决策和评价经营业绩等各种职能。

二、会计核算方法

会计核算方法是对会计对象进行连续、系统、综合的确认、计量、记录和报告采用的各种方法的总称，是整个会计方法体系的基础。会计核算的方法主要包括：设置会计科目与账户、复式记账、填制和审核记账凭证、登记账簿、成本计算、财产清查和编制财务会计报告。

（一）设置会计科目与账户

会计科目是对会计要素的具体内容进行分类核算的项目。账户是根据会计科目设置的，具有一定格式和结构，用于分类反映会计要素变动情况及其结果的载体。

设置会计科目是指企业、事业等单位在国家统一规定的会计科目的基础上，建立本会计主体的会计科目体系，具体内容包括确定其所使用会计科目的数量、级次和名称，每一个会计科目所包括的具体内容、记录和核算的方法与要求，以及各科目之间的联系。

设置账户是指按会计对象具体内容的不同特点和经济管理的不同要求，选择一定的标准对会计核算对象进行分类，并按分类核算的要求逐个开设相应的账户，如“库存现金”账户、“银行存款”账户等。

（二）复式记账

复式记账是指对于每一笔经济业务，都必须用相等的金额在两个或两个以上相互联系的账户中进行登记，系统地反映会计要素增减变化及其结果的一种记账方法。复式记账是会计核算方法体系的核心。

（三）填制和审核记账凭证

记账凭证是记录经济业务、明确经济责任的书面证明，是登记账簿的依据。对于已经发生的经济业务，都必须由经办人员或单位填制凭证并签名盖章。所有凭证都要经过会计部门和其他有关部门的审核，只有经审核无误的记账凭证，才能作为记账的依据。填制和审核记账凭证不仅为经济管理提供真实可靠的数据资料，也为实施会计监督提供了重要的依据。

（四）登记账簿

账簿是由具有一定格式而又相互联结的账页组成的簿籍。登记账簿就是根据审核无误的会计凭证，运用复式记账法在账簿中全面、连续和系统地记录经济业务的一种专门方法。通过登记账簿可以将分散的经济业务进行汇总，连续、系统地提供每一类经济活动的完整资料。

（五）成本计算

成本计算是指在生产经营过程中按照一定对象归集和分配发生的各种费用支出，以确定该对象的总成本和单位成本的一种专门方法。正确进行成本计算，是考核生产经营过程中费用支出水平的依据，同时又是确定企业盈亏和制定产品价格的基础，可为企业进行经营决策提供重要依据。

（六）财产清查

财产清查是指通过盘点实物、核对往来款项等，检查财产和资金的实有数，以保护财产物资的安全和完整，保证会计核算资料的正确性和真实性，确保账实相符。

（七）编制财务会计报告

编制财务会计报告是指以会计账簿的记录和有关资料为依据，全面、系统地反映企业在某一特定日期的财务状况或某一会计期间的经营成果和现金流量的一种专门方法。

会计核算各方法相互联系、相互配合，构成了一个完整的核算方法体系，如图 1-5 所示。

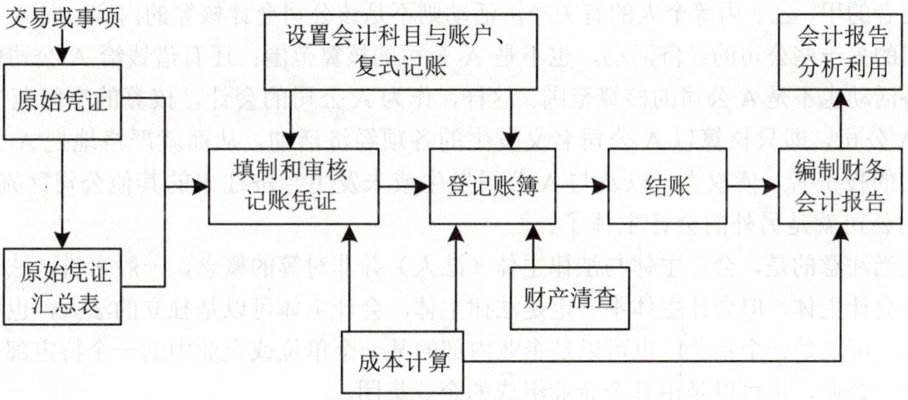

图 1-5　会计核算方法体系

第三节　会计基本假设与会计基础

一、会计基本假设

会计基本假设，又称会计核算前提，是指企业会计确认、计量和报告的前提，是对会计核算所处的时间、空间环境等所做的合理假设。正如在我国交通规则中，为了保证交通秩序，要求来往行人与车辆等都必须靠右行驶一样，会计面对的是一个现实的、复杂多变的社会经济环境，要使会计核算工作具有一定的稳定性和规律性，必须对会计工作提出一定的前提条件，即做出某些假设，从而使会计工作处于一个相对稳定的、比较理想的环境中。会计基本假设主要包括四项，即会计主体、持续经营、会计分期和货币计量。

（一）会计主体

会计主体是指企业会计确认、计量和报告的空间范围，即会计核算和监督的特定单位或组织。进行会计核算，首先要明确其核算的空间范围，即为谁记账。

会计主体假设是指假设会计所核算的是一个特定的企业或单位的经济活动，而不是漫无边际的。尽管现代企业归投资者所有，但企业的会计核算不包括该企业投资者或债权人的经济活动，或其他单位的经营活动。一般来说，经济上独立或相对独立的企业、公司和事业单位等都是会计主体。只要有必要，任何一个组织都可以成为一个会计主体。典型的会计主体是经营性企业。

应当注意的是，会计主体与经济上的法人不是同一概念。一般来讲，会计主体可以是法人，也可以不是法人，如独资及合伙企业。例如，甲、乙、丙等人准备成立A公司，这家特定的A公司就成了一个会计核算主体，只有以A公司的名义发生的有关活动，如购进原材料、支出生产工人的工资及销售产品等，才是A公司会计核算的范围，而作为该公司投资者的甲、乙、丙等个人的有关经济活动则不是该公司会计核算的内容；向A公司提供材料的另一些公司的经济活动，也不是A公司的核算范围；还有借钱给A公司的银行的财务活动也不是A公司的核算范围。这样，作为A公司的会计，核算的空间范围就界定为A公司，即只核算以A公司名义发生的各项经济活动，从而就严格地把A公司与A公司的投资者、债权人，以及与A公司发生或未发生经济往来的其他公司区别开来。另外的公司就是另外的会计主体了。

应当注意的是，会计主体与法律主体（法人）并非对等的概念，一般来讲，法律主体必然是会计主体，但会计主体不一定是法律主体。会计主体可以是独立的法人，也可以是非法人；可以是一个企业，也可以是企业内部的某一个单位或企业中的一个特定部门；可以是单一企业，也可以是由几个企业组成的企业集团。

（二）持续经营

持续经营是指假设企业正常的生产经营活动能永远地进行下去，即在可以预见的将来，企业不会倒闭。这虽然是一个假设，但基本符合人们的思维习惯，也有利于企业组织会计核算工作。可以想象，如果没有这样的假定，不仅会计核算无法保持其稳定性，企业生产经营活动也无法正常进行。

例如，企业以15万元购进一台设备，预计可使用5年，每年可为企业带来收入4万元。按持续经营假设，企业正常的生产经营活动能长期进行下去，即在可以预见的5年内不会破产。因此，这投入的15万元可分5年收回，每年承担3万元，因而，该设备每年可赚1万元。但如果没有这样的假定，则会计核算就无法正常进行了。如设想企业可能4年后破产，则该设备必须在4年内收回，每年需承担3.75万元。这样，每年就只有0.25万元的利润了；而企业也可能只能正常经营3年，则每年要承担5万元，这样，每年亏损1万元。注意，我们这里没有考虑企业破产后设备还能变卖的价值。

可见，如果没有持续经营这一假定，会计就没有确定的时间范围，就无法进行核算。同样，也就无法组织生产经营活动，如采购材料、产品的各项投资等都不能正常进行。

持续经营假设为会计核算明确了时间范围，从而使会计核算有一个稳定的基础。应当指出，如果企业真的破产了，即破坏了该假定，我们可用破产会计方法对其进行核算。但这已不是正常的财务会计核算的内容了。

（三）会计分期

会计分期是指将一个企业持续经营的经营活动划分为一个个持续的、长短相同的期间，以便分期结算账目和编制财务会计报告。

会计期间通常以“年”来计量，称为会计年度。《企业会计准则》规定了我国以日历年度为企业会计年度，即从公历 1 月 1 日起到 12 月 31 日止。此外，会计期间还可进一步分为季度与月度。

会计分期为会计核算确定了时间范围。正是有了会计分期，才产生了本期与非本期的概念，才产生了权责发生制和收付实现制两种会计基础，进而出现了应收、应付、预收、预付、折旧和摊销等会计处理方法，才有了企业“某年盈利多少”“某年亏损多少”等说法。

（四）货币计量

货币计量是指企业在会计核算中要以货币为统一的主要计量单位，记录和反映企业的生产经营过程和经营成果。货币计量假设规定了会计核算的内容，即会计主要核算企业生产经营活动中能用货币计量的那一部分，而不是企业生产经营活动的全部。例如，公司采购原材料花了 1 万元，支付职工工资 2 万元，出售商品取得收入 3 万元等，都是会计核算的内容；但公司召开科技攻关会议、产品销售工作会、签订购销合同等虽然都是很重要的经营活动，但因其不能以货币客观地计量，因而不是会计核算的范围。

货币计量有以下两层概念：

一是会计核算要以货币作为主要的计量单位。《会计法》规定会计核算以人民币为记账本位币。记账本位币是指在会计核算中，日常登记账簿和编制会计报表用以计量的货币，也就是单位主要会计核算业务所使用的货币。业务收支以人民币以外的货币为主的单位，也可以选定其中某一种外币作为记账本位币，但是编报的财务会计报表应当折算为人民币。在经济核算过程中以货币作为主要计量单位的同时，应当以实物量度和劳动量度等作为补充。

二是假定币值稳定。只有在币值稳定或相对稳定的情况下，不同时点上的资产价值才有可比性，不同期间的收入和费用才能进行比较，并计算确定其经营成果，会计核算提供的会计信息才能真实反映会计主体的经济活动情况。

但在现实经济社会中，币值变动时有发生，有时甚至还可能急剧变动，出现恶性通货膨胀，此时可采用“通货膨胀会计”。但无论如何，货币计量及币值不变，仍然是组织正常会计核算的基本前提。

二、会计基础

会计基础是会计确认、计量和报告的基础，是指企业在会计确认、计量和报告的过程中所采用的，确认一定会计期间的收入与费用，从而确定损益的标准。其目的是为了更加真实、公允地反映企业某一特定日期的财务状况和某一特定期间的经营成果。

根据《企业会计准则——基本准则》的规定，企业应当以权责发生制为基础进行会计确认、计量和报告。权责发生制是指企业应以收入的权利与支出的义务是否属于本期来确认收入与费用是否应计入本期的依据。

权责发生制的核算要求不是以款项的收支是否在本期发生来进行确认、计量和报告的。在权责发生制下，凡是本期实现的收入，不论款项是否收到，都应作为本期的收入入账；凡是不属于本期实现的收入，即使款项已在本期收到，也不应作为本期的收入入账。同样，凡是本期发生的费用，不论款项是否支付，都应作为本期的费用入账；凡是不属于本期发生的费用，即使款项已在本期支付，也不应作为本期的费用处理。

与权责发生制相对应的是收付实现制。收付实现制，又称现收现付制，是以实际收到或支付款项作为确认收入或费用的依据。即凡是在当期收到的现金计入当期收入，当期支付的现金计入当期费用。

【例 1-1】 A 企业 6 月份发生如下经济业务:

（1）销售产品 5 000 元，货款存入银行。

（2）销售产品 10 000 元，货款尚未收到。

（3）预付 7～12 月的房屋租金 6 000 元。

（4）计提本月银行借款利息 2 000 元。

（5）收到上月份应收的销货款 4 000 元。

（6）收到购货单位预付货款 8 000 元，下月交货。

分别按权责发生制和收付实现制确认的收入和费用发生额，如表 1-1 所示。

表 1-1 权责发生制和收付实现制下确认的收入和费用

业务	权责发生制		收付实现制	
	收入	费用	收入	费用
（1）	5 000		5 000	
（2）	10 000			
（3）		1 000		6 000
（4）		2 000		
（5）			4 000	
（6）			8 000	
合计	15 000	3 000	17 000	6 000

权责发生制和收付实现制在处理收入和费用的标准上是有本质区别的，进而导致当期的利润计算结果也是不一样的。相比之下，权责发生制确认收入和费用，比较符合经济事项的经济实质，能够更加准确地反映会计主体的财务状况、经营成果和现金流量。

第四节 会计信息质量要求及会计法规体系

一、会计信息质量要求

会计信息质量要求是对企业财务会计报告中所提供会计信息质量的基本要求，是使财务报告所提供的会计信息对信息使用者决策有用应具备的基本特征，它主要包括可靠性、相关性、可理解性、可比性、实质重于形式、重要性、谨慎性和及时性等。

（一）可靠性

可靠性要求企业应当以实际发生的交易或者事项为依据进行会计确认、计量和报告，如实反映符合确认和计量要求的各项会计要素及其他相关信息，保证会计信息真实可靠、内容完整。

（二）相关性

相关性要求企业提供的会计信息应当与会计信息使用者的经济决策需要相关，有助于会计信息使用者对企业过去、现在或者未来的情况做出评价或者预测。虽然不同的会计信息使用者使用会计信息的目的和要求各不相同，但使用者可以通过对信息的加工整理，得到其所需要的会计信息，这样的会计信息就符合了相关性。

（三）可理解性

可理解性要求企业提供的会计信息应当清晰明了，便于会计信息使用者理解和使用。在保证会计信息质量的前提下，力求使会计信息通俗易懂，用尽量浅显的语言表达会计信息的概念和作用，在会计报表中对重复信息要有文字说明或加备注，便于信息使用者理解和掌握。

（四）可比性

可比性要求企业提供的会计信息应当具有可比性。具体包括以下两层概念：

（1）同一企业不同时期发生的相同或者相似的交易或者事项，应当采用一致的会计政策，不得随意变更。确需变更的，应当在附注中说明。

（2）不同企业发生的相同或者相似的交易或者事项，应当采用规定的会计政策，确保会计信息口径一致、相互可比。

（五）实质重于形式

实质重于形式要求企业应当按照交易或者事项的经济实质进行会计确认、计量和报告，不应仅以交易或者事项的法律形式为依据。例如，甲公司融资租赁租入的固定资产，虽然该项固定资产从法律形式上讲不归属于甲公司，但在租赁期内，甲公司应将该项固定资产视同为其自有的固定资产进行管理和核算。进一步说，从经济实质上讲，与该项固定资产相关的收益和风险已经转移给了甲公司，甲公司也能行使对该项固定资产的控制。

（六）重要性

重要性要求企业提供的会计信息应当反映与企业财务状况、经营成果和现金流量有关的所有重要交易或者事项。对资产、负债和损益等有较大影响，进而影响会计信息使用者据以做出合理判断的重要会计事项，必须按照规定的会计处理办法和程序进行处理，并在财务会计报告中予以充分、准确地披露；对于次要的会计事项，在不影响会计信息真实性和不至于误导会计信息使用者做出正确判断的前提下，可以适当简化处理。

（七）谨慎性

谨慎性要求企业对交易或者事项进行会计确认、计量和报告应当保持应有的谨慎，不高估资产或者收益，不低估负债或者费用。

（八）及时性

及时性要求企业对于已经发生的交易或者事项，应当及时进行会计确认、计量和报告，不得提前或者延后。

二、会计法规体系

我国会计法规体系由三个层次构成：第一层次是基本法，也就是《中华人民共和国会计法》（以下简称《会计法》），它是会计工作最高层次的法律规范，同时也是其他各个层次会计法规制定的依据，是会计工作的基本法。第二个层次是会计准则，会计准则又分为基本准则和具体准则。第三个层次是指国家制定的企业会计制度和行政、事业单位会计制度。

（一）会计法

《会计法》是会计工作的根本大法。它通过法律形式把会计工作的一些基本原则，会计工作的地位、作用固定下来，是制定其他一切会计法规、制度的法律依据。

（二）企业会计准则

企业会计准则是经国务院批准，由财政部依据《会计法》制定和颁布的，是统一会计核算标准，保证会计信息质量的基本准则。我国会计准则又分为基本准则和具体准则两个层次。

1. 基本准则

基本准则是进行会计核算工作必须共同遵守的基本要求，体现了会计核算的基本规律。《企业会计准则——基本准则》主要规范会计目标、会计基本假设、会计信息质量要求、会计要素及其确认与计量，在整个会计准则体系中起统驭作用，为指导具体会计准则的制定提供基本概念和理论依据，是对会计核算要求所做的原则性规定，具有覆盖面广、概括性强等特点。

2014 年 7 月 23 日，财政部对《企业会计准则——基本准则》第 42 条第 5 项修改为："公允价值。在公允价值计量下，资产和负债按照市场参与者在计量日发生的有序交易中，出售资产所能收到或者转移负债所需支付的价格计量。"

2. 具体准则

具体准则是在基本准则的指导下，对经济业务的会计处理做出具体规定的准则，其内容包括一般业务准则、特殊行业和特殊业务准则、财务报告准则三大类。它的特点是操作性强，可以根据其直接组织会计业务的核算。

《企业会计准则——具体准则》分别规范了以下会计处理：存货，长期股权投资，投资性房地产，固定资产，生物资产，无形资产，非货币性资产，资产减值，职工薪酬，企业年金基金，股份支付，债务重组，或有事项，收入，建造合同，政府补助，借款费用，所得税，外币折算，企业合并，租赁，金融工具确认和计量，金融资产转移，套期保值，原保险合同，再保险合同，石油天然气开采，会计政策、会计估计变更和差错更改，资产负债表日后事项，财务报表列报，现金流量表，中期财务报告，合并财务报表，每股收益，分部报表，关联方披露，金融工具列报，首次执行企业会计准则等。此外，2014 年印发的 39 号准则——公允价值计量，40 号准则——合营安排，41 号准则——在其他主体中权益的披露，于 2014 年 7 月 1 日在所有执行企业会计准则的企业范围内施行。

2014 年，财政部相继对《企业会计准则第 2 号——长期股权投资》《企业会计准则第 9 号——职工薪酬》《企业会计准则第30号——财务报表列报》《企业会计准则第33号——合并财务报表》和《企业会计准则第 37 号——金融工具列报》进行了修订，并发布了《企业会计准则第 39 号——公允价值计量》《企业会计准则第 40 号——合营安排》和《企业会计准则第 41 号——在其他主体中权益的披露》三项具体准则。

2017 年，财政部对《企业会计准则第 14 号——收入》《企业会计准则第 22 号——金融工具确认和计量》《企业会计准则第23号——金融资产转移》《企业会计准则第24号——套期会计》《企业会计准则第 37 号——金融工具列报》《企业会计准则第 16 号——政府补助》，以及一般企业财务报表格式进行了修订，并印发了《企业会计准则第 42 号——持有待售的非流动资产、处置组和终止经营》。继 2017 年修订 7 项具体会计准则之后，2018 年又陆续颁布了以上具体准则的应用指南。

2006 年 10 月 30 日，我国财政部发布了《企业会计准则——应用指南》，从而实现了我国会计准则与国际财务报告准则的实质性趋同。

（三）会计制度

会计制度是指导各单位会计核算工作的具体要求，是使会计工作科学、有序进行的根本保证。会计制度具体规定了会计工作的基本规则、会计凭证的填制和审核、会计科目的设置及核算内容、账簿组织和记账方法、会计事务处理方法和程序，以及会计报表的编制方法等。每个行业都根据其行业特点及管理要求制定了本行业的会计制度，如《金融企业会计制度》等。

2

第二章 会计要素与会计科目

学习目标

知识目标

熟悉会计要素的概念、分类、确认与计量。
熟悉会计等式的表现形式。
熟悉基本经济业务的类型及其对会计等式的影响。
了解会计科目设置的原则及常用的会计科目。
熟悉账户结构与分类。
理解会计科目与账户的关系。

能力目标

掌握不同的经济内容应归属的会计要素。
能划分不同经济内容所涉及的账户及其性质。

导入案例

张琪大学毕业，决定开一家小型财务咨询公司。开公司需要创业资金，张琪通过以下渠道筹集了100 000元。其中：① 家庭投入50 000元；② 同学借款30 000元；③ 银行贷款20 000元，资金都已存入银行。上述事项在会计上该如何记录？资金的相互关系可否用一个会计恒等式表示？如何表示？

公司经营后，银行存款用于多方面开支。其中：30 000元购买设备，20 000元购买材料，另提取现金10 000元备用。此时对会计恒等式有无影响？

年底，张琪核算公司开业来的经营成果：取得收入 50 000 元，支出材料费、人工费、房租费等20 000元。于是，利润30 000=收入50 000−费用20 000。上述事项又该如何记录？会计恒等式会发生怎样的变化？

第一节　会计要素

一、会计要素的概念与分类

（一）会计要素的概念

我们在第一章内容中提到，会计的核算对象是企业的资金运动。资金来源和资金占用是其运动的两个方面，企业资金的占用实质是企业拥有了经营所必需的经济资源，即资产；企业所拥有的经济资源是由投资人和各类债权人所提供的资金形成的，产生了投资人和债权人对这些经济资源的要求权，即权益。为了能够在会计工作过程中对经济业务进行科学合理的核算和监督，我们要将这些经济业务按照不同经济特征进行基本分类，即将会计核算对象具体化。分类后的名称为“会计要素”。会计要素是对资金运动第二层次的划分。

会计要素是指会计交易或者事项按照其经济特征进行归类并予以抽象概括的会计专业术语。会计要素的界定与分类可以使财务会计系统更加科学严密，为投资者等会计信息使用者提供更加有用的信息。

（二）会计要素的分类

我国《企业会计准则——基本准则》将会计要素划分为资产、负债、所有者权益、收入、费用和利润，统称为“会计六要素”，它们属于会计语言的基本元素。其中，资产、负债和所有者权益三项会计要素主要反映企业的财务状况，在资产负债表中列示；收入、费用和利润三项会计要素主要反映企业的经营成果，在利润表中列示。

二、会计要素的确认

（一）资产

1. 资产的概念与特征

资产是指企业过去的交易或者事项形成的，由企业拥有或者控制的，预期会给企业带来经济利益的资源，包括各种财产、债权和其他权利。拥有或控制一定数量的资产，是企业进行生产经营活动的前提条件。任何一个企业要进行正常的生产经营活动，都必须拥有一定数量和结构的资产。资产具有以下特征：

（1）资产是由企业过去的交易或者事项形成的。资产是过去已经发生的交易或事项所产生的结果，这要求资产必须是现实的资产，而不能是预期的资产，未来交易或事项可能产生的结果不能作为资产确认。例如，企业有购买某存货的意愿或者计划，但是购买行为尚未发生，就不符合资产的概念，不能确认为存货资产。

【例 2-1】 企业计划在年底购买一批机器设备，7 月份与销售方达成购买意向，8 月份签订了购买合同，但实际购买行为发生在 10 月份，则企业应该在几月份将该批设备确认为资产？

分析：根据“资产是由企业过去的交易或者事项形成的”这一特征可知，购买设备的行为实际发生在 10 月份，故应该在 10 月将该批设备确定为企业的资产。

（2）资产必须为企业拥有或控制。资产应该是企业所拥有的，即使不为企业所拥有，也是企业所控制的。一项资源要作为企业资产予以确认，企业应该拥有该项资源的所有权，可以按照自己的意愿使用或处置资产。在某些情况下，有些资产虽然不为企业所拥有，但企业控制了这些资产，同样表明企业能够从资产中获取经济利益，符合资产的概念。例如，融资租入的固定资产，按照实质重于形式的原则，虽然不拥有所有权，但是能够实际加以控制，因此，该固定资产也应确认为企业的资产。如果企业既不拥有也不控制资产所能带来的经济利益，就不能将其作为企业的资产予以确认。

【例 2-2】 甲企业的加工车间有两台设备。A 设备系从乙企业融资租入获得，B 设备系从丙企业以经营租入方式获得，目前两台设备均投入使用。A、B 两台设备是否可以确认为甲企业的资产？

分析：这里需要注意经营租入与融资租入的区别。甲企业对经营租入的 B 设备既没有所有权也没有控制权，因此 B 设备不应确认为甲企业的资产。而甲企业对融资租入的 A 设备虽然没有所有权，但享有与所有权相关的风险和报酬的权利，即拥有实际控制权，因此应将 A 设备确认为甲企业的资产。

（3）资产能够给企业带来预期的经济利益。经济利益是指直接或间接地流入企业的现金或现金等价物。资产必须具有使用价值与交换价值，在企业生产经营活动中，凡是能够给企业提供现时或未来经济利益的资源都可以成为资产。资产预期能否为企业带来经济利益是资产的重要特征。例如，企业采购的原材料、购置的固定资产等可以用于生产经营过程，制造商品或者提供劳务，对外出售后收回货款，货款即为企业所获的经济利益。如果某一项目既没有使用价值，也不能给企业带来经济利益，就不能确认为企业的资产。例如，企业长期闲置的机器设备，不能给企业带来经济利益，因此就不能确认为企业的资产。

【例 2-3】 某企业的某工序上有两台机床，其中 G 机床型号较老，自 H 机床投入使用后，一直未再使用；H 机床是 G 机床的替代产品，目前承担该工序的全部生产任务。G、H 机床是否都是企业的固定资产？

分析：由于原有的 G 机床已长期闲置不用，不能给企业带来经济利益，因此不应作为资产反映在资产负债表中。

课堂讨论

企业借入的资金是否属于资产？

2．资产的确认条件

将一项资源确认为资产，不仅要符合资产的概念，还应同时满足以下两个条件：

（1）与该资源有关的经济利益很可能流入企业。

（2）该资源的成本或者价值能够可靠地计量。

3．资产的分类

资产按其流动性（变现或者耗用的能力）分为流动资产和非流动资产。

（1）流动资产是指预计在一个正常营业周期内变现、出售或耗用的资产或者主要为交易目的而持有的，或者预计在资产负债表日起 1 年内（含 1 年）变现的资产。一个正常营业周期是指企业从购买生产资料起至加工生产的产品实现销售，并转化为现金或现金等价物的期间。正常营业周期通常短于一年，在一年内可以有几个营业周期。但是也存在正常营业周期长于一年的情况，如飞机、船舶制造等行业，在这种情况下，企业的原材料、产成品和应收账款等尽管是超过一年才变现，但仍应作为流动资产。当正常营业周期不能确定时，应当以一年（12 个月）为正常营业周期。

流动资产主要包括库存现金、银行存款、交易性金融资产、应收及预付款项和存货等。

- 货币资金是指企业生产经营过程中处于货币形态的资产，包括库存现金、银行存款和其他货币资金，它们是企业流动性最强的资产。
- 交易性金融资产是指企业为了近期内出售而持有的金融资产，包括企业以赚取差价为目的从二级市场购入的股票、债券和基金等。
- 应收及预付款项是指企业在日常生产经营活动中发生的各项债权，包括应收款项和预付款项等。其中，应收款项泛指企业拥有的将来获取现款、商品或劳动的权利，包括应收票据、应收账款和其他应收款等；预付款项则是指企业按照合同规定预付的款项，如预付账款等。
- 存货是指企业在日常生产经营活动中持有以备出售的产成品或商品，处于生产过程中的在产品及在生产或提供劳务过程中耗用的材料、物料等，包括各类材料、商品、在产品、半成品和产成品等。

课堂讨论

企业应收账款和预付账款都属于企业的债权吗，它们有什么区别？

（2）非流动资产是指流动资产以外的资产，主要包括长期股权投资、固定资产、无形资产和其他长期资产等。

- 长期股权投资是指投资方对被投资单位实施控制的、有重大影响的权益性投资，以及对其合营企业的权益性投资。
- 固定资产是指为生产商品、提供劳务、出租或者为经营管理而持有的，使用寿命超过一个会计年度的有形资产。固定资产一般包括房屋建筑物、机器设备、运输设备和工具器具等。
- 无形资产是指为生产商品、提供劳务、出租或者为经营管理而持有的没有实物形态的非货币性长期资产，包括专利权、非专利技术、商标权、著作权、土地使用权和特许权等。

资产的分类如图 2-1 所示。

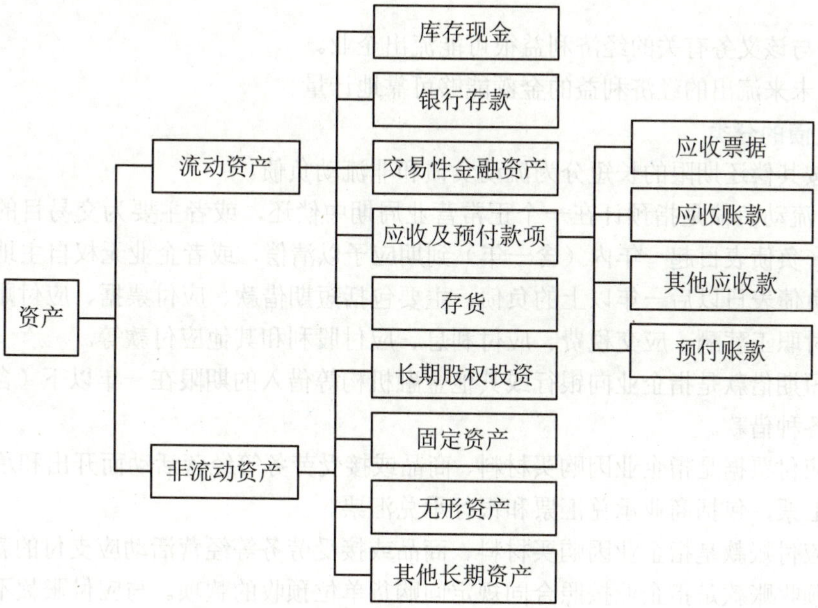

图 2-1　资产的分类

（二）负债

1．负债的概念与特征

负债是指企业过去的交易或者事项形成的，预期会导致经济利益流出企业的现时义务。负债具有以下特征：

（1）负债是由过去的交易或事项形成的。也就是说，导致负债的交易或事项必须已经发生。例如，企业赊购商品或劳务，会产生应付账款，接受银行贷款会产生还本付息的义务。只有源于已经发生的交易或事项，会计上才有可能确认为负债。对于企业正在筹划的未来交易或事项，如企业的业务计划等，并不构成企业的负债。

（2）负债的清偿预期会导致经济利益流出企业。负债通常是在未来通过交付资产（包括现金与其他资产）或提供劳务来清偿，会导致经济利益流出。例如，企业赊购的材料，材料已验收入库，但尚未付款，该业务所形成的应付账款应确认为企业的负债，需要在未来通过交付现金或银行存款来清偿，从而引起未来经济利益流出企业。

（3）负债是企业承担的现时义务。负债必须是企业承担的现时义务，这是负债的一个基本特征。其中，现时义务是指企业在现行条件下已承担的义务，未来发生的交易或者事项形成的义务不属于现时义务，不应当确认为负债。例如，企业购买原材料形成的应付账款，企业向银行借入款项形成借款，企业按照税法规定应当交纳的税款等，这些都应确认为企业的负债。

2. 负债的确认条件

将一项现时义务确认为负债，除了需要符合负债的概念外，还应当同时满足以下两个条件：

（1）与该义务有关的经济利益很可能流出企业。

（2）未来流出的经济利益的金额能够可靠地计量。

3. 负债的分类

负债按其偿还期限的长短分为流动负债和非流动负债。

（1）流动负债是指预计在一个正常营业周期中偿还，或者主要为交易目的而持有，或者自资产负债表日起一年内（含一年）到期应予以清偿，或者企业无权自主地将清偿推迟至资产负债表日以后一年以上的负债，主要包括短期借款、应付票据、应付账款、预收账款、应付职工薪酬、应交税费、应付利息、应付股利和其他应付款等。

- ✧ 短期借款是指企业向银行或其他金融机构等借入的期限在一年以下（含一年）的各种借款。
- ✧ 应付票据是指企业因购买材料、商品或接受劳务等经营活动而开出和承兑的商业汇票，包括商业承兑汇票和银行承兑汇票。
- ✧ 应付账款是指企业因购买材料、商品或接受劳务等经营活动应支付的款项。
- ✧ 预收账款是指企业按照合同规定向购货单位预收的款项。与应付账款不同，预收款项所形成的负债不是以货币偿付，而是以货物偿付。
- ✧ 应交税费是指企业根据税法规定应交纳的各种税费，包括增值税、城市维护建设税、所得税和教育费附加等。
- ✧ 应付职工薪酬是指企业为获得职工提供的服务应付给职工的各种形式的报酬及其他相关支出。
- ✧ 应付股利是指企业根据股东大会或类似机构审议批准的利润分配方案，确定分配给投资者的现金股利或利润。

✧ 其他应付款是指企业除应付票据、应付账款、应付职工薪酬、应交税费、应付股利等以外的其他各项应付、暂收的款项。

（2）非流动负债是指除流动负债以外的债务，包括长期借款、应付债券和长期应付款等。

✧ 长期借款是指企业向银行或其他金融机构借入的期限在一年以上（不含一年）的各种借款。

✧ 应付债券是指企业为筹集长期资金而发行的各种债券。

✧ 长期应付款是指企业除长期借款、应付债券等以外的其他各种长期应付款，如应付融资租赁款。

负债的分类如图 2-2 所示。

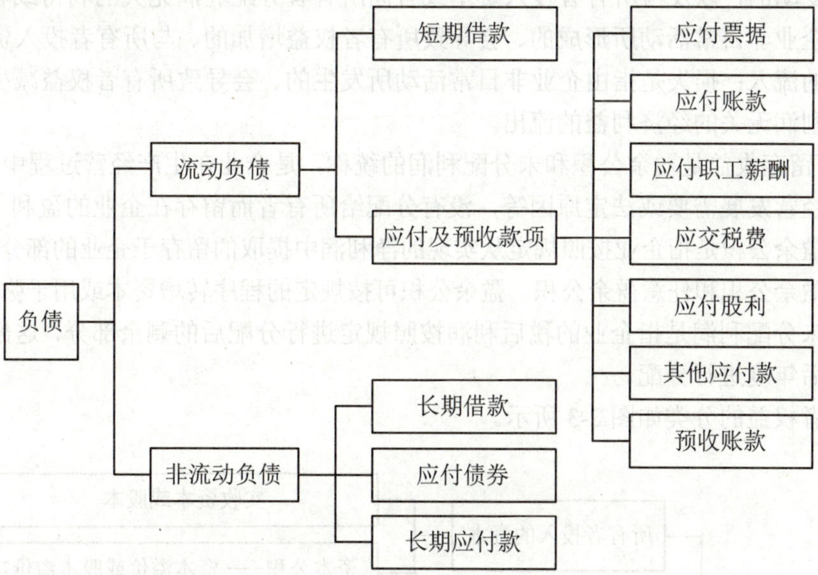

图 2-2 负债的分类

（三）所有者权益

1. 所有者权益的概念与特征

所有者权益是指企业资产扣除负债后，由所有者享有的剩余权益。即指投资人（即企业所有者）在企业净资产中享有的经济利益，净资产是企业的全部资产减去全部负债后的差额。所有者权益具有以下特征：

（1）除非发生减资、清算或分派现金股利，否则企业不需要偿还所有者权益。

（2）企业清算时，只有在清偿所有的负债后，所有者权益才返还给所有者。

（3）所有者凭借所有者权益能够参与利润的分配。

2. 所有者权益的确认条件

所有者权益的确认、计量主要取决于资产、负债、收入和费用等其他会计要素的确认和计量。所有者权益在数量上等于企业资产总额扣除债权人权益后的净额，即为企业的净资产，它反映所有者（股东）在企业资产中享有的经济利益。

3. 所有者权益的分类

所有者权益的来源主要包括所有者投入的资本、直接计入所有者权益的利得和损失、留存收益等。

（1）所有者投入的资本是指所有者投入企业的资本部分，既包括构成企业注册资本（实收资本）或者股本部分的金额，也包括投入资本超过注册资本或者股本部分的金额，即资本溢价或者股本溢价，这部分投入资本在我国企业会计准则体系中被计入资本公积，并在资产负债表中的资本公积项目反映。

（2）直接计入所有者权益的利得和损失是指不应计入当期损益、会导致所有者权益发生增减变动的，以及与所有者投入资本或者向所有者分配利润无关的利得或者损失。利得是指由企业非日常活动所形成的、会导致所有者权益增加的、与所有者投入资本无关的经济利益的流入；损失是指由企业非日常活动所发生的、会导致所有者权益减少的、与所有者分配利润无关的经济利益的流出。

（3）留存收益是盈余公积和未分配利润的统称，是企业在生产经营过程中所创造的，由于企业经营发展需要或法定原因等，没有分配给所有者而留存在企业的盈利。

- ✧ 盈余公积是指企业按照规定从实现的净利润中提取的留存于企业的部分，包括法定盈余公积和任意盈余公积。盈余公积可按规定的程序转增资本或用于弥补亏损。
- ✧ 未分配利润是指企业的税后利润按照规定进行分配后的剩余部分，这部分可在以后年度进行分配。

所有者权益的分类如图 2-3 所示。

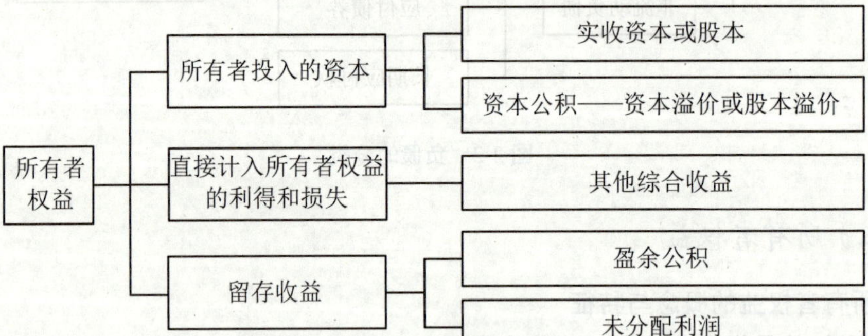

图 2-3　所有者权益的分类

（四）收入

1. 收入的概念与特征

收入是指企业在日常活动中形成的、会导致所有者权益增加的，以及与所有者投入资本无关的经济利益的总流入。收入具有以下特征：

（1）收入是从企业的日常活动中产生的，而不是从偶发的交易或事项中产生的。日常活动是指企业为完成其经营目标所从事的经常性活动及与之相关的活动。例如，工业企业制造并销售商品、咨询公司提供咨询服务或安装公司提供安装服务等取得的收入。

（2）收入能引起企业所有者权益的增加。不会导致所有者权益增加的经济利益流入不符合收入的概念，不应确认为收入。例如，企业向银行借入的款项，虽然导致了企业经济利益的流入，但该流入并不导致所有者权益的增加而是企业承担了一项现时义务，不应将其确认为收入，应当确认为一项负债。

（3）收入是与所有者投入资本无关的经济利益的总流入。收入应当导致经济利益的流入，从而导致资产的增加或负债的减少。例如，企业销售商品，应当收到现金或者未来有权收到现金，才表明符合收入的概念。但是经济利益的流入有时是所有者投入资本的增加所导致，所有者投入资本的增加不应当确认为收入，应当将其直接确认为所有者权益。

（4）收入不包括企业代第三方收取的款项，如增值税、代收利息等，此类款项应当作为负债处理。

【例 2-4】　企业出售和出租固定资产、无形资产的收入，以及出售不需用材料的收入，是否应确认为企业的收入？

分析：出售固定资产、无形资产并非企业的日常活动，这种偶发性的收入不应确认为收入，而应作为营业外收入确认。而出租固定资产、无形资产在实质上属于让渡资产使用权，出售不需用材料的收入也属于企业日常活动中的收入，因此应确认为企业的收入，一般计入其他业务收入。

2．收入的确认条件

企业收入的来源渠道多种多样，不同收入来源的特征有所不同，其收入确认条件也往往存在差别，如销售商品、提供劳务或让渡资产使用权等。一般而言，收入的确认除了应当符合概念外，还应当至少符合以下条件：

（1）与收入相关的经济利益应当很可能流入企业。

（2）经济利益流入企业的结果会导致资产的增加或者负债的减少。

（3）经济利益的流入额能够可靠计量。

（4）企业应当在履行了合同中的履约义务，即在客户取得相关商品控制权时确认收入。取得相关商品控制权是指能够主导该商品的使用并从中获得几乎全部的经济利益。

（5）成本能可靠计量。

3．收入的分类

（1）收入按其性质不同可分为销售商品收入、提供劳务收入和让渡资产使用权收入等。

- ✧ 销售商品收入是指企业通过销售商品实现的收入。
- ✧ 提供劳务收入是指企业通过提供各种劳务、服务所获得的收入，如咨询、代理等。
- ✧ 让渡资产使用权收入是指企业通过让渡资产使用权实现的收入，如利息收入和使用费收入等。

（2）收入按企业经营业务的主次不同可分为主营业务收入和其他业务收入。

- ✧ 主营业务收入是指企业销售商品、提供劳务及让渡资产使用权等正常经营活动而取得的收入。主营业务收入一般占企业总收入的比重比较大，对企业产生的影响也较大。

✧ 其他业务收入是指除主营业务以外的其他销售或其他业务所取得的收入，属于企业日常活动中的次要交易，包括材料销售、包装物出租、代购代销等业务取得的收入。

收入的分类如图 2-4 所示。

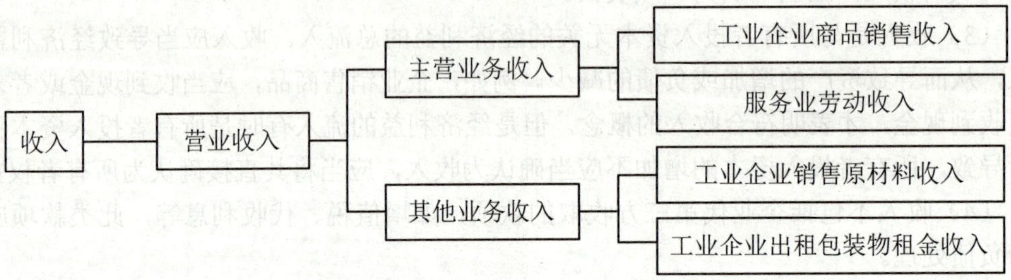

图 2-4 收入的分类

（五）费用

1. 费用的概念与特征

费用是指企业在日常活动中发生的、会导致所有者权益减少的、与向所有者分配利润无关的经济利益的总流出。费用是与收入相对应而存在的，它代表企业为取得一定收入而付出的代价，或者企业为进行生产经营活动所发生的资源消耗。

课堂讨论

减少所有者权益的一定都是费用吗？

费用具有以下特征：

（1）费用是企业在日常活动中形成的。商业企业从事商品采购活动、金融企业从事存款业务、工业企业采购原材料等所发生的经济利益的流出，都属于费用。有些交易或事项虽然也能使企业发生经济利益的流出，但由于不属于企业的日常经营活动，其流出的经济利益不属于费用而是损失，如企业处置固定资产、无形资产等发生的支出，因违约支付的罚款等。

（2）费用是与所有者分配利润无关的利益的总流出。费用的发生应当会导致经济利益的流出，从而导致资产的减少或者负债的增加（最终也会导致资产的减少），其表现形式包括现金或者现金等价物的流出。企业向所有者分配利润也会导致经济利益的流出，而该经济利益的流出属于投资回报的分配，是所有者权益直接抵减项目，不应确认为费用。

（3）费用会导致所有者权益的减少。费用的表现形式多种多样，可能表现为资产的减少，也可能表现为负债的增加，还可能是二者兼而有之，但费用一定会导致企业的所有者权益减少。例如，企业采购原材料或商品，需要支付货款（资产的减少），若不支付货款，将产生应付款项（负债的增加），有时也会同时出现资产的减少和负债的增加。

企业在经营管理中的某些支出，并不会导致企业所有者权益的减少，因此不构成企业的费用，如企业用一笔存款偿还一笔债务，使企业的资产与负债等额减少，但不会影响所有者的权益，因此不构成企业的费用。

2. 费用的确认条件

费用的确认除了应当符合概念外，还应当符合以下条件：

（1）与费用相关的经济利益应当很可能流出企业。

（2）经济利益流出企业的结果会导致资产的减少或者负债的增加。

（3）经济利益的流出额能够可靠计量。

3. 费用的分类

费用包括生产费用和期间费用。

（1）生产费用是指与企业日常生产经营活动有关的费用，按其经济用途可分为直接材料、直接人工和制造费用。其中，直接材料和直接人工属于直接费用，制造费用属于间接费用。生产费用应按其实际发生情况计入产品的生产成本；对于生产几种产品共同发生的生产费用，应当按照受益原则，采用适当的方法和程序分别计入相关产品的生产成本。

（2）期间费用是指企业本期发生的、不能直接或间接归入产品生产成本，而应直接计入当期损益的各项费用，包括管理费用、销售费用和财务费用。

✧ 管理费用是指企业为组织和管理生产经营活动而发生的各种费用。

✧ 销售费用是指企业在销售商品、提供劳务的过程中发生的各项费用。

✧ 财务费用是指企业为筹集生产经营所需资金而发生的费用。

费用的分类如图 2-5 所示。

费用与成本是两个并行使用的概念，两者之间既有联系又有区别。两者之间的联系主要表现在：成本是按一定对象所归集的费用，是对象化了的费用。即生产成本是相对于一定的产品而言所发生的费用，是按照产品品种等成本计算对象对当期发生的费用进行归集而形成的。两者之间的区别主要表现在：费用是资产的耗费，它与一定的会计期间相联系，而与生产哪一种产品无关；成本与一定种类和数量的产品相联系，而不论发生在哪一个会计期间。

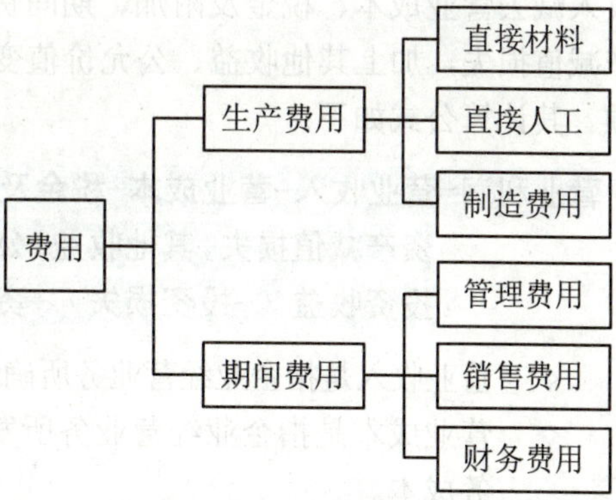

图 2-5 费用的分类

（六）利润

1. 利润的概念与特征

利润是指企业在一定会计期间的经营成果。通常情况下，如果企业实现了利润，表明企业的所有者权益将增加，业绩将得到提升；反之，如果企业发生了亏损（即利润为负数），表明企业的所有者权益将减少，业绩下降。利润是评价企业管理层业绩的指标之一，也是投资者等会计信息使用者进行决策时的重要参考依据。利润具有以下特征：

（1）利润是一定会计期间的经营成果。企业在一定会计期间的经营成果具体是指取得的利润或发生的亏损。一定期间的经营成果应取决于该期间收入和费用的发生情况，如果收入大于费用，那么企业盈利；如果收入小于费用，那么企业就会亏损。

（2）利润还包括日常经营活动以外的事项。收入和费用是指企业日常经营活动中经济利益的流入或流出。但是，日常经营活动以外的经济利益流入（利得）和经济利益流出（损失）都应直接计入利润而不计入收入或者费用。

2. 利润的确认条件

利润反映收入减去费用、直接计入当期利润的利得减去损失后的净额。利润的确认主要依赖于收入和费用，以及直接计入当期利润的利得和损失的确认，其金额的确定也主要取决于收入、费用、利得和损失金额的计量。

3. 利润的分类

利润包括收入减去费用后的净额、直接计入当期损益的利得和损失等。其中，收入减去费用后的净额反映企业日常活动的经营业绩；直接计入当期损益的利得和损失反映企业非日常活动的业绩。直接计入当期损益的利得和损失是指应当计入当期损益、最终会引起所有者权益发生增减变动的，以及与所有者投入资本或者向所有者分配利润无关的利得或者损失。企业应当严格区分收入和利得、费用和损失，以便全面反映企业的经营业绩。

根据我国《企业会计准则》规定，企业的利润一般分为营业利润、利润总额和净利润三部分。

（1）营业利润是指企业日常经营活动的利润。在数量上表现为一定会计期间的营业收入减去营业成本、税金及附加、期间费用（包括销售费用、管理费用和财务费用）和资产减值损失，加上其他收益、公允价值变动净收益、投资净收益和资产处置净收益后的金额。其计算公式如下：

营业利润=营业收入−营业成本−税金及附加−管理费用−销售费用−财务费用−资产减值损失+其他收益+公允价值变动收益（−公允价值变动损失）+投资收益（−投资损失）+资产处置收益（−资产处置损失）

- 营业收入是指企业经营业务所确认的收入总额，包括主营业务收入和其他业务收入。
- 营业成本是指企业经营业务所发生的实际成本总额，包括主营业务成本和其他业务成本。
- 资产减值损失是指企业计提的各项资产减值准备所形成的损失。
- 公允价值变动收益（或损失）是指企业交易性金融资产等公允价值变动形成的应计入当期损益的利得（或损失）。
- 投资收益（或损失）是指企业以各种方式对外投资所取得的收益（或发生的损失）。
- 税金及附加是指企业经营活动应负担的相关税费，包括消费税、城市维护建设税、教育费附加、资源税、房产税、城镇土地使用税、车船税、印花税等。
- 其他收益是指与企业日常活动相关、但不宜确认收入或冲减成本费用的政府补助。

✧ 资产处置收益（或损失）是指企业出售划分为持有待售的非流动资产（金融工具、长期股权投资和投资性房地产除外）或处置组时确认的处置利得或损失；处置未划分为持有待售的固定资产、在建工程、生产性生物资产和无形资产而产生的处置利得或损失；债务重组中因处置非流动资产产生的利得或损失和非货币性资产交换产生的利得或损失。

（2）利润总额，又称税前利润，是在营业利润的基础上，加上营业外收入，再减去营业外支出后的金额。其计算公式如下：

利润总额=营业利润+营业外收入−营业外支出

营业外收入和营业外支出是指企业发生的与其生产经营无直接关系的各项利得和损失，如已丧失使用功能或因自然灾害发生毁损等原因而报废清理固定资产和无形资产的净收益或者净损失、罚款的净收入等。

（3）净利润，又称税后利润，是指利润总额减去所得税费用后的金额。其计算公式如下：

净利润=利润总额−所得税费用

所得税费用是指企业确认的应从当期利润总额中扣除的所得税。

课堂讨论

利得与收入、损失与费用有何异同？

三、会计要素的计量

会计要素的计量是为了将符合确认条件的会计要素登记入账并列报于财务报表而确定其金额的过程。企业应当按照规定的会计计量属性进行计量，确定相关金额。

（一）会计计量属性及其构成

会计计量属性是指会计要素的数量特征或外在表现形式，反映了会计要素金额的确定基础，主要包括历史成本、重置成本、可变现净值、现值和公允价值等。

1. 历史成本

历史成本，又称实际成本，是指为取得或制造某项财产物资实际支付的现金或其他等价物。历史成本计量，要求对企业资产、负债和所有者权益等项目的计量，应当基于经济业务的实际交易成本，而不考虑随后市场价格变动的影响。

在历史成本计量下，资产按照其购置时支付的现金或者现金等价物的金额，或者按照购置资产时所付出的对价的公允价值计量；负债按照其因承担现时义务而实际收到的款项或者资产的金额，或者承担现时义务的合同金额，或者按照日常活动中为偿还负债预期需要支付的现金或现金等价物的金额计量。

【例 2-5】 某一小规模纳税企业购买不需要安装的设备一台，价款 100 万元，增值税税额 13 万元，另支付运输费 0.25 万元，包装费 0.05 万元，款项以银行存款支付。若该固定资产按历史成本计价，其金额为多少？

分析：该固定资产的历史成本为 113.3 万元。

2. 重置成本

重置成本，又称现行成本，是指按照当前市场条件，重新取得同样一项资产所需支付的现金或者现金等价物金额。重置成本是现在时点的成本，它强调站在企业主体角度，在实务中，重置成本多应用于盘盈固定资产的计量等。

在重置成本计量下，资产按照现在购买相同或者相似资产所需支付的现金或者现金等价物的金额计量；负债按照现在偿付该项负债所需支付的现金或者现金等价物的金额计量。

3. 可变现净值

可变现净值是指在正常的生产经营过程中，以预计售价减去进一步加工成本和所必需的预计税金、费用后的净值。可变现净值是在不考虑货币时间价值的情况下，计量资产在正常经营过程中带来的预期净现金流入或流出。可变现净值通常应用于存货资产减值情况下的后续计量。

在可变现净值计量下，资产按照其正常对外销售所能收到的现金或者现金等价物的金额扣除该资产至完工时估计将要发生的成本、估计的销售费用及相关税费后的金额计量。

【例 2-6】 某在产品成本 300 元，加工后的商品估计售价 1 000 元，预计进一步加工成本 100 元，预计销售费用 100 元，则该在产品的可变现净值为多少？

分析：该在产品的可变现净值=1 000-100-100=800 元

4. 现值

现值是指对未来现金流量以恰当的折现率进行折现后的价值，是考虑货币时间价值的一种计量属性。在现值计量下，资产按照预计从其持续使用和最终处置中所产生的未来净现金流入量的折现金额计量；负债按照预计期限内需要偿还的未来净现金流出量的折现金额计量。现值常用于非流动资产可收回金额、摊余成本计量。在会计计量中使用现值的目的是为了尽可能地捕捉和反映各种不同类型的未来现金流量之间的经济差异。

5. 公允价值

公允价值是指市场参与者在计量日发生的有序交易中，出售一项资产所能收到或者转移一项负债所需支付的价格。有序交易是指在计量日前一段时期内相关资产或负债具有惯常市场活动的交易。清算等被迫交易不属于有序交易。

公允价值主要应用于以公允价值计量的金融资产及以公允价值模式计量的投资性房地产等的计量。

（二）计量属性的运用原则

企业在对会计要素进行计量时，一般应当采用历史成本计量属性。历史成本通常反映的是资产或者负债过去的价值，而重置成本、可变现净值、现值和公允价值通常反映的是资产或者负债的现时成本或者现时价值，是与历史成本相对应的计量属性。采用重置成本、可变现净值、现值或公允价值计量的，应当保证所确定的会计要素金额能够持续取得并可靠计量，如果这些金额无法取得或者无法可靠地计量的，则不允许采用其他计量属性。

第二节 会计等式

会计等式，又称会计恒等式、会计方程式或会计平衡公式，是反映各会计要素之间基本关系的等式。

企业发生的每一项交易或者事项都是资金运动的一个具体过程，资金运动过程必然涉及相应的会计要素。在资金运动过程中，会计要素之间存在一定的相互联系，会计要素之间的这种内在关系，可以通过会计平衡公式表现出来。从形式上看，会计等式反映了各项会计要素之间的内在联系；从本质上看，会计等式揭示了会计主体的产权关系和基本财务状况。由于会计要素分为资产负债表要素和利润表要素，所以相应地也有两个主要的会计等式，即财务状况等式和经营成果等式；因各会计要素之间相互转化的内在联系，可以将财务状况等式和经营成果等式合并，便有了第三个会计等式——会计综合等式。

一、会计等式的表现形式

（一）财务状况等式

企业要进行生产经营活动，必须有一定的经济资源，即企业必须有一定的经营资金或实物财产，才能开始生产经营活动，这些资金和财产就形成企业的资产。企业获得这些资金只有两条途径：① 来源于债权人提供的资金，形成企业的负债；② 来源于企业所有者的资本投入，形成企业的所有者权益。资产与负债、所有者权益，表明了企业的资金占用在哪些方面，资金从何处来。

实质上，资产与负债、所有者权益构成了同一价值运动的两个方面，从数量上来说，其来源必然等于占用。所以，资产的价值量必然等于负债与所有者权益之和。正如我们在第一章已经说明的，根据资金来源等于资金占用这个客观经济事实，可以发现资金的占用状态和数量正是企业所拥有的经济资源的具体表现和多少，它形成的是企业的资产。而资金来源正好说明了资源的提供情况，表明企业所拥有资源的权属，这些权属被称为权益。由此可以推导出会计的基本等式：

资金占用=资金来源，即：资产=权益

权益中既有债权人权益即负债（要求到期偿还资产本息的权利），又有所有者权益（要求分享企业利润的权利），所以上述等式又可表述为：

资产=负债+所有者权益

课堂讨论

导入案例中小型财务公司资金的相互关系可否用一个会计恒等式表示？如何表示？

这三个会计要素实质上是同一价值运动的两个方面。从数量上讲，资产总额必然等于负债加所有者权益总额。上述等式反映了企业在某一特定日期的财务状况，财务状况是指资源的规模、资源的分布状况及结构、资源是由谁提供的，以及各自的比例是多少。同时，该等式也是复式记账的理论基础，以及编制资产负债表的依据。

【例 2-7】 假设华夏公司开业时收到复兴公司投资款 500 000 元，存入银行；购置机器设备价值 200 000 元，以银行存款支付；购置原材料一批，价款 100 000 元，以银行存款支付价款 80 000 元，另 20 000 元暂欠；从银行存款中提取现金 20 000 元。

分析：该例中，华夏公司当前拥有资产总计 520 000 元，其中：固定资产 200 000 元，存货 100 000 元，库存现金 20 000 元，银行存款 200 000 元；应付账款 20 000 元，负债总计 20 000 元；所有者权益 500 000 元，资产总计等于权益总计。

资产（520 000）=负债（20 000）+所有者权益（500 000）

华夏公司可以编制一张当前的资产负债表以反映其拥有的资产和权益情况。

（二）经营成果等式

企业将其所拥有或控制的资源投入日常生产经营活动，预期会给企业带来经济利益，即收入；在日常的生产经营活动中又必然会发生经济利益流出，即费用。企业一定会计期间的收入与费用相抵后即为企业的经营成果，表现为利润。三者之间的关系可以表示为：

收入−费用=利润

收入、费用和利润等会计要素之间的这种关系实际上是利润计量的基本模式，其概念为：① 收入的取得和费用的发生，直接影响企业利润的确定；② 来自特定会计期间的收入与其相关费用相抵，可以确定该期间的利润数额；③ 利润是收入和相关费用比较的差额，同时是编制利润表的依据。

（三）会计综合等式

由于企业是由其所有者投资设立的，企业实现的利润必然属于所有者，所以利润的实现最终表现为所有者权益的增加；反之，如果企业经营亏损，也必然由所有者承担，从而引起所有者权益的减少，在这个过程中建立起新的平衡关系。由此，在一个会计期末，可将“收入−费用=利润”（反映资金运动的动态状况等式）代入“资产=负债+所有者权益”（反映资金运动的静态状况等式），从而使会计等式之间建立新的勾稽关系，即会计综合等式：

资产=负债+所有者权益+利润

资产=负债+所有者权益+（收入−费用）

即：资产+费用=负债+所有者权益+收入

在期初这个特定时点上，收入和费用为零，会计综合等式的这种表现形式实际上与前述反映资金运动的静态状况的等式相同；在期末，收入和费用经过结算而转入所有者权益中，这样仍表现为资产与负债、所有者权益的数量上的平衡关系。

课堂讨论

导入案例中小型财务公司开始经营后，会计恒等式会发生怎样的变化？

因此，将收入、费用两要素列入会计恒等式，可以将资产负债表和利润表联系起来，从而揭示资产负债表要素和利润表要素各自内部及相互之间的内在联系和数量关系。

二、经济业务对会计等式的影响

企业在经营过程中发生的各种经济活动在会计上称为经济业务，又称会计事项。经济业务的发生，必然会引起企业的资产和权益发生增减变动。那么，经济业务的发生会不会影响“资产=负债+所有者权益”会计等式的恒等关系呢？

经济业务的发生会引起各项会计要素的增减变动，归纳起来，可以分为四种类型、九种情况，如表 2-1 所示。

表 2-1　经济业务引起各项会计要素变动的四种类型、九种情况

经济业务类型		资产	=	负债	+	所有者权益
第一种类型	（1）	增加		增加		
	（2）	增加				增加
第二种类型	（3）	减少		减少		
	（4）	减少				减少
第三种类型	（5）	增加、减少				
第四种类型	（6）			增加、减少		
	（7）					增加、减少
	（8）			增加		减少
	（9）			减少		增加

（1）一项资产增加、一项负债等额增加的经济业务。

（2）一项资产增加、一项所有者权益等额增加的经济业务。

（3）一项资产减少、一项负债等额减少的经济业务。

（4）一项资产减少、一项所有者权益等额减少的经济业务。

（5）一项资产增加、另一项资产等额减少的经济业务。

（6）一项负债增加、另一项负债等额减少的经济业务。

（7）一项所有者权益增加、另一项所有者权益等额减少的经济业务。

（8）一项负债增加、一项所有者权益等额减少的经济业务。

（9）一项所有者权益增加、一项负债等额减少的经济业务。

其中，（1）（2）属于会计等式两边会计要素同时增加；（3）（4）属于会计等式两边会计要素同时减少；（5）属于会计等式左边即资产方有增有减，权益不变；（6）（7）（8）（9）属于会计等式右边即权益方有增有减，资产不变。

【例 2-8】 2019 年 6 月，假设明华公司发生如下经济业务：

（1）从银行提取现金 700 元。

分析：该业务的发生使公司资产中的库存现金增加 700 元，银行存款减少 700 元，资产一增一减，增减的金额相等，因此会计等式仍然成立。

资产（+700−700）=负债+所有者权益

（2）向银行借入一年期借款 20 000 元，归还前欠外单位货款。

分析：该业务的发生使公司负债中的短期借款增加 20 000 元，应付账款减少 20 000 元，负债一增一减，增减的金额相等，因此会计等式仍然成立。

资产=负债（+20 000−20 000）+所有者权益

（3）从外单位购入生产用设备一台，价值 60 000 元，货款尚未支付。

分析：该业务的发生使公司资产中的固定资产增加 60 000 元，负债中的应付账款也增加 60 000 元，两边同时增加且增加金额相等，因此会计等式仍然成立。

资产（+60 000）=负债（+60 000）+所有者权益

（4）公司以银行存款偿还前欠设备款 60 000 元。

分析：该业务的发生使公司资产中的银行存款减少 60 000 元，同时负债中的应付账款也减少 60 000 元，两边同时减少且减少金额相等，因此会计等式仍然成立。

资产（−60 000）=负债（−60 000）+所有者权益

（5）公司收到国家追加的投资 100 000 元，存入银行。

分析：该业务的发生使公司资产中的银行存款增加 100 000 元，同时所有者权益中的实收资本也增加 100 000 元，两边同时增加且增加金额相等，因此会计等式仍然成立。

资产（+100 000）=负债+所有者权益（+100 000）

（6）华明公司原有投资者减少对华明公司的投资 40 000 元，以银行存款支付。

分析：该业务的发生使公司资产中的银行存款减少 40 000 元，同时所有者权益中的实收资本也减少 40 000 元，两边同时减少且减少金额相等，因此会计等式仍然成立。

资产（−40 000）=负债+所有者权益（−40 000）

（7）公司将盈余公积 50 000 元转增资本。

分析：该业务的发生使公司所有者权益中的盈余公积减少 50 000 元，同时所有者权益中的实收资本增加 50 000 元，所有者权益一增一减，增减的金额相等，因此会计等式仍然成立。

资产=负债+所有者权益（+50 000−50 000）

（8）经协商，公司将欠银行的长期贷款 200 000 元，转为银行对公司的投资。

分析：该业务的发生使公司负债中的长期借款减少 200 000 元，同时所有者权益中的实收资本增加 200 000 元，等式的一方减少和增加的金额相等，因此会计等式仍然成立。

资产=负债（−200 000）+所有者权益（+200 000）

（9）公司决定将其未分配利润 35 000 元用于股东分红。

分析：该业务的发生使公司所有者权益中的未分配利润减少 35 000 元，同时负债中的应付股利增加 35 000 元，等式的一方减少和增加的金额相等，因此会计等式仍然成立。

资产=负债（+35 000）+所有者权益（−35 000）

从以上例题可以看出，任何一项经济业务的发生，无论企业的经济业务引起会计要素发生怎样的变化，资产和权益发生怎样的增减变动，都不会破坏会计恒等式的平衡关系。企业的资产总额总是等于它的权益总额，也就是无论怎样，都不会破坏资产等于权益的恒等关系。

上述举例证明了，当发生涉及资产、负债和所有者权益三个会计要素的交易或者事项，不会破坏资产与负债、所有者权益之间的平衡关系。那么，如果考虑收入和费用，会计等式的恒等关系是否还存在呢？通过下面例题，我们进一步学习收入和费用的发生是否会影响会计等式的平衡。

【例 2-9】 仍以华明公司为例，假设该公司 12 月份发生如下经济业务：

（1）销售产品，价款共计 30 000 元，以银行存款方式收取货款。

分析：此项业务表现为资产增加 30 000 元，收入增加 30 000 元。等式两边的会计要素同时增加，等式左右两边相等。

资产（+30 000）+费用=负债+所有者权益+收入（+30 000）

（2）销售产品，价款 10 000 元抵付应付账款。

分析：此项业务表现为负债减少 10 000 元，收入增加 10 000 元。等式右边的会计要素一增一减，等式左右两边相等。

资产+费用=负债（−10 000）+所有者权益+收入（+10 000）

（3）用银行存款支付水电费 1 000 元。

分析：此项业务表现为资产减少 1 000 元，费用增加 1 000 元，等式左边的会计要素一增一减，等式左右两边相等。

资产（−1 000）+费用（+1 000）=负债+所有者权益+收入

（4）计算本月应付职工薪酬 20 000 元，款项尚未支付。

分析：此项业务表现为负债增加 20 000 元，费用增加 20 000 元。等式左右两边的会计要素同时增加，等式左右两边相等。

资产+费用（+20 000）=负债（+20 000）+所有者权益+收入

由此可见，任何经济业务的发生所引起的会计等式中各要素的增加变化，都不会破坏会计等式的恒等关系。

第三节 会计科目与账户

一、会计科目

（一）会计科目的概念与分类

1. 会计科目的概念

企业在经营过程中发生的各种各样的经济业务，会引起各项会计要素发生增减变化。由于企业的经营业务错综复杂，即使涉及同一种会计要素，也往往具有不同性质和内容。例如，固定资产和现金虽然都属于资产，但它们的经济内容及在经济活动中的周转方式和所起的作用各不相同。又如，应付账款和长期借款虽然都属于负债，但它们的形成原因和偿付期限也是各不相同的。再如，所有者投入的实收资本和企业的利润，虽然都是所有者权益，但它们的形成原因与用途也不一样。为了实现会计的基本职能，要从数量上反映各项会计要素的增减变化，这不仅需要取得各项会计要素增减变化及其结果的总括数字，还需要取得一系列更加具体的分类和数量指标。因此，为了满足管理需要，还必须在会计要素的基础上进行进一步的分类，即设置相应的会计科目，这种对会计要素对象的具体内容进行分类核算的项目称为会计科目。

会计科目是指对会计要素按照具体内容进行分类核算的项目或名称，是进行各项会计记录和提供各项会计信息的基础。设置会计科目是复式记账中编制、整理会计凭证和设置账簿的基础。

2. 会计科目的分类

（1）企业会计科目按照经济内容可以分为六大类，即资产类、负债类、共同类、所有者权益类、成本类和损益类。

- 资产类科目是对资产要素的具体内容进行分类核算的项目，按资产的流动性分为反映流动资产的科目和反映非流动资产的科目。反映流动资产的科目有“库存现金”“银行存款”“交易性金融资产”“应收票据”“应收账款”“原材料”“库存商品”等；反映非流动资产的科目有“长期股权投资”“持有至到期投资”“长期应收款”“固定资产”“无形资产”“在建工程”等。
- 负债类科目是对负债要素的具体内容进行分类核算的项目，按负债的偿还期限分为反映流动负债的科目和反映非流动负债的科目。反映流动负债的科目有“短期借款”“应付票据”“应付账款”“应付职工薪酬”“应交税费”等；反映非流动负债的科目有“长期借款”“应付债券”“长期应付款”等。
- 共同类科目是既有资产性质又有负债性质的科目，主要有“清算资金往来”“货币兑换”“衍生工具”“套期工具”“被套期项目”。
- 所有者权益类科目是对所有者权益要素的具体内容进行分类核算的项目，按所有者权益的形成和性质可分为反映资本的科目和反映留存收益的科目。反映资本的科目有“实收资本”（或“股本”）、“资本公积”等；反映留存收益的科目有“盈余公积”“本年利润”“利润分配”等。

✧ 成本类科目是对可归属于产品生产成本、劳务成本等费用的具体内容进行分类核算的项目，按成本内容和性质的不同可分为反映制造成本的科目和反映劳务成本的科目。反映制造成本的科目有“生产成本”“制造费用”等；反映劳务成本的科目有“劳务成本”等。

✧ 损益类科目是对收入和费用等要素的具体内容进行分类核算的项目，按损益的不同内容可分为反映收入的科目和反映费用的科目。反映收入的科目有“主营业务收入”“其他业务收入”“营业外收入”等；反映费用的科目有“主营业务成本”“其他业务成本”“管理费用”“财务费用”“销售费用”“所得税费用”“营业外支出”等。

《企业会计准则——应用指南》（以下简称《应用指南》）规定，企业会计核算目前包括 170 个具体会计科目，并对会计科目进行统一的编号，其目的是供企业填制会计凭证、登记账簿、查阅会计科目和在采用会计软件系统时进行参考。

根据《应用指南》的要求，在不违反会计准则中关于确认、计量和报告规定的前提下，每一个企业可以在此基础上根据本单位实际情况自行增设、分拆或合并会计科目，企业不存在的交易或事项可以不设置相关科目，并可结合实际情况自行确定会计科目的编号。企业最常用的主要会计科目如表 2-2 所示。

表 2-2　企业主要会计科目表

序号	编号	会计科目名称	序号	编号	会计科目名称
		一、资产类	29	2221	应交税费
1	1001	库存现金	30	2231	应付利息
2	1002	银行存款	31	2232	应付股利
3	1012	其他货币资金	32	2241	其他应付款
4	1101	交易性金融资产	33	2501	长期借款
5	1121	应收票据	34	2502	应付债券
6	1122	应收账款			三、共同类（略）
7	1123	预付账款			四、所有者权益类
8	1131	应收股利	35	4001	实收资本
9	1132	应收利息	36	4002	资本公积
10	1221	其他应收款	37	4008	其他综合收益
11	1231	坏账准备	38	4101	盈余公积
12	1401	材料采购	39	4103	本年利润
13	1403	原材料	40	4104	利润分配

续表

序号	编号	会计科目名称	序号	编号	会计科目名称
14	1405	库存商品			五、成本类
15	1411	周转材料	41	5001	生产成本
16	1481	持有待售资产	42	5101	制造费用
17	1511	长期股权投资			六、损益类
18	1601	固定资产	43	6001	主营业务收入
19	1602	累计折旧	44	6051	其他业务收入
20	1701	无形资产	45	6111	投资收益
21	1702	累计摊销	46	6301	营业外收入
22	1801	长期待摊费用	47	6401	主营业务成本
23	1901	待处理财产损溢	48	6402	其他业务成本
		二、负债类	49	6403	税金及附加
24	2001	短期借款	50	6601	销售费用
25	2201	应付票据	51	6602	管理费用
26	2202	应付账款	52	6603	财务费用
27	2203	预收账款	53	6711	营业外支出
28	2211	应付职工薪酬	54	6801	所得税费用

（2）会计科目按提供信息的详细程度及其统驭关系的不同可分为总分类科目和明细分类科目两类。

- 总分类科目，又称总账科目或一级科目，是对会计要素具体内容进行的总括分类，提供总括信息的会计科目，如“库存现金”“银行存款”“库存商品”“短期借款”“实收资本”等。
- 明细分类科目，又称明细科目或子目，是对总分类科目的经济内容所做的进一步分类，更详细、具体地反映会计核算资料。例如，在“应付职工薪酬”总分类科目下设置“工资”“职工福利”“社会保险费”“住房公积金”“工会经费”“职工教育经费”“辞退福利”“带薪缺勤”等明细科目，分类反映应付职工薪酬的具体内容。

明细分类科目的设置，除国家统一规定外，各单位可以根据本单位的具体情况和经济管理需要自行设置。有的总分类科目需要设置明细科目，如“应收账款”“应付账款”“管理费用”等；有的总分类科目无须设置明细分类科目，如“本年利润”等。

在实际的会计核算工作中，若一个总分类科目下设置的明细分类科目过多，往往会给记账、稽核、查对等带来诸多不便。这时，就可在总分类科目与明细分类科目之间增设二级或多级科目，二级科目是对总分类科目的进一步分类，简称子目。如还需细分，可设三级科目，三级科目是对二级科目的进一步分类，简称细目，子目和细目均属于明细科目。以“原材料”为例，其明细科目的设置情况如表 2-3 所示。

表 2-3 “原材料”明细科目

<table>
<tr><th rowspan="2">总分类科目</th><th colspan="2">明细分类科目</th></tr>
<tr><th>二级科目（子目）</th><th>三级科目（细目）</th></tr>
<tr><td rowspan="6">原材料</td><td rowspan="2">原料及主要材料</td><td>圆钢</td></tr>
<tr><td>生铁</td></tr>
<tr><td rowspan="2">辅助材料</td><td>润滑油</td></tr>
<tr><td>防锈剂</td></tr>
<tr><td rowspan="2">燃料</td><td>汽油</td></tr>
<tr><td>煤油</td></tr>
</table>

（二）会计科目的设置原则

企业所使用的会计科目应根据财政部统一制定的《企业会计准则——应用指南》设置。同时，在企业实际工作中，企业可以根据自身的实际情况和需要，适当地增减某些科目。设计会计科目时应遵循下列基本原则：

（1）合法性原则。国家的会计法规体系体现了国家对财务会计工作的要求，因此，设置会计科目首先要以此为依据，应尽量符合《会计法》及《企业会计准则》等的规定，以便编制会计凭证，登记账簿，查阅账目。

（2）相关性原则。设置会计科目必须对会计要素的具体内容进行分类，以分门别类地反映和监督各项经营业务，不能有任何遗漏，即所设置的会计科目应能覆盖企业所有的要素。同时，设置会计科目要求充分考虑会计信息使用者对本企业会计信息的需要，以提高会计核算所提供的会计信息的相关性，满足相关各方的信息需求。

（3）实用性原则。在合法性原则的基础上，企业应当根据组织形式、所处的行业、经营内容和业务类型等自身特点设置符合实际需要的会计科目。

会计科目中总分类科目和个别明细分类科目需按照《企业会计准则——应用指南》中的规定设置，其他明细科目可以根据企业自身的生产经营特点来设置。例如，“应收账款”总分类科目之下，可根据债务人单位名称设置明细科目。

二、会计账户

（一）会计账户的概念与分类

1. 会计账户的概念

会计账户是按照会计科目的名称开设，具有一定的格式和结构，用来连续、系统地记录经济业务引起的各会计要素增减变动情况和结果的载体，是对会计要素的具体内容进行分类核算和监督的一种工具。

会计科目仅仅是对会计要素的具体内容进行分类核算的项目名称，它不能反映交易或者事项的发生所引起的会计要素各项目的增减变动情况和结果。各项核算指标的具体数字资料，只有通过会计账户记录才能取得。因此，在设置会计科目后，还必须根据规定的会计科目开设相应的账户，以便对各种交易或事项进行连续、系统地记录，向有关各方提供有用的会计信息。

2. 会计账户的分类

会计账户可按照经济内容、提供信息的详细程度及其统驭关系进行分类。

（1）会计账户按照经济内容的不同，可分为资产类账户、负债类账户、共同类账户、所有者权益类账户、成本类账户和损益类账户六类（与会计科目的分类相同）。

会计账户按照经济内容的分类实质是按照会计对象的具体内容进行的分类。如前所述，经济组织的会计对象就其具体内容而言，可以归结为资产、负债、所有者权益、收入、费用和利润六个会计要素。由于利润一般隐含在收入与费用中，因此，从满足管理和会计信息使用者需要的角度考虑，账户按其经济内容可以分为资产类账户、负债类账户、共同类账户、所有者权益类账户、成本类账户和损益类账户。

其中，有些资产类账户、负债类账户和所有者权益类账户存在调整账户。调整账户包括备抵调整账户（又称抵减账户）和附加调整账户，以确定被调整对象实有数额而设置的独立账户，如“累计折旧”账户是“固定资产”账户的备抵调整账户。

（2）会计账户按照提供信息的详细程度及其统驭关系的不同，可分为总分类账户和明细分类账户。

- ✧ 总分类账户，又称总账，是根据一级会计科目开设的账户，用来登记提供总括会计核算资料的分类账。总分类账户所提供的核算资料，是编制会计报表的主要依据，任何单位都必须设置总分类账户。
- ✧ 明细分类账户，又称明细账，是根据一级会计科目所属的明细科目（二级或三级会计科目）开设的账户，用来登记详细核算资料的分类账户。明细分类账户核算，除了用货币计量以外，必要时还需要使用实物、劳动量单位等来计量。

总分类账户和明细分类账户核算的内容相同，只是反映的详尽程度不同，它们提供的核算资料相互补充。总账对其所属明细账起统驭作用；明细账则对其所隶属的总账起辅助作用。

（二）会计账户的功能与结构

1. 会计账户的功能

会计账户的功能在于连续、系统和完整地提供企业经济活动中各会计要素增减变动及其结果的具体信息。其中，会计要素在特定会计期间增加和减少的金额，分别称为会计账户的“本期增加发生额”和“本期减少发生额”，二者统称为会计账户的“本期发生额”；会计要素在会计期末的增减变动结果，称为会计账户的“余额”，具体表现为期初余额和期末余额，会计账户上期的期末余额转入本期，即为本期的期初余额；会计账户本期的期末余额转入下期，即为下期的期初余额。

会计账户的期初余额、期末余额、本期增加发生额和本期减少发生额统称为账户的四个金额要素。对于同一会计账户而言，它们之间的基本关系为：

期末余额=期初余额+本期增加发生额−本期减少发生额

2. 会计账户的结构

会计账户是根据会计科目开设的，为了全面、清晰地记录各项会计要素的增减变动情况及其结果，会计账户不但要有明确的核算内容，而且要有一定的结构。会计账户的结构是指会计账户的组成部分及其相互关系。

会计账户通常由以下内容组成：① 账户名称，即会计科目；② 日期，即所依据记账凭证中注明的日期；③ 凭证字号，即所依据记账凭证的编号；④ 摘要，即经济业务的简要说明；⑤ 金额，即增加额、减少额和余额。

企业发生经济业务后所引起的各个会计要素的变动虽然错综复杂，但从数量上看，不外乎有增加和减少两种情况。因此，为了能反映出各个会计要素的变动情况，会计账户在结构上也应相应地分为左右两个部分：一部分登记增加数，另一部分登记减少数，这就形成了会计账户的基本结构（见表 2-4）。

表 2-4　会计账户的基本内容和结构

账户名称：

年		凭证		摘要	借方								贷方								借或贷	余额							
月	日	字	号		十	万	千	百	十	元	角	分	十	万	千	百	十	元	角	分		十	万	千	百	十	元	角	分

会计账户的结构与记账方法有着密切的联系，不同的记账方法，会计账户的结构是不同的，即使采用同一种记账方法，会计账户的性质不同，其结构也是不同的。由于我国现行的记账方法是借贷记账法，所以会计账户的基本结构也就分为“借方”“贷方”和“余额”。从会计账户名称、记录增加额和减少额的左右两方来看，会计账户结构在整体上类似于汉字“丁”和大写的英文字母“T”，因此，会计账户的基本结构在实务中被形象地称为“丁”字会计账户或者“T”形会计账户。其基本格式如图 2-6 所示。

图 2-6　“T”形账户结构

三、会计科目与会计账户的关系

会计科目和会计账户是两个不同的概念，它们既有联系又有区别。会计科目是为了满足会计确认、计量和报告的要求，根据企业内部会计管理和外部信息的需要，对会计对象要素按照经济内容的性质进行的分类，是对资金运动第三层次的划分。而会计账户是根据会计科目设置的具有一定格式和结构，用于分类反映资产、负债、所有者权益、收入、费用和利润等会计要素增减变动情况及其结果的载体。

（1）两者的联系体现在以下方面：① 会计账户是根据会计科目开设的，两者名称相同，体现的核算内容相同；② 会计科目是设置会计账户的依据，是会计账户的名称，会计账户是会计科目的具体运用。

（2）两者的区别体现在以下方面：① 会计科目仅仅是项目名称而已，不存在结构的问题；而会计账户作为企业经济业务核算和监督的一种工具，不仅要有内容名称，还必须具备一定的结构，它是各单位记录、加工、整理和汇总各种会计信息的载体；② 会计科目仅说明反映的经济内容是什么，而会计账户不仅说明反映的经济内容是什么，还系统地反映和控制其增减变化及结余情况。

3

第三章 会计记账方法

学习目标

知识目标

了解复式记账法的概念与分类。

重点掌握借贷记账法的四项基本内容及特点。

能力目标

能运用借贷记账法处理企业的基本经济业务，学会编制会计分录。

导入案例

小明每天都会将支出的情况记录下来，在9月份刚进大学时，父母给了他1 500元的生活费，以下摘录了几条小明记录的9月份支出情况。

9月1日：

（1）吃早餐、午饭及晚餐：20元。

（2）买水果10元。

9月2日：

（1）吃早餐、午饭及晚餐：20元。

（2）购置衣物300元。

9月3日：

（1）吃早餐、午饭及晚餐：20元。

（2）借给小王同学100元。

到了9月30日，小明将9月份的支出汇总在一起，得出他在9月份共用了1 200元，还剩下300元的生活费。

将生活支出记录下来是很多同学都会有的好习惯。这种流水账式的记账方法在会计上叫作单式记账法，我们的会计人员实际上就是和小明同学一样，将企业每笔经济业务都采用专门的方法记录下来。那现在在企业中会计人员采用的是什么记账方法？和单式记账法又有什么样的区别呢？

第一节　会计记账方法的分类

为了对会计要素进行核算，更好地反映和监督企业的经济活动，企业的会计人员不仅要设置会计科目，根据会计科目设置会计账，还要在记账时采用专门的记账方法，按照一定的规则，使用专门的符号，在会计账户中登记各项经济业务。会计记账方法可分为单式记账法和复式记账法。早期采用的是单式记账法，但是随着经济业务的日益复杂，单式记账法逐渐演变为复式记账法。

一、单式记账法

单式记账法是指对每项经济业务，一般只在一个账户中加以登记的记账方法。只登记现金和银行存款的收付业务，以及应收款、应付款的结算业务，而不登记实物的收付业务。例如，企业以银行存款购买原材料10 000元（暂不考虑增值税），对于此项经济业务，在单式记账法下，只在“银行存款”账户中登记减少10 000元，但是材料的增加，则不予以登记。

单式记账法的记账手续简单，但不完整，账户之间不能形成对应关系，不能全面地反映经济活动的全貌和经济业务的来龙去脉。随着社会的发展、经济活动的日益复杂，单式记账法逐渐被淘汰，只适用于经济业务非常简单的单位。为了使会计工作更好地起到核算和监督的作用，复式记账法应运而生。

课堂讨论

你的身边还有没有采用单式记账法记账的例子呢？

二、复式记账法

（一）复式记账法的概念

复式记账法是指对于每一笔经济业务引起的会计要素的增减变动，都必须用相等的金额在两个或两个以上相互联系的账户中进行登记的一种记账方法。沿用上例，假设材料已收到并入库，在复式记账法下，该笔经济业务引起了资产要素内部的一增一减，不仅要在“银行存款”账户中登记减少 10 000 元，还要在“原材料”账户中登记增加 10 000 元。

（二）复式记账法的优点

1. 全面反映资金运动的来龙去脉

每项经济业务的发生，都伴随着资金运动，一项会计要素发生增加或减少，必然会使另一项或另几项会计要素对应地发生等量的减少或增加。换言之，任何经济业务的发生必然会使资金从一处取得（来龙），也会存在一处去处（去脉）。这就需要在两个或两个以上的账户中加以登记。复式记账法适应这一规律，因此能够全面地反映经济业务内容和资金运动的来龙去脉。

2. 便于试算平衡

每项经济业务的发生，在复式记账法下都在账户中做了等额的双重记录，因此能通过全部账户记录结果的试算平衡，检查账户记录有无差错。

课堂讨论

若“导入案例”中的小明同学采用复式记账法记录他 9 月份的支出情况，那么他该怎样记账呢？

（三）复式记账法的分类

复式记账法可以分为收付记账法、增减记账法和借贷记账法三类。借贷记账法被各国公认为一种十分科学的记账方法而被广泛采用。目前，我国企业及行政事业单位均采用借贷记账法进行会计核算。

第二节 借贷记账法

一、借贷记账法的概念

借贷记账法是以“借”“贷”作为记账符号的一种复式记账法。“借”“贷”的概念最初是从借贷资本家（如银行）的角度来解释的，用来表示债权和债务的增减变动。在借贷资本家经营货币资金业务时，把收进的款项，记在贷主（Creditor）的名下，表示债务；把放出的款项，记在借主（Debtor）的名下，表示债权。这就是“借”（英文缩写 Dr）、“贷”（英文缩写 Cr）记账符号的来源。

现代会计是商品经济的产物。随着商品经济的发展，经济业务的内容日益复杂，会计记录的经济业务内容不断扩展，对于非货币资金变动情况，同样用“借”“贷”来记录，“借”“贷”也就失去了原来的意义，成为单纯的记账符号，成了会计上的专门术语。

二、借贷记账法下的账户结构

（一）借贷记账法下账户的基本结构

借贷记账法下的账户，左方一律称为“借方”，右方一律称为“贷方”。记账时，账户的借方和贷方分别表示的是账户的增减变化，即若一方登记增加额，则另一方登记减少额。借方或贷方哪一方登记增加数，哪一方登记减少数，取决于账户所反映的经济内容和性质。

我们通常将资产类、成本类及费用类账户的增加额登记在借方，减少额登记在贷方；将负债类、所有者权益类及收入类账户的增加额登记在贷方，减少额登记在借方。备抵账户作为被调整对象原始数额的抵减项目，其结构与所调整账户的结构正好相反。

（二）资产类、成本类账户的结构

在借贷记账法下，资产类、成本类的增加额登记在账户的借方，减少额登记在账户的贷方，期末余额一般在借方，有些账户期末可能无余额。资产类、成本类账户的结构如图 3-1 所示。

借方　　　　资产（成本）类账户　　　　贷方

期初余额	×××		
本期增加发生额	×××	本期减少发生额	×××
本期增加发生额合计	×××	本期减少发生额合计	×××
期末余额	×××		

图 3-1　资产类、成本类账户的结构

资产类、成本类账户期末余额的计算公式如下：

资产（成本）类期末余额=期初借方余额+本期借方发生额−本期贷方发生额

【例 3-1】 “银行存款”账户 7 月份期初余额为 132 000 元，7 月借方发生额为 30 000 元，7 月贷方发生额为 20 000 元，如何计算“银行存款”账户 7 月的期末余额？

分析：“银行存款”账户的金额变动情况如图 3-2 所示。

借方	银行存款		贷方
期初余额：	132 000		
本期增加发生额	30 000	本期减少发生额	20 000
本期增加发生额合计	30 000	本期减少发生额合计	20 000
期末余额：	142 000		

图 3-2 “银行存款”账户的金额变动情况

银行存款账户 7 月末的余额=132 000+30 000−20 000=142 000 元

（三）负债类、所有者权益类账户的结构

在借贷记账法下，负债类、所有者权益类的增加额登记在账户的贷方，减少额登记在账户的借方，期末余额一般在贷方。负债类、所有者权益类账户的结构如图 3-3 所示。

借方	负债（所有者权益）类账户		贷方
		期初余额	×××
本期减少发生额	×××	本期增加发生额	×××
本期减少发生额合计	×××	本期增加发生额合计	×××
		期末余额	×××

图 3-3 负债类、所有者权益类账户的结构

负债类、所有者权益类账户期末余额的计算公式如下：

负债（所有者权益）类账户期末余额=期初贷方余额+本期贷方发生额−本期借方发生额

【例 3-2】 “短期借款”账户 7 月份期初贷方余额为 100 000 元，7 月 2 日从 A 银行借入为期 6 个月的借款 20 000 元，7 月 19 日又从银行借入为期 9 个月的借款 60 000 元，7 月 21 日归还到期的短期借款 90 000 元，如何计算“短期借款”账户 7 月份的期末余额？

分析：“短期借款”账户的金额变动情况如图 3-4 所示。

借方	短期借款		贷方
		期初余额	100 000
本期减少发生额	90 000	本期增加发生额	① 20 000 ② 60 000
本期减少发生额合计	90 000	本期增加发生额合计	80 000
		期末余额	90 000

图 3-4 “短期借款”账户的金额变动情况

“短期借款”账户 7 月末的余额=100 000+80 000-90 000=90 000 元

（四）损益类账户的结构

损益类账户分为收入类账户和费用类账户，其中，费用类账户结构和资产（成本）类账户结构类似，收入类账户结构和负债（所有者权益）类账户结构类似。一般情况下，由于损益类账户期末结转至“本年利润”账户核算企业实现的利润，因此，损益类账户期末一般无余额。

1．收入类账户的结构

收入类账户借方登记减少额，贷方登记增加额，期末一般无余额，其账户结构如图 3-5 所示。

借方	收入类账户		贷方
本期减少发生额	×××	本期增加发生额	×××
本期减少发生额合计	×××	本期增加发生额合计	×××

图 3-5　收入类账户的结构

2．费用类账户的结构

费用类账户借方登记增加额，贷方登记减少额，期末一般无余额，其账户结构如图 3-6 所示。

借方	费用类账户		贷方
本期增加发生额	×××	本期减少发生额	×××
本期增加发生额合计	×××	本期减少发生额合计	×××

图 3-6　费用类账户的结构

上述各类型账户结构归纳如下（见图 3-7）：

借方	会计科目		贷方
资产、成本、费用：	增加	资产、成本、费用：	减少
负债、所有者权益、收入：	减少	负债、所有者权益、收入：	增加
资产、成本的期末余额		负债、所有者权益的期末余额	

图 3-7　各类型账户结构归纳

三、借贷记账法的记账规则

根据复式记账法的原理，任何一笔经济业务发生，都需要以相同的金额，在两个或两个以上的账户中登记。在借贷记账法下，当一笔经济业务发生后，在一个或几个账户中的借方登记时，也需要在另一个或几个账户的贷方中登记，并且借贷金额相等。借贷记账法的记账规则为：有借必有贷，借贷必相等。

在企业生产经营活动中，涉及的经济业务分类是多种多样的，从“资产=负债+所有者权益”等式来看，可以将经济业务类型归纳成四种类型：① 资产权益同增；② 资产权益同减；③ 资产内部有增有减；④ 权益内部有增有减。

【例 3-3】　某企业发生以下经济业务，请判断各经济业务对对应账户的影响。

（1）从银行提取现金 1 000 元。

分析：该笔业务涉及“银行存款”和“库存现金”两个账户，一方面使银行存款（企业的资产）减少，应计入“银行存款”账户的贷方；另一方面使库存现金（企业的资产）增加，应计入“库存现金”账户的借方。“T”形账户的登记结果如下（见图 3-8）：

借方	银行存款		贷方
		（1）	1 000

借方	库存现金		贷方
（1）	1 000		

图 3-8　“银行存款”和“库存现金”两个账户的登记结果

（2）通过银行收到某单位投资的 20 000 元。

分析：该笔业务涉及“银行存款”和“实收资本”两个账户，一方面使银行存款（企业的资产）增加，应计入“银行存款”账户的借方；另一方面使实收资本（企业的所有者权益）增加，应计入“实收资本”账户的贷方。“T”形账户的登记结果如下（见图 3-9）：

借方	银行存款		贷方
（2）	20 000		

借方	实收资本		贷方
		（2）	20 000

图 3-9　“银行存款”和“实收资本”两个账户的登记结果

（3）向银行借入为期 6 个月的借款 10 000 元。

分析：该笔业务涉及“银行存款”和“短期借款”两个账户，一方面使银行存款（企业的资产）增加，应计入“银行存款”账户的借方；另一方面使短期借款（企业的负债）增加，应计入“短期借款”账户的贷方。“T”形账户的登记结果如下（见图 3-10）：

借方	银行存款		贷方
（3）	10 000		

借方	短期借款		贷方
		（3）	10 000

图 3-10　“银行存款”和“短期借款”两个账户的登记结果

（4）从外单位购入价值3 000元的原材料一批，货款尚未支付（暂不考虑增值税）。

分析：该笔业务涉及“原材料”和“应付账款”两个账户，一方面使原材料（企业的资产）增加，应计入“原材料”账户的借方；另一方面使应付账款（企业的负债）增加，应计入“应付账款”账户的贷方。“T”形账户的登记结果如下（见图3-11）：

借方	原材料	贷方
（4）	3 000	

借方	应付账款	贷方
	（4）	3 000

图3-11 “原材料”和“应付账款”两个账户的登记结果

四、借贷记账法下的账户对应关系与会计分录

（一）账户的对应关系

账户的对应关系是指在借贷记账法下，经济业务发生后，相关账户之间形成的应借、应贷的相互关系。发生对应关系的账户，叫作对应账户。以【例3-3】中“从银行提取现金1 000元”为例，这笔经济业务发生后，“库存现金”账户借方登记增加1 000元和“银行存款”账户贷方登记减少1 000元，“库存现金”账户和“银行存款”账户就形成了应借、应贷的相互关系，这两个账户就叫作对应账户。

（二）会计分录

1. 会计分录的概念

会计分录是指在每笔经济业务发生后，为了保证账户记录的正确性，按照复式记账的要求，确定该笔经济业务涉及账户的名称（即会计科目）、方向和金额的一种记录。在实务工作中，会计分录通常是在记账凭证上登记的。

会计分录包括三个要素：① 账户的名称，即会计科目；② 账户的方向，即借方或贷方；③ 记录的金额。

2. 会计分录的书写格式要求

（1）先借后贷，借方在前，贷方在后。

（2）借贷方书写时要分行，不得写在同一行，且贷方的文字和数字都要比借方后退两格书写。

（3）在一借多贷、一贷多借或多借多贷的情况下，同是借方或同是贷方的几行会计科目和金额应分别对齐。

（4）记账符号和会计科目之间要用“：”号，会计科目和金额之间无须“：”号。

（5）金额后面不要书写金额单位，如“元”。

3. 会计分录的编制步骤

（1）明确涉及的账户，确认经济业务引起了哪些账户发生变化。

（2）分析账户的性质，确认账户金额的变化，是增加或减少。

（3）确定记账方向，根据分析结果，判断记入账户的借方或贷方。

（4）编写会计分录。

（5）全面检查，检查借贷方金额是否相等，确认会计科目使用及书写的正确性。

【例 3-4】　将【例 3-3】中的四笔经济业务编制如下会计分录:

（1）借：库存现金	1 000	
贷：银行存款		1 000
（2）借：银行存款	20 000	
贷：实收资本		20 000
（3）借：银行存款	10 000	
贷：短期借款		10 000
（4）借：原材料	3 000	
贷：应付账款		3 000

4. 会计分录的分类

按照所涉及会计科目的数量，会计分录可以分为简单会计分录和复合会计分录两种。

（1）简单会计分录涉及的会计账户只有两个，即一借一贷的会计分录。【例 3-4】中的会计分录均为简单会计分录。

（2）复合会计分录是指涉及的账户数量在两个以上，也就是一个账户的借方与两个或两个以上账户的贷方；一个账户的贷方与两个或两个以上账户的借方；两个或两个以上账户的借方与另外两个或两个以上账户的贷方发生对应关系的会计分录，即一借多贷、多借一贷或多借多贷的会计分录。

【例 3-5】　某企业发生如下经济业务:

（1）购入甲材料一批，价款共计 25 000 元，其中 10 000 元已用银行存款支付，剩余 15 000 元暂未支付（暂不考虑增值税，下同）。该业务应编制如下会计分录:

借：原材料	25 000	
贷：银行存款		10 000
应付账款		15 000

此分录即为一借多贷分录，一个账户的借方对应两个账户的贷方。

（2）接受某投资者投入资本，其中货币资金 100 000 元，设备一台，价值 50 000 元。该业务应编制如下会计分录:

借：银行存款	100 000	
固定资产	50 000	
贷：实收资本		150 000

此分录即为多借一贷分录，两个账户的借方对应一个账户的贷方。

在借贷记账法下，多借多贷的会计分录不能清晰地反映账户之间的对应关系和资金运动的来龙去脉，因此在实务工作中除复杂经济业务必须编制多借多贷会计分录的情况外，一般不允许编制多借多贷的会计分录。由于初学者对复杂经济业务难以理解，在此我们不再举例说明。

五、借贷记账法下的试算平衡

（一）试算平衡的概念

试算平衡是指在借贷记账法的记账规则下，根据会计等式的平衡原理，通过对所有账户的发生额及余额汇总计算和比较，来检查记录是否正确的一种方法。

（二）试算平衡的分类

试算平衡包括发生额试算平衡和余额试算平衡。

1. 发生额试算平衡

每一笔经济业务发生后，在借贷记账法“有借必有贷，借贷必相等”的记账规则下，以相等的金额在各账户的借贷方登记，在一定会计期间的全部经济业务登记入账后，全部账户的借方发生额合计数必然等于全部账户的贷方发生额合计数。由此，可以得出如下的试算平衡公式：

全部账户借方发生额合计=全部账户贷方发生额合计

2. 余额试算平衡

企业最初创建时，根据会计恒等式“资产=负债+所有者权益”，全部账户期初的借方余额合计数必然等于全部账户期初的贷方余额合计数。在期末结账后，由于全部账户借方发生额合计数等于全部账户贷方发生额合计数，因此可以得出全部账户借方余额合计数必然等于全部账户贷方余额合计数这一结论，用公式表示为：

全部账户借方余额合计=全部账户贷方余额合计

（三）试算平衡表的编制

试算平衡工作一般是在期末结出各账户的本期发生额和期末余额后，通过编制总分类账户发生额和总分类账户试算平衡表来进行的。现在我们通过举例来学习试算平衡表的编制。

【例 3-6】 假设光华公司 2019 年 6 月 30 日的总分类账户余额情况如表 3-1 所示。

表 3-1 总分类账户余额

2019 年 6 月 30 日 单位：元

资产类账户	借方余额	负债及所有者权益类账户	贷方余额
库存现金	800	短期借款	90 000
银行存款	95 000	应付账款	46 000

续表

资产类账户	借方余额	负债及所有者权益类账户	贷方余额
应收账款	23 000	应付票据	25 000
原材料	86 000	实收资本	93 800
固定资产	100 000	资本公积	50 000
合　计	304 800	合　计	304 800

2019 年 7 月，光华公发生如下经济业务:

（1）2 日，接受投资者追加投入的货币资金 100 000 元，款项已存入银行。该业务应编制如下会计分录:

借：银行存款　　100 000

　贷：实收资本　　100 000

（2）7 日，购入甲材料一批，价款共计 30 000 元，公司开出一张面值为 30 000 元的商业汇票，用于支付货款（暂不考虑增值税）。该业务应编制如下会计分录:

借：原材料——甲材料　　30 000

　贷：应付票据　　30 000

（3）13 日，按照法定程序将资本公积金 20 000 元转增资本。该业务应编制如下会计分录:

借：资本公积　　20 000

　贷：实收资本　　20 000

（4）15 日，向银行借入为期 9 个月的短期借款 30 000 元，款项已存入光华公司银行账户。该业务应编制如下会计分录:

借：银行存款　　30 000

　贷：短期借款　　30 000

（5）17 日，用银行存款支付上月尚未支付给 A 公司的材料采购款 15 000 元。该业务应编制如下会计分录:

借：应付账款——A 公司　　15 000

　贷：银行存款　　15 000

（6）19 日，收到购货单位 B 公司前欠货款 16 000 元，款项已存入银行。该业务应编制如下会计分录:

借：银行存款　　16 000

　贷：应收账款——B 公司　　16 000

（7）23 日，购入一台不需要安装的价值 16 000 元的设备一台，款项已用银行存款支付。该业务应编制如下会计分录:

借：固定资产　　16 000

　贷：银行存款　　16 000

接下来，将以上七笔经济业务登记入账（见图 3-12）：

库存现金

借方		贷方	
期初余额	800		
期末余额	800		

银行存款

借方		贷方	
期初余额	95 000		
（1）	100 000	（5）	15 000
（4）	30 000	（7）	16 000
（6）	16 000		
本期发生额	146 000	本期发生额	31 000
期末余额	210 000		

应收账款

借方		贷方	
期初余额	23 000		
		（6）	16 000
本期发生额	0	本期发生额	16 000
期末余额	7 000		

固定资产

借方		贷方	
期初余额	100 000		
（7）	16 000		
本期发生额	16 000	本期发生额	0
期末余额	116 000		

原材料

借方		贷方	
期初余额	86 000		
（2）	30 000		
本期发生额	30 000	本期发生额	0
期末余额	116 000		

短期借款

借方		贷方	
		期初余额	90 000
		（4）	30 000
本期发生额	0	本期发生额	30 000
		期末余额	120 000

应付账款

借方		贷方	
		期初余额	46 000
（5）	15 000		
本期发生额	15 000	本期发生额	0
		期末余额	31 000

应付票据

借方		贷方	
		期初余额	25 000
		（2）	30 000
本期发生额	0	本期发生额	30 000
		期末余额	55 000

实收资本

借方		贷方	
		期初余额	93 800
		（1）	100 000
		（3）	20 000
本期发生额	0	本期发生额	120 000
		期末余额	213 800

资本公积

借方		贷方	
		期初余额	50 000
（3）	20 000		
本期发生额	20 000	本期发生额	0
		期末余额	30 000

图 3-12　光华公司 7 月经济业务的账户登记结果

根据以上账户登记结果，编制总分类账户发生额及余额试算平衡表，如表 3-2 所示。

表 3-2　总分类账户发生额及余额试算平衡表

2019 年 7 月 31 日　　单位：元

账户名称	期初余额		本期发生额		期末余额	
	借方	贷方	借方	贷方	借方	贷方
库存现金	800				800	
银行存款	95 000		146 000	31 000	210 000	
应收账款	23 000			16 000	7 000	
原材料	86 000		30 000		116 000	
固定资产	100 000		16 000		116 000	
短期借款		90 000		30 000		120 000
应付账款		46 000	15 000			31 000
应付票据		25 000		30 000		55 000
实收资本		93 800		120 000		213 800
资本公积		50 000	20 000			30 000
合计	304 800	304 800	227 000	227 000	449 800	449 800

虽然以上试算平衡表中借贷方发生额及余额均相等，但是通过编制试算平衡表并不能确保账户记录完全正确，只能确认是否基本正确。当试算平衡表借贷方不平衡时，可以判断账户记录或编制试算平衡表时存在错误；当试算平衡表借贷方发生额及余额平衡时，无法确定账户记录完全正确，因为若存在同时漏记、重记某项经济业务，或者借贷方金额错记等情况时，即使通过试算也无法发现。

课堂讨论

“总分类账户发生额及余额试算平衡表”并不是万能的，该如何最大程度上保证会计记账的正确性呢？

第四章 借贷记账法下的账务处理

4

学习目标

知识目标

熟悉企业资金的循环与周转过程。
熟悉企业基本经济业务的会计科目及其应用。

能力目标

掌握企业基本经济业务的账务处理。

导入案例

2019 年 5 月，ABC 公司发生如下支出（不考虑增值税）：购入生产设备一台，价值 200 000 元；购入原材料 50 000 元，其中当月生产产品领用原材料 45 000 元；当月职工薪酬 50 000 元；购买办公用品 3 000 元；发生水电费 2 000 元；其他费用 2 000 元。5 月销售产品售价 150 000 元。

请思考：ABC 公司当期的利润如何计算？

第一节　企业的主要经济业务

不同企业的经济业务各有特点，其生产经营业务流程也不尽相同，鉴于制造业的生产经营过程较为复杂，经济活动频繁，会计核算具有代表性。因此，本章以制造业的经济业务核算为例来说明借贷记账法的运用，包括制造业的资金筹集、设备购置、材料采购、产品生产、商品销售和利润分配等经济业务。制造业的主要生产经营过程如图 4-1 所示。

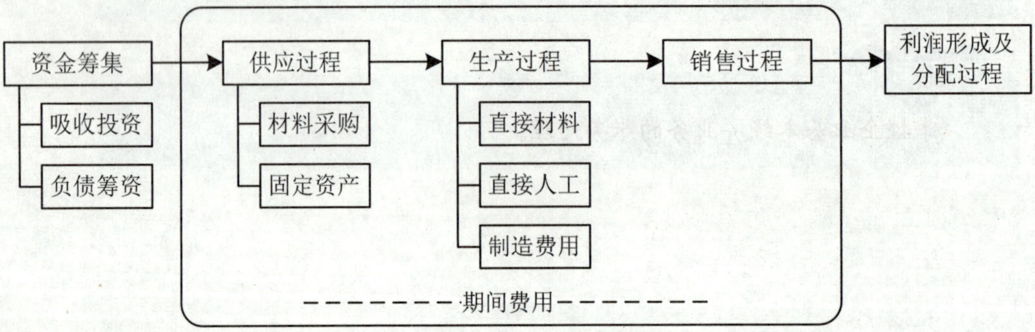

图 4-1　制造业的生产经营过程

（1）资金筹集是指企业通过各种方式和法定程序，从不同的资金渠道筹措所需资金的全过程。资金筹集是企业经济活动的起点，是企业生存和发展的基本前提。无论企业筹资的来源和方式如何，其取得途径不外乎两种：一种是接受投资者投入的资金，即企业的资本金；另一种是向债权人借入的资金，即企业的负债。

（2）供应过程，又称生产准备过程，在这一过程中，企业用货币资金购进原材料、固定资产等生产资料，形成必要的生产储备，这时资金就由货币资金形态转变为储备资金形态。这一过程的主要经济业务是因进行物资采购而引起的与供货方的货款结算业务、增值税业务、支付采购费用和计算采购成本等。

（3）生产过程是指从投料开始，经过一系列的加工，直至产成品生产出来的全部过程。在生产过程中，劳动者运用劳动工具，直接或间接地作用于劳动对象，使之按预定目的变成产成品。因产成品的生产而发生各种生产费用，包括材料费用、工资费用和其他费用，通过对生产费用的归集和分配，计算出产成品成本。因此，生产费用的归集和分配便成了生产过程的主要经济业务。

（4）销售过程是通过对企业生产的产成品进行销售，收回货款来实现企业产成品价值的过程。在产成品销售过程中，企业一方面要按照合同向购货方发货；另一方面与购买单位办理结算，收回货款和增值税销项税额，确认收入的实现和计算应交纳的相关税额，结转产品销售成本；此外还要支付产成品的广告费、展览费、运输费、保险费和装卸费等销售费用。上述业务便构成了企业产品销售过程业务核算的主要内容。

（5）销售过程核算之后，是利润形成及分配过程的核算。利润形成的核算就是要把企业的盈利或亏损体现出来。利润形成后还涉及利润的分配，企业盈利扣除国家规定上交的所得税后，一般称为净利润，净利润应按照国家的有关规定，建立企业发展方面的资金（为扩充企业实力追加投资）和用于防范风险的资金（如出现亏损时进行弥补）；还应按照协议、合同、公司章程和有关规定，在企业所有者之间进行分配，作为企业所有者投资的回报所得。

本章例题均以长江有限责任公司（以下简称“长江公司”，2016 年成立）为会计主体进行核算，长江公司属于增值税一般纳税人的制造企业，所得税税率 25%，例题中若不做特殊说明，则业务发生在 2019 年。

第二节　资金筹集业务的账务处理

企业的资金筹集业务按其资金来源通常分为所有者权益筹资和负债筹资，如图 4-2 所示。所有者权益筹资形成所有者的权益（通常称为权益资本），包括投资者的投资，这部分资本的所有者既享有企业的经营收益，也承担企业的经营风险；负债筹资形成债权人的权益（通常称为债务资本），主要包括企业向债权人借入的资金和结算形成的负债资金等，这部分资本的所有者享有按约收回本金和利息的权利。

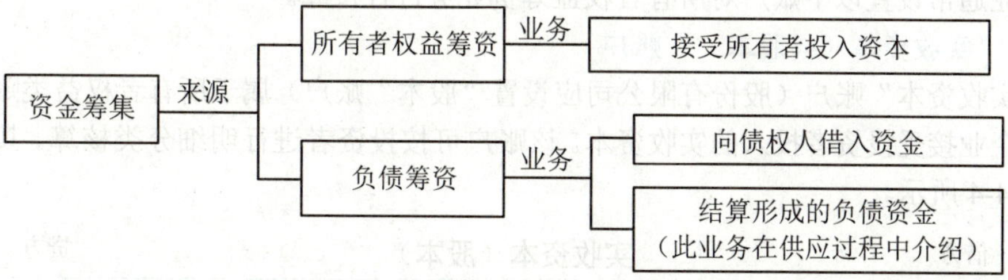

图 4-2　资金筹集业务

一、所有者权益筹资业务

（一）所有者投入资本的构成

所有者投入资本按投资人的不同可分为国家资本金、法人资本金、个人资本金和外商资本金。所有者可以采用货币资金、实物资产及无形资产等方式向企业投资。

所有者投入的资本主要包括实收资本（或股本）和资本公积，如图 4-3 所示。

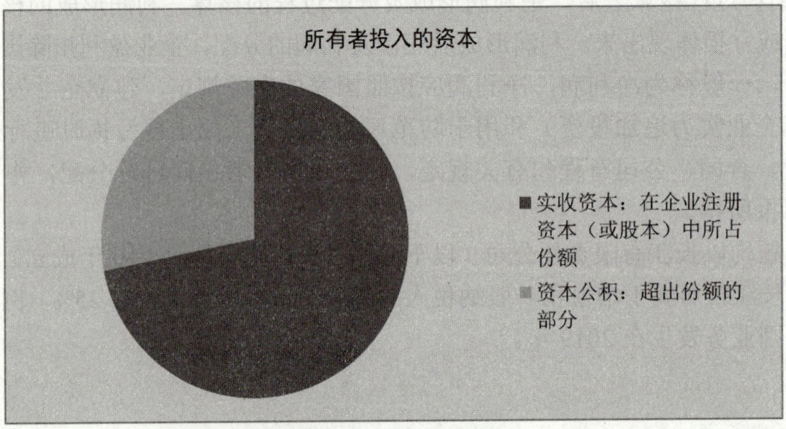

图 4-3　所有者投入的资本

实收资本（或股本）是指企业的投资者按照企业章程、合同或协议的约定，实际投入企业的资本金及按照有关规定由资本公积、盈余公积等转增资本的资金。

资本公积是企业收到投资者投入的超出其在企业注册资本（或股本）中所占份额的投资，以及直接记入所有者权益的利得和损失等。

（二）账户设置

企业通常设置以下账户对所有者权益筹资业务进行核算。

1．“实收资本（或股本）”账户

“实收资本”账户（股份有限公司应设置“股本”账户）属于所有者权益类账户，用于核算企业接受投资者投入的实收资本。该账户可按投资者进行明细分类核算。其账户结构如图 4-4 所示。

实收资本（股本）

借方	贷方
投资者按规定收回的投资	企业实际收到投资者投入资本在注册资本（或股本）中所占份额
	期末余额：投资者投入企业的资本（或股本）总额

图 4-4　“实收资本”账户结构

2. “资本公积”账户

“资本公积”账户属于所有者权益类账户，用于核算企业收到投资者出资额超出其在注册资本或股本中所占份额的部分，以及直接计入所有者权益的利得和损失等。该账户可按资本公积的来源不同，分别对“资本溢价（或股本溢价）”“其他资本公积”进行明细分类核算，本书仅介绍“资本溢价（或股本溢价）”明细账户的核算。其账户结构如图 4-5 所示。

借方　资本公积——资本溢价（或股本溢价）	贷方
企业依法减少的资本公积	投资者投资产生的资本溢价或股本溢价
	期末余额：企业资本公积的累计数

图 4-5 “资本公积”账户结构

3. “银行存款”账户

“银行存款”账户属于资产类账户，用于核算企业存入银行或其他金融机构的各种款项。该账户可按开户银行和其他金融机构、存款种类等进行明细分类核算，分别设置“银行存款日记账”，由出纳人员根据收付款凭证，按照业务的发生顺序逐笔登记，每日终了，应结出余额。其账户结构如图 4-6 所示。

借方　银行存款	贷方
存入银行或其他金融机构的款项	提取或支出的存款
期末余额：企业存在银行或其他金融机构的各种款项	

图 4-6 “银行存款”账户结构

4. “固定资产”账户

“固定资产”账户属于资产类账户，用于核算企业持有固定资产的原价。该账户可按固定资产类别或项目进行明细分类核算。其账户结构如图 4-7 所示。

借方　固定资产	贷方
增加的固定资产的原始价值	减少的固定资产的原始价值
期末余额：企业期末固定资产的原始价值	

图 4-7 “固定资产”账户结构

5. “无形资产”账户

“无形资产”账户属于资产类账户，用于核算企业持有的无形资产的成本，包括专利权、非专利技术、商标权、著作权和土地使用权等。该账户可按无形资产项目进行明细分类核算。其账户结构如图 4-8 所示。

借方　无形资产	贷方
增加的无形资产的成本	减少的无形资产的成本
期末余额：企业期末无形资产的成本	

图 4-8 “无形资产”账户结构

6. “应交税费——应交增值税”账户

“应交税费——应交增值税”账户属于负债类账户，用于核算企业按照税法等规定计算应交纳的增值税。一般纳税人对该账户应设置“销项税额”“进项税额”“已交税金”等栏目，期末本期多交或未交的增值税从本账户转入“应交税费——未交增值税”账户，因此，“应交税费——应交增值税”账户期末无余额。其账户结构如图 4-9 所示。

应交税费——应交增值税

借方	贷方
① 以各种方式取得（包括采购、接受投资和接受捐赠等）非货币性资产及接受服务等，一并取得的增值税专用发票上可抵扣的进项税额 ② 本期已纳税金 ③ 转出本期多交的增值税额	① 销售（包括对外投资、捐赠等）各种非货币性资产及提供服务收取的销项税额 ② 转出不能抵扣但已入账的进项税额 ③ 转出本期未交的增值税额

图 4-9 “应交税费——应交增值税”账户结构

（三）账务处理

企业接受投资者投入资本及企业资本减少的账务处理如表 4-1 所示。

表 4-1 企业接受投资者投入资本及减少资本的账务处理

情形	账务处理
企业接受投资者投入资本	借：银行存款 固定资产 无形资产 应交税费——应交增值税（进项税额） 贷：实收资本/股本 资本公积——资本溢价/股本溢价 注：接受投资的固定资产、无形资产等非货币性资产按投资合同或协议约定的价值入账，约定价值不公允的除外
企业按法定程序报经批准减少注册资本	借：实收资本 贷：银行存款 注：股份有限公司因减少注册资本而回购本公司股份时，通过“库存股”科目核算

【例 4-1】 长江公司取得国家投资 600 000 元，款项已经存入银行（原始凭证：银行进账单、投资协议等）。该业务应编制如下会计分录：

借：银行存款　　600 000

　贷：实收资本　　600 000

【例 4-2】 长江公司收到华海公司投入的机器设备 2 台，收到增值税专用发票，不含税金额 300 000 元，增值税税额 39 000 元（原始凭证：固定资产接收单、增值税专用发票、协议等）。该业务应编制如下会计分录：

借：固定资产　　300 000

　　应交税费——应交增值税（进项税额）　　39 000

　贷：实收资本——华海公司　　339 000

【例 4-3】 长江公司收到金利公司投入专有技术（无形资产）一项，收到增值税专用发票，不含税金额 500 000 元，增值税税额 30 000 元（原始凭证：无形资产接收单、增值税专用发票、投资协议等）。该业务应编制如下会计分录：

借：无形资产　　500 000

　　应交税费——应交增值税（进项税额）　　30 000

　贷：实收资本——金利公司　　530 000

【例 4-4】 长江公司收到南华公司投入资金 450 000 元，其中 400 000 元用于增加注册资金（原始凭证：银行进账单、投资协议等）。该业务应编制如下会计分录：

借：银行存款　　450 000

　贷：实收资本——南华公司　　400 000

　　　资本公积　　50 000

二、负债筹资业务

（一）负债筹资的构成

负债筹资主要包括短期借款、长期借款及结算形成的负债。企业向银行或其他金融机构的借款按其归还期的长短分为短期借款和长期借款。短期借款是指归还期在一年（含一年）或一个经营周期以内的借款，长期借款是指归还期在一年或一个经营周期以上的借款。以下主要介绍短期借款和长期借款的账务处理。

（二）账户设置

企业通常设置以下账户对借款进行核算。

1. “短期借款”账户

“短期借款”账户属于负债类账户，用于核算企业向银行或其他金融机构等借入的期限在一年以下（含一年）的各种借款。该账户可按债权人进行明细分类核算。其账户结构如图 4-10 所示。

借方　　短期借款	贷方
短期借款本金的减少额	短期借款本金的增加额
	期末余额：期末尚未归还的短期借款本金

图 4-10 “短期借款”账户结构

2．“长期借款”账户

“长期借款”账户属于负债类账户，用于核算企业借入的期限在一年以上的各种借款。该账户可按债权人和贷款种类设置“本金”“利息调整”等进行明细分类核算。其账户结构如图 4-11 所示。

借方　　长期借款	贷方
已偿还的借款本金和利息	借入的本金和一次还本付息借款应付未付的利息
	期末余额：期末尚未归还的长期借款本息

图 4-11　“长期借款”账户结构

3．“应付利息”账户

“应付利息”账户属于负债类账户，用于核算企业按照合同约定应支付的利息，包括短期借款、分期付息到期还本的长期借款和企业债券等应支付的利息。该账户可按债权人进行明细分类核算。其账户结构如图 4-12 所示。

借方　　应付利息	贷方
已偿还的利息	按合同利率计算确定的应付未付利息
	期末余额：期末应付未付的利息

图 4-12　“应付利息”账户结构

4．“财务费用”账户

“财务费用”账户属于损益类账户，用于核算企业为筹集生产经营所需资金等而发生的筹资费用，包括利息支出（减利息收入）、汇兑损益及相关的手续费和现金折扣等。该账户期末结转至“本年利润”账户，结转后无余额。该账户可按费用项目进行明细分类核算。其账户结构如图 4-13 所示。

借方　　财务费用	贷方
手续费、利息费用等的增加额	利息收入；期末转至“本年利润”的财务费用

图 4-13　“财务费用”账户结构

（三）账务处理

1．短期借款的账务处理

短期借款的账务处理主要包括借入短期借款、计提利息、偿还利息及本金的处理。在实务中，短期借款通常按季度支付利息，当借款利息费用的归属期（每月）与支付期（季度、年度、到期一次性）不一致时，按照权责发生制，应当按月计提利息费用。利息的计算公式如下：

借款利息=借款本金×利率×计息期

短期借款的账务处理如表4-2所示。

表4-2　短期借款的账务处理

情形	账务处理
借入短期借款	借：银行存款 　贷：短期借款
计提和支付利息	（1）支付本期利息 借：财务费用 　贷：银行存款 （2）本期利息后期支付 ① 利息归属期计提利息： 借：财务费用 　贷：应付利息 ② 支付利息： 借：应付利息（前期已计提利息） 　　财务费用（支付当期利息） 　贷：银行存款
偿还短期借款	借：短期借款 　贷：银行存款

【例4-5】　1月1日，长江公司由于经营资金短缺，从银行借入期限为6个月、年利率为9%的借款120 000元，按季付息，款项已经划入账户（原始凭证：借款合同、进账单等）。借入借款时，应编制如下会计分录。

借：银行存款　　120 000
　贷：短期借款　　120 000

【例4-6】　沿用【例4-5】，短期借款利息在每季季末与银行结算付清，对本月负担的尚未支付的借款利息进行计提，财务处理如下：

（1）1月31日，计提本月负担的借款利息900元（120 000×9%÷12），编制如下会计分录：

借：财务费用　　900
　贷：应付利息　　900

（2）2月28日计提本月利息900元，会计分录同1月31日。

（3）3月31日，支付第一季度利息2 700元（900×3），编制如下会计分录：

借：应付利息　　1 800
　　财务费用　　900
　贷：银行存款　　2 700

（4）4月30日、5月31日会计分录同1月31日；6月30日会计分录同3月31日。

【例4-7】　沿用【例4-6】，7月1日归还1月1日借款120 000元。归还借款时，

应编制如下会计分录:

借：短期借款　　120 000

　贷：银行存款　　120 000

2．长期借款的账务处理

企业借入长期借款的合同利率与实际利率一致时的处理同短期借款。分期付息、到期还本的长期借款应付未付利息通过“应付利息”账户核算；一次还本付款的长期借款未付利息通过“长期借款——应计利息”账户核算（长期借款合同利率与实际利率不一致时采用实际利率法进行核算，本书不进行讲解）。长期借款的账务处理如表 4-3 所示。

表 4-3　长期借款的账务处理

情形	账务处理
借入长期借款	借：银行存款 　贷：长期借款 注：若该长期借款一次还本付息，为区分本金与利息，应贷记“长期借款——本金”账户
计提利息	（1）属于筹建期间不符合资本化条件的利息记入“管理费用”账户 借：管理费用 　贷：银行存款/应付利息/长期借款——应计利息 注：若利息当期支付，则贷记“银行存款”账户；若分期付息，期末尚未支付利息，则贷记“应付利息”账户；若一次还本付息，则贷记“长期借款——应计利息”账户 （2）属于符合资本化条件的资产购建或者生产的，应当予以资本化的利息 借：在建工程/制造费用 　贷：银行存款/应付利息/长期借款——应计利息 （3）企业经营期间发生的借款费用，不符合资本化条件的资产购建或者生产的，应当予以费用化 借：财务费用 　贷：银行存款/应付利息/长期借款——应计利息
分期付息借款支付利息	借：应付利息 　贷：银行存款
偿还长期借款本金	借：长期借款 　贷：银行存款 一次还本付息的长期借款到期偿还本息： 借：长期借款——本金 　　　　　　——应计利息 　贷：银行存款

【例 4-8】 1 月 1 日，长江公司从中国银行借入期限为 2 年，合同约定年利率为 10%（假定与实际利率一致）的借款 500 000 元，每年初支付上年利息，到期一次还本。款项已经存入银行，利息费用化（原始凭证：借款合同、进账单等）。账务处理如下:

（1）1月1日，借入长期借款时，编制如下会计分录：

借：银行存款　　500 000

　贷：长期借款　　500 000

（2）12月31日，计提当年利息50 000元（500 000×10%），编制如下会计分录：

借：财务费用　　50 000

　贷：应付利息　　50 000

【思考】

（1）该笔长期借款的后续业务还有哪些？该如何进行账务处理？

（2）若上述长期借款一次还本付息，该如何进行账务处理？

第三节　供应过程业务的账务处理

供应过程是制造业生产经营活动的准备阶段，主要是购置生产材料，包括厂房、生产设备和原材料等，可以分成购建固定资产的过程和采购材料的过程两个部分。购建固定资产过程的主要任务就是购置需要安装和不需要安装的生产设备投入使用、自行建造固定资产等。采购材料过程的主要任务就是采购生产经营所需的各种原材料，形成材料储备。在供应过程中，企业一方面要根据供应计划和合同的规定，及时购置生产材料并验收入库，保证生产需要；另一方面应按经济合同和结算制度的规定，支付货款及采购费用。企业要有计划地采购生产材料，力求既满足生产上的需要，又避免过多储备从而造成资金的浪费。

本书供应过程的业务核算部分只介绍外购材料和外购固定资产业务核算，自建固定资产业务的核算将在财务会计课程中讲授。

一、采购成本的确定

（一）材料的采购成本

材料是指企业在生产过程中经过加工改变其形态或性质并构成产品主要实体的各种原料和外购半成品，以及不构成产品实体但有助于产品形成的辅助材料，包括原料及主要材料、辅助材料、外购半成品、修理用备件、包装材料和燃料等。

材料的采购成本是指企业物资从采购到入库前所发生的全部支出，包括购买价款、相关税费、运输费及运输过程中的合理损耗、装卸费、保险费，以及其他可归属于采购成本的费用，不包括可抵扣的进项税额。

需要注意的是，对于企业采购部门或者材料仓库所发生的经常性费用、采购人员的差旅费及市内零星运杂费等不计入材料采购成本，而应当直接计入管理费用。

（二）固定资产的采购成本

固定资产的采购成本是指企业购建固定资产达到预定可使用状态前所发生的一切合理、必要的支出，包括购买价款、相关税费，以及使固定资产达到预定可使用状态前所发生的可归属于该项资产的运输费、装卸费、安装费和专业人员服务费等，不包括可抵扣的进项税额。

二、账户设置

企业通常设置以下账户对供应过程业务进行核算。

（一）“原材料”账户

“原材料”账户属于资产类账户，用于核算企业库存的各种材料的成本，包括原料及主要材料、辅助材料、外购半成品（外购件）、修理用备件（备品备件）、包装材料和燃料等的成本。该账户可按材料的类别、品种和规格进行明细分类核算。其账户结构如图 4-14 所示。

借方　　原材料	贷方
已验收入库材料的成本	发出材料的成本
期末余额：库存材料的成本	

图 4-14　“原材料”账户结构

（二）“在途物资”账户

“在途物资”账户属于资产类账户，用于核算企业采用实际成本（或进价）进行材料、商品等物资的日常核算，以及购入材料、尚未验收入库的在途物资的实际采购成本。该账户可按供应单位和物资品种进行明细分类核算。其账户结构如图 4-15 所示。

借方　　在途物资	贷方
购入的在途物资的实际成本	验收入库的在途物资的实际成本
期末余额：在途物资的采购成本	

图 4-15　“在途物资”账户结构

（三）“在建工程”账户

“在建工程”账户属于资产类账户，用于核算企业基建、更新改造等在建工程发生的支出。该账户可按“建筑工程”“安装工程”“在安装设备”“待摊支出”及单项工程等进行明细分类核算。其账户结构如图 4-16 所示。

借方 在建工程	贷方
各项在建工程的实际支出	工程达到预定可使用状态时转入“固定资产”的成本
期末余额：尚未达到预定可使用状态的在建工程的成本	

图 4-16　“在建工程”账户结构

（四）“应付账款”账户

“应付账款”账户属于负债类账户，用于核算企业因购买材料、商品和接受劳务供应等经营活动应付给供应商的款项。该账户可按债权人进行明细分类核算。其账户结构如图 4-17 所示。

借方 应付账款	贷方
偿还的应付账款	因购入材料、商品和接受劳务等尚未支付的款项
	期末余额：期末尚未偿还的应付账款余额

图 4-17　“应付账款”账户结构

（五）“应付票据”账户

“应付票据”账户属于负债类账户，用于核算企业因购买材料、商品和接受劳务供应等开出、承兑的商业汇票，包括银行承兑汇票和商业承兑汇票。该账户可按债权人进行明细分类核算。其账户结构如图 4-18 所示。

借方 应付票据	贷方
已经支付或者到期无力支付的商业汇票	开出、承兑的商业汇票
	期末余额：尚未到期的商业汇票的票面金额

图 4-18　“应付票据”账户结构

（六）“预付账款”账户

“预付账款”账户属于资产类账户，用于核算企业按照合同规定预付的款项。该账户可按供应单位进行明细分类核算。其账户结构如图 4-19 所示。

借方 预付账款	贷方
因购货业务预付或补付的款项	收到货物后应支付的款项
期末余额：预付的款项	期末余额：尚需补付的款项

图 4-19　“预付账款”账户结构

三、账务处理

（一）外购材料的账务处理

1. 已验收入库的账务处理

企业采购材料已验收入库，收到发票账单进行账务处理时，材料直接记入“原材料”账户，具体账务处理如表 4-4 所示。

表 4-4 外购材料（已验收入库）的账务处理

情形	账务处理
材料已验收入库，收到结算凭证等账单并付款	借：原材料 应交税费——应交增值税（进项税额） 贷：银行存款
材料已验收入库，收到结算凭证等账单但货款未付	（1）收到结算凭证等账单 借：原材料 应交税费——应交增值税（进项税额） 贷：应付账款 （2）支付货款 借：应付账款 贷：银行存款
材料已验收入库，收到结算凭证等账单并开出商业汇票	（1）开出商业汇票 借：原材料 应交税费——应交增值税（进项税额） 贷：应付票据 （2）商业汇票到期付款 借：应付票据 贷：银行存款
预付货款外购材料	（1）预付货款 借：预付账款 贷：银行存款 （2）收到材料及结算凭证 借：原材料 应交税费——应交增值税（进项税额） 贷：预付账款（按实际收货金额计量） （3）预付款小于实际收货金额，补付货款 借：预付账款 贷：银行存款 （4）预付款大于实际收货金额，收回多付货款 借：银行存款 贷：预付账款

【例 4-9】　4 月 1 日，长江公司从品冠公司购入甲材料 100 千克，单价 150 元/千克，价款为 15 000 元，增值税税额 1 950 元，取得增值税专用发票，材料已验收入库，款项均以银行存款支付（原始凭证：增值税专用发票、转账支票存根、入库单等）。该业务应编制如下会计分录：

借：原材料——甲材料　15 000
　　应交税费——应交增值税（进项税额）　1 950
　贷：银行存款　16 950

【例 4-10】　4 月 5 日，长江公司从大海公司购入乙材料 50 千克，单价 100 元/千克，价款为 5 000 元，增值税税率 13%；对方代垫运费 400 元，增值税税率 9%，材料已验收入库，款项均未支付（原始凭证：增值税专用发票、入库单等）。该业务应编制如下会计分录：

购入乙材料的成本=5 000+400=5 400 元

增值税进项税额=5 000×13%+400×9%=686 元

借：原材料——乙材料　5 400
　　应交税费——应交增值税（进项税额）　686
　贷：应付账款——大海公司　6 086

【例 4-11】　4 月 12 日，长江公司偿还大海公司购入乙材料的货款、运费及相应的增值税，共计 6 086 元（原始凭证：转账支票存根）。该业务应编制如下会计分录：

借：应付账款——大海公司　6 086
　贷：银行存款　6 086

【例 4-12】　4 月 15 日，长江公司从品冠公司购入甲材料 200 千克，单价 150 元/千克，价款为 30 000 元，增值税税率 13%；对方代垫运费 2 000 元，增值税税率 9%，材料已验收入库，开出 2 个月期的商业汇票（原始凭证：增值税专用发票、入库单、商业汇票申请回单等）。该业务应编制如下会计分录：

购入乙材料的成本=30 000+2 000=32 000 元

增值税进项税额=30 000×13%+2 000×9%=4 080 元

借：原材料——甲材料　32 000
　　应交税费——应交增值税（进项税额）　4 080
　贷：应付票据——品冠公司　36 080

【例 4-13】　沿用【例 4-12】，6 月 15 日，上述开给品冠公司的商业汇票到期，支付款项（原始凭证：银行付款通知）。该业务应编制如下会计分录：

借：应付票据——品冠公司　36 080
　贷：银行存款　36 080

【例 4-14】　6 月 16 日，长江公司因采购丙材料预付红光公司货款 10 000 元（原始凭证：转账支票存根）。该业务应编制如下会计分录：

借：预付账款——红光公司　10 000
　贷：银行存款　10 000

【例 4-15】 7月5日，收到红光公司发来丙材料100千克，单价100元/千克，价款10 000元，增值税税率13%（原始凭证：增值税专用发票、入库单等）。该业务应编制如下会计分录：

借：原材料——丙材料　　10 000
　　应交税费——应交增值税（进项税额）　　1 300
　贷：预付账款——红光公司　　11 300

【例 4-16】 沿用【例 4-15】，7月20日，补付所欠红光公司采购丙材料货款（原始凭证：转账支票存根）。该业务应编制如下会计分录：

借：预付账款——红光公司　　1 300
　贷：银行存款　　1 300

注意：预付款业务不多的企业，可以不设置“预付账款”账户，将预付账款通过“应付账款”账户核算。

若【例 4-15】收到的丙材料为80千克，单价100元/千克，价款8 000元，增值税税率13%，则应编制如下会计分录：

借：原材料——丙材料　　8 000
　　应交税费——应交增值税（进项税额）　　1 040
　贷：预付账款——红光公司　　9 040

此时，预付款10 000元大于收到材料的价税合计9 040元，多付款项退回时应编制如下会计分录：

借：银行存款　　960
　贷：预付账款——红光公司　　960

2. 未验收入库的账务处理

企业采购业务发生，收到发票账单时即可进行账务处理，但材料尚未验收入库时，应先将采购成本记入“在途物资”账户，待材料验收入库后，从“在途物资”账户转入“原材料”账户，具体账务处理如表 4-5 所示。

表 4-5　外购材料（未验收入库）的账务处理

情形	账务处理
收到结算凭证	借：在途物资 　　应交税费——应交增值税（进项税额） 　贷：银行存款/应付账款/应付票据 注：一批采购多种材料时，共同发生的采购费用根据实际受益情况采用一定的标准（如重量、体积或买价等）分配计入各种材料的采购成本 费用分配率=采购费用÷各种材料的分配标准之和 某种材料应负担的采购费用=该材料的分配标准×费用分配率
材料验收入库	借：原材料 　贷：在途物资

【例 4-17】 5 月 21 日，长江公司从大海公司购入乙材料 400 千克，单价 100 元/千克，价款为 40 000 元，增值税税率 13%，款项已开出 1 个月期的商业汇票，材料未验收入库（原始凭证：增值税专用发票）。该业务应编制如下会计分录：

借：在途物资——乙材料 40 000
　　应交税费——应交增值税（进项税额） 5 200
　贷：应付票据——大海公司 45 200

【例 4-18】 沿用【例 4-17】，6 月 1 日，收到大海公司发来的乙材料（原始凭证：入库单）。该业务应编制如下会计分录：

借：原材料——乙材料 40 000
　贷：在途物资——乙材料 40 000

【例 4-19】 沿用【例 4-17】和【例 4-18】，6 月 21 日，开给大海公司的商业汇票到期支付票款（原始凭证：银行付款通知）。该业务应编制如下会计分录：

借：应付票据——大海公司 45 200
　贷：银行存款 45 200

【例 4-20】 6 月 21 日，长江公司从品冠公司购入甲材料 400 千克和丁材料 600 千克，甲材料单价 150 元/千克，丁材料单价 50 元/千克，增值税税率 13%，款项已支付，材料未验收入库（原始凭证：增值税专用发票、转账支票存根）。该业务应编制如下会计分录：

借：在途物资——甲材料 60 000
　　　　　　——丁材料 30 000
　　应交税费应交增值税（进项税额） 11 700
　贷：银行存款 101 700

【例 4-21】 沿用【例 4-20】，7 月 1 日，长江公司支付采购甲材料和丁材料的运费 6 000 元，增值税税率 9%。运费按甲材料和丁材料的重量比例进行分配(原始凭证：增值税专用发票、转账支票存根）。该业务应编制如下会计分录：

运费分配率=6 000÷（400+600）=6（元/千克）

甲材料应承担的运费=400×6=2 400 元

丁材料应承担的运费=600×6=3 600 元

借：在途物资——甲材料 2 400
　　　　　　——丁材料 3 600
　　应交税费——应交增值税（进项税额） 540
　贷：银行存款 6 540

【例 4-22】 沿用【例 4-20】和【例 4-21】，7 月 10 日，上述甲材料和丁材料验收入库（原始凭证：入库单)。该业务应编制如下会计分录：

借：原材料——甲材料 62 400
　　　　　——丁材料 33 600
　贷：在途物资——甲材料 62 400
　　　　　　　——丁材料 33 600

（二）外购固定资产的账务处理

企业外购固定资产区分购入不需要安装的固定资产和购入需要安装的固定资产。购入不需要安装的固定资产直接记入“固定资产”账户；购入需要安装的固定资产先记入“在建工程”账户，待安装完毕达到与预定可使用状态时转入“固定资产”账户，具体账务处理如表 4-6 所示。

表 4-6 外购固定资产的账务处理

情形	账务处理
购入不需要安装的固定资产	借：固定资产 应交税费——应交增值税（进项税额） 贷：银行存款/应付账款
购入需要安装的固定资产	（1）购入 借：在建工程 应交税费——应交增值税（进项税额） 贷：银行存款/应付账款 （2）安装过程中发生支出 借：在建工程 贷：银行存款 （3）安装完毕达到预定可使用状态 借：固定资产 贷：在建工程

【例 4-23】 6 月 14 日，长江公司购入一批办公用电脑，价款 50 000 元，增值税税额 6 500 元；委托物流公司运输，运费 2 000 元，增值税税额 180 元；均取得增值税专用发票，款项已支付（原始凭证：增值税专用发票、入库单、银行转账支票存根等）。该业务应编制如下会计分录：

购入电脑的成本=50 000+2 000=52 000 元

增值税进项税额=6 500+180=6 680 元

借：固定资产　　52 000

　　应交税费——应交增值税（进项税额）　　6 680

　贷：银行存款　　58 680

【例 4-24】 7 月 10 日，长江公司购入需要安装的生产用设备，价款 200 000 元，增值税税额 26 000 元；委托物流公司运输，运费 5 000 元，增值税税额 450 元；均取得增值税专用发票，款项已支付（原始凭证：增值税专用发票、入库单、银行转账支票存根）。该业务应编制如下会计分录：

购入设备的成本=200 000+5 000=205 000 元

增值税进项税额=26 000+450=26 450 元

借：在建工程　　205 000

　　应交税费——应交增值税（进项税额）　　26 450

贷：银行存款　　231 450

【例 4-25】　沿用【例 4-24】，7 月份发生支付安装上述设备安装费用 15 000 元，增值税税额 1 350 元，款项已支付（原始凭证：增值税专用发票、银行转账支票存根）。该业务应编制如下会计分录：

借：在建工程　　15 000

　应交税费——应交增值税（进项税额）　　1 350

　贷：银行存款　　16 350

【例 4-26】　沿用【例 4-24】和【例 4-25】，7 月 31 日，上述设备安装完毕，达到预定可使用状态。该业务应编制如下会计分录：

固定资产成本=205 000+15 000=220 000 元

借：固定资产　　220 000

　贷：在建工程　　220 000

第四节　生产过程业务的账务处理

企业产品的生产过程同时也是生产资料的耗费过程。企业在生产过程中发生的各项生产费用，是企业为获得收入而预先垫支并需要得到补偿的资金耗费。这些费用最终都要归集、分配给特定的产品，形成产品的成本。生产费用的发生是产品成本形成的基础和前提。

产品成本的核算是指把一定时期内企业生产过程中所发生的费用，按其性质和发生地点，分类归集、汇总和核算，计算出该时期内生产费用发生总额，并按适当方法分别计算出各种产品的实际成本和单位成本等。

一、生产费用的构成

按照生产费用在产品成本中的地位和作用，结合计入产品成本的方式，可以将生产费用分为直接费用和间接费用。直接费用是指企业生产产品过程中，在其发生时就能够明确用于哪种产品，从而可以直接计入该种产品的生产费用，包括直接材料和直接人工。间接费用是指企业为生产产品而发生的由多种产品共同负担的生产费用，通常称为制造费用。因此，生产费用包括直接材料、直接人工和制造费用。

（1）直接材料是指企业在产品生产过程中消耗并构成产品实体的原料、主要材料，以及有助于产品形成的辅助材料、设备配件和外购的半成品等。

（2）直接人工是指企业支付给参加产品生产职工的职工薪酬。

（3）制造费用是指企业为生产产品而发生的各种间接费用，包括车间管理人员的薪酬、固定资产折旧费、办公费、劳保费和机物料消耗等。企业日常发生的制造费用待月末采用一定标准分配计入有关产品成本。

生产费用的分类及计入生产成本的方式如图 4-20 所示。

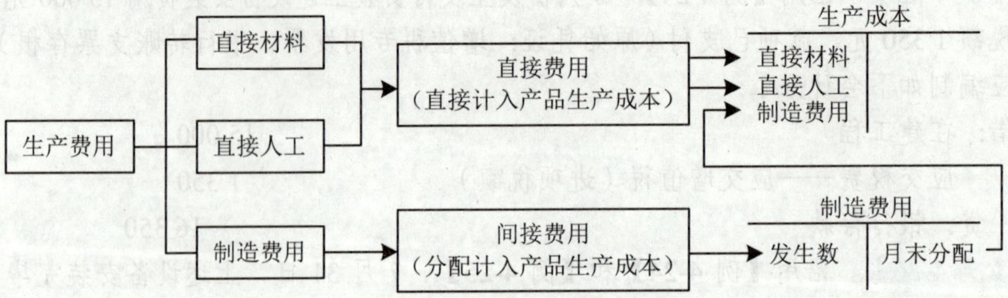

图 4-20　生产费用的分类及计入生产成本的方式

二、账户设置

企业通常设置以下账户对生产过程业务进行核算。

（一）“生产成本”账户

“生产成本”账户属于成本类账户，用于核算归集产品生产过程中所发生的应计入产品成本的各项费用，并据以登记产品生产成本。该账户可按成本核算对象（产品的品种、类别、订单、批别、生产阶段等）设置明细分类账（或成本计算单），并按照规定的成本项目设置专栏。其账户结构如图 4-21 所示。

借方　　　　　　　　生产成本	贷方
应计入产品成本的各项费用（直接材料、直接人工及分配转入的制造费用）	完工入库转入“库存商品”的产成品生产成本
期末余额：尚未完工产品（在产品）的成本	

图 4-21　“生产成本”账户结构

（二）“制造费用”账户

“制造费用”账户属于成本类账户，用于核算企业生产车间（部门）为生产产品和提供劳务而发生的各项间接费用，包括生产车间发生的机物料消耗、管理人员的工资、折旧费、办公费、水电费、厂房租赁费、劳保费和季节性停工损失等。该账户月末经分配结转后一般无余额。该账户可按不同的生产车间、部门和费用项目进行明细分类核算。其账户结构如图 4-22 所示。

借方　　　　　　　　制造费用	贷方
生产过程中发生的各项制造费用	月末分配转入“生产成本”的制造费用

图 4-22　“制造费用”账户结构

（三）“库存商品”账户

“库存商品”账户属于资产类账户，用于核算企业库存的各种商品的成本。该账户可按产成品的种类、品种和规格进行明细分类核算。其账户结构如图 4-23 所示。

借方　　库存商品　　贷方

借方	贷方
验收入库商品成本	因销售等原因出库的库存商品成本
期末余额：期末库存商品成本	

图 4-23 “库存商品”账户结构

（四）“应付职工薪酬”账户

“应付职工薪酬”账户属于负债类账户，用于核算企业根据有关规定应付给职工的各种薪酬。该账户可按工资、职工福利、社会保险费、住房公积金、工会经费、职工教育经费、非货币性福利、辞退福利和股份支付等进行明细分类核算。其账户结构如图 4-24 所示。

借方　　应付职工薪酬　　贷方

借方	贷方
本期实际支付的职工薪酬	本期应付给职工的各项薪酬
期末余额：多支付的职工薪酬	期末余额：应付未付的职工薪酬

图 4-24 “应付职工薪酬”账户结构

（五）“累计折旧”账户

“累计折旧”账户属于资产类备抵账户（固定资产的备抵账户），用于核算企业固定资产计提的累计折旧，用来反映和监督企业在生产经营过程中使用的所有固定资产折旧额的提取和注销情况。用“固定资产”账户的借方余额减去“累计折旧”账户的贷方余额，就可以计算该项固定资产的净值。该账户可按固定资产的类别或项目进行明细分类核算。其账户结构如图 4-25 所示。

借方　　累计折旧　　贷方

借方	贷方
注销固定资产而转出的累计折旧	按月计提的折旧额
	期末余额：期末固定资产的累计折旧额

图 4-25 “累计折旧”账户结构

（六）“累计摊销”账户

“累计摊销”账户属于资产类备抵账户（无形资产的备抵账户），用于核算企业对使用寿命有限的无形资产计提的累计摊销，用来反映和监督企业在生产经营过程中使用的无形资产摊销额的提取和注销情况。用“无形资产”账户的借方余额减去“累计摊销”账户的贷方余额，就可以计算该项无形资产的净值。该账户可按无形资产的类别或项目进行明细分类核算。其账户结构如图 4-26 所示。

借方	累计摊销 贷方
处置无形资产而转出的累计摊销	按月计提的无形资产摊销额
	期末余额：期末无形资产的累计摊销额

图 4-26 “累计摊销”账户结构

（七）“管理费用”账户

“管理费用”账户属于损益类账户，用于核算企业为组织和管理企业生产经营所发生的管理费用，包括企业的董事会和行政管理部门在企业的经营管理中发生的或者应由企业统一负担的公司经费（包括行政管理部门职工薪酬、修理费、物料消耗、低值易耗品摊销、办公费和差旅费等）、咨询费（含顾问费）、诉讼费、业务招待费和技术转让费等。企业车间和行政管理部门等发生的固定资产修理费用等后续支出，也在该账户核算。该账户期末结转至“本年利润”账户后无余额。该账户可按管理费用的费用项目进行明细分类核算。其账户结构如图 4-27 所示。

借方	管理费用 贷方
发生的各项管理费用	期末转入“本年利润”账户的金额

图 4-27 “管理费用”账户结构

（八）“销售费用”账户

“销售费用”账户属于损益类账户，用于核算企业发生的各项销售费用，包括保险费、包装费、展览费和广告费、商品维修费、运输费和装卸费，以及为销售本企业产品而专设的销售机构（含销售网店、售后服务网店）的职工薪酬、业务费和折旧费等。该账户期末结转至“本年利润”账户后无余额。该账户可按销售费用的费用项目进行明细分类核算。其账户结构如图 4-28 所示。

借方	销售费用 贷方
发生的各项销售费用	期末转入“本年利润”账户的金额

图 4-28 “销售费用”账户结构

（九）“库存现金”账户

“库存现金”账户属于资产类账户，用于核算企业的库存现金。企业应当设置“现金日记账”，由出纳人员根据收付款凭证，按照业务发生顺序逐笔登记。每日终了，应当计算当日的现金收入合计额、现金支出合计额和结余额，并将结余额与实际库存额核对，做到账实相符。其账户结构如图 4-29 所示。

借方	库存现金 贷方
企业收到的现金	企业支出的现金
期末余额：期末企业库存的现金	

图 4-29 “库存现金”账户结构

三、账务处理

生产过程业务的账务处理主要包括材料费用的归集与分配、职工薪酬的归集与分配、固定资产的折旧与无形资产的摊销、制造费用的归集与分配，以及完工产品生产成本的计算与结转。

（一）材料费用的归集与分配

企业生产产品必定会耗用一定的原材料。生产部门领用原材料时应填制领料单，向仓库办理领料手续。仓库根据领料单发料后，应将领料凭证递交会计部门，据以作为入账的依据。会计部门一般在月末编制汇总领料凭证，据以编制记账凭证。

在确定材料费用时，应根据领料凭证区分车间、部门和不同用途，按照确定的结果记录发出材料的成本。在该项经济业务中，用于产品生产领用的材料，直接记入“生产成本”账户；对于提供生产条件等车间一般性耗用的材料，记入“制造费用”账户；行政管理部门领用的材料，记入“管理费用”账户。会计分录如下：

借：生产成本　　　　（产品生产领用）

　　制造费用　　　　（车间一般性耗用）

　　管理费用　　　　（管理部门领用）

　贷：原材料

【例 4-27】 长江公司本期为生产 A、B 产品和其他用途从仓库领用各种材料，月末根据若干张原材料出库单汇总形成发料凭证汇总表如表 4-7 所示。

表 4-7 发料凭证汇总表

用　途	甲材料		乙材料		丙材料		丁材料		合　计
	数量	金额	数量	金额	数量	金额	数量	金额	
生产产品用：									
A 产品	300	46 800	200	20 000			100	5 600	72 400
B 产品	300	46 800	100	10 000	50	5 000	100	5 600	67 400
小计	600	93 600	300	30 000	50	5 000	200	11 200	139 800
车间一般耗用					50	5 000	100	5 600	10 600
厂部耗用							100	5 600	5 600
合　计	600	93 600	300	30 000	100	10 000	400	22 400	156 000

根据表 4-7，编制如下会计分录：

借：生产成本——A 产品　　72 400
　　　　　　——B 产品　　67 400
　　制造费用　　10 600
　　管理费用　　5 600
　贷：原材料——甲材料　　93 600
　　　　　　——乙材料　　30 000
　　　　　　——丙材料　　10 000
　　　　　　——丁材料　　22 400

（二）职工薪酬的归集与分配

职工薪酬是指企业为获得职工提供的服务或解除劳动关系而给予各种形式的报酬或补偿，具体包括短期薪酬、离职后福利、辞退福利和其他长期职工福利。企业提供给职工配偶、子女、受赡养人、已故员工遗属及其他受益人等的福利，也属于职工薪酬。本书仅介绍短期职工薪酬的核算，短期职工薪酬包括职工工资、奖金、津贴和补贴，职工福利费，非货币性福利，医疗保险费、工伤保险费和生育保险费等社会保险费，住房公积金，工会经费和职工教育经费等。

企业职工薪酬的核算包括分配和发放（或支付）两个环节。企业每月按照职工的考勤记录、工时记录、产量记录、工资等级标准和代扣各项款项等，编制“工资结算单”，计算应付给职工的工资，并根据职工提供服务的受益对象，将职工薪酬分别计入产品生产成本或当期损益，编制“工资费用分配汇总表”，具体账务处理如表 4-8 所示。

表 4-8　职工薪酬归集与分配的账务处理

情形	账务处理
工资的核算	（1）根据“工资费用分配汇总表”进行分配工资 借：生产成本　（直接生产人员的工资） 　　制造费用　（车间管理人员的工资） 　　管理费用　（行政管理人员的工资） 　　销售费用　（销售人员的工资） 　　在建工程　（在建工程人员的工资） 　贷：应付职工薪酬——工资 （2）发放工资 借：应付职工薪酬——工资 　贷：银行存款 注：假设不考虑个人所得税、个人承担的五险一金等

续表

情形	账务处理
福利费的核算	（1）根据企业有关福利费的批准文件及“福利费分配汇总表”进行分配福利费 借：生产成本　　（直接生产人员的福利费） 　　制造费用　　（车间管理人员的福利费） 　　管理费用　　（行政管理人员的福利费） 　　销售费用　　（销售人员的福利费） 　　在建工程　　（在建工程人员的福利费） 　贷：应付职工薪酬——福利费 （2）发放福利费 借：应付职工薪酬——福利费 　贷：银行存款

【例 4-28】　长江公司的“工资费用分配汇总表”如表 4-9 所示。

表 4-9　工资费用分配汇总表

单位：元

部门职工	应发工资
生产车间：	
生产 A 产品工人（10 人）	30 000
生产 B 产品工人（6 人）	20 000
车间管理人员（3 人）	15 000
行政管理人员（6 人）	40 000
销售人员（5 人）	20 000
合　　计（30 人）	125 000

根据“工资费用分配表”应编制如下会计分录：

借：生产成本——A 产品　　30 000
　　　　　　——B 产品　　20 000
　　制造费用　　15 000
　　管理费用　　40 000
　　销售费用　　20 000
　贷：应付职工薪酬——工资　　125 000

【例 4-29】　沿用【例 4-28】，长江公司通过银行转账发放上述工资时（假设不考虑个人所得税、个人承担的五险一金等），应编制如下会计分录：

借：应付职工薪酬——工资　　125 000
　贷：银行存款　　125 000

【例 4-30】　长江公司董事会决议为公司职工每人发放春节节日慰问费 500 元。财务人员根据公司职工汇总编制福利费（春节慰问费）分配汇总表，如表 4-10 所示。

表 4-10 福利费（春节慰问费）分配汇总表

单位：元

部门职工	应发福利费
生产车间：	
生产 A 产品工人（10 人）	5 000
生产 B 产品工人（6 人）	3 000
车间管理人员（3 人）	1 500
行政管理人员（6 人）	3 000
销售人员（5 人）	2 500
合 计（30 人）	15 000

根据“福利费（春节慰问费）分配汇总表”应编制如下会计分录：

借：生产成本——A 产品 5 000
——B 产品 3 000
制造费用 1 500
管理费用 3 000
销售费用 2 500
贷：应付职工薪酬——福利费 15 000

【例 4-31】 长江公司开出现金支票支取现金 20 000 元，以备发放上述福利费及其他零星开支。该业务应编制如下会计分录：

借：库存现金 20 000
贷：银行存款 20 000

【例 4-32】 沿用【例 4-30】，长江公司以现金支付上述福利费。该业务应编制如下会计分录：

借：应付职工薪酬——福利费 15 000
贷：库存现金 15 000

（三）固定资产的折旧和无形资产的摊销

固定资产在其使用寿命内，虽然能保持其原有的实物形态，但其价值却在使用中逐渐损耗，这部分损耗的价值称为折旧。使用寿命有限的无形资产在使用寿命内逐渐损耗的价值也应予以摊销。

根据固定资产和无形资产服务对象的不同，将其转移损耗的价值分别计入不同的账户，具体财务处理如表 4-11 所示。

表 4-11 固定资产折旧和无形资产摊销的账务处理

情形	账务处理	
固定资产折旧	借：制造费用 　　管理费用 　　销售费用 　　在建工程 　　其他业务成本 　贷：累计折旧	（车间使用的固定资产折旧） （行政管理部门使用的固定资产折旧） （销售部门使用的固定资产折旧） （在建工程项目使用的固定资产折旧） （经营租出的固定资产折旧）
无形资产摊销	借：制造费用 　　管理费用 　　其他业务成本 　贷：累计摊销	（用于产品生产的无形资产摊销） （用于企业经营管理的无形资产摊销） （出租的无形资产摊销）

【例 4-33】 期末，长江公司根据规定的固定资产折旧率计提固定资产折旧 60 000 元，其中生产车间提取固定资产折旧费 35 000 元，管理部门计提固定资产折旧费 15 000 元，销售部门计提固定资产折旧费 10 000 元（原始凭证：固定资产折旧计算表）。该业务应编制如下会计分录：

借：制造费用　　35 000
　　管理费用　　15 000
　　销售费用　　10 000
　贷：累计折旧　　60 000

注意：该例题折旧额未包括出租固定资产的折旧，出租固定资产的折旧在【例 4-51】中处理。

固定资产在使用过程中发生的更新改造、修理费用等后继支出，根据使用部门应分别核算，生产车间和行政管理部门发生的固定资产修理费用，记入“管理费用”账户，销售部门发生的固定资产修理费用，记入“销售费用”账户。

【例 4-34】 长江公司以银行存款支付一台生产设备的维修费 4 000 元（原始凭证：银行转账支票存根）。该业务应编制如下会计分录：

借：管理费用　　4 000
　贷：银行存款　　4 000

【例 4-35】 期末，长江公司根据规定对使用寿命有限的管理用无形资产进行摊销，摊销额为 50 000 元（原始凭证：无形资产摊销计算表）。该业务应编制如下会计分录：

借：管理费用　　50 000
　贷：累计摊销　　50 000

（四）制造费用的归集与分配

企业在生产产品过程中发生的制造费用除上述车间管理人员的薪酬、固定资产折旧费外，还包括车间办公费、劳保费和有机物料消耗等，发生这些费用时应记入“制造费用”账户借方。期末，企业应合理选择分配方法（通常选择按工时、工资比例分配），将制造费用分配计入各种产品成本，具体账务处理如表4-12所示。

表4-12　制造费用归集与分配的账务处理

情形	账务处理
制造费用的归集	借：制造费用 　贷：原材料 　　　应付职工薪酬 　　　银行存款
制造费用的分配	按一定分配标准（工时、工资等）分配制造费用： 制造费用分配率=待分配的制造费用÷各产品的分配标准之和 某种产品应负担的制造费用=该产品的分配标准×制造费用分配率 借：生产成本——××产品 　　　　　　——××产品 　贷：制造费用 注：制造费用分配后，“制造费用”账户一般无余额

【例4-36】　长江公司耗用电费4 000元，增值税税额520元；水费2 000元，增值税税额180元；款项均以银行存款支付。水电费消耗明细如表4-13所示（原始凭证：增值税专用发票、银行存款存根）。

表4-13　水电费明细表（不含增值税）

部门	电费	水费	合计
生产车间	3 000	1 000	4 000
行政管理部门	500	500	1 000
销售部门	500	500	1 000
合　　计	4 000	2 000	6 000

根据“水电费明细表（不含增值税）”编制如下会计分录：

借：制造费用　　4 000
　　管理费用　　1 000
　　销售费用　　1 000
　　应交税费——应交增值税（进项税额）　　700
　贷：银行存款　　6 700

【例4-37】　长江公司车间购入一批劳保用品3 000元，增值税税额390元，款项已支付（原始凭证：增值税专用发票、银行存款存根）。该业务应编制如下会计分录：

借：制造费用　　3 000

　　应交税费——应交增值税（进项税额）　　390

　贷：银行存款　　3 390

【例 4-38】　长江公司车间购入一批办公用品 2 000 元，增值税税额 260 元，款项已支付（原始凭证：增值税专用发票、银行存款存根）。该业务应编制如下会计分录：

借：制造费用　　2 000

　　应交税费——应交增值税（进项税额）　　260

　贷：银行存款　　2 260

【例 4-39】　长江公司将本月发生的制造费用（T 形账户如图 4-30 所示）按生产工人工资比例（见【例 4-28】）在 A 产品和 B 产品之间进行分配（原始凭证：增值税专用发票、银行存款存根）。账务处理如下：

制造费用

借方		贷方
【例 4-27】	10 600.00	
【例 4-28】	15 000.00	
【例 4-30】	1 500.00	
【例 4-33】	35 000.00	
【例 4-36】	4 000.00	
【例 4-37】	3 000.00	
【例 4-38】	2 000.00	
本期借方发生额	71 100.00	

图 4-30　“制造费用”账户登记结果

制造费用分配率=71 100÷（30 000+20 000）=1.422

编制的制造费用分配表如表 4-14 所示。

表 4-14　制造费用分配表

车间：基本生产车间　　　　单位：元

借方科目		工资	分配率	分配金额
总账科目	明细科目			
生产成本	A 产品	30 000	1.422	42 660
	B 产品	20 000		28 440
合计		50 000		71 100

根据“制造费用分配表”编制如下会计分录：

借：生产成本——A 产品　　42 660

　　　　　　——B 产品　　28 440

　贷：制造费用　　71 100

（五）完工产品生产成本的计算与结转

为了计算本期的完工产品成本，需要将所归集的全部生产费用在完工产品和在产品之间进行分配。若本期产品全部完工，则期初未完工产品成本（若有）和本期所发生的全部费用均为完工产品成本；若本期产品全部未完工，则本期发生的生产费用均为未完工产品成本；若本期生产的产品有的完工有的未完工，则生产费用要在完工产品与未完工产品之间进行分配。

【例 4-40】 假设本期 A 产品全部完工验收入库，完工数量 300 件，B 产品部分完工（完工 250 件，成本 100 000 元）。根据上述相关业务账务处理，登记生产成本“T”形明细账户如图 4-31 和图 4-32 所示。

生产成本——A 产品

借方		贷方
【例 4-27】	72 400.00	
【例 4-28】	30 000.00	
【例 4-30】	5 000.00	
【例 4-39】	42 660.00	
本期借方发生额合计	150 060.00	

图 4-31 “生产成本——A 产品”账户登记结果

生产成本——B 产品

借方		贷方
【例 4-27】	67 400.00	
【例 4-28】	20 000.00	
【例 4-30】	3 000.00	
【例 4-39】	28 440.00	
本期借方发生额合计	118 840.00	

图 4-32 “生产成本——B 产品”账户登记结果

编制如下会计分录：

借：库存商品——A 产品　　150 060

　　　　　　——B 产品　　100 000

　贷：生产成本——A 产品　　150 060

　　　　　　　——B 产品　　100 000

完工产品入库后，“生产成本——A 产品”已全部转入“库存商品——A 产品”，结转后“生产成本——A 产品”无余额；B 产品部分完工，完工产品的成本从“生产成本——B 产品”已全部转入“库存商品——B 产品”，未完工 B 产品的成本仍在“生产成本——B 产品”账户中。结转后生产成本“T”形明细账户如图 4-33 和图 4-34 所示。

借方	生产成本——A 产品		贷方
【例 4-27】	72 400.00		
【例 4-28】	30 000.00		
【例 4-30】	5 000.00		
【例 4-39】	42 660.00		
		【例 4-40】	150 060.00
本期借方发生额合计	150 060.00	本期贷方发生额合计	150 060.00

图 4-33 “生产成本——A 产品”账户登记结果

借方	生产成本——B 产品		贷方
【例 4-27】	67 400.00		
【例 4-28】	20 000.00		
【例 4-30】	3 000.00		
【例 4-39】	28 440.00		
		【例 4-40】	100 000.00
本期借方发生额合计	118 840.00	本期贷方发生额合计	100 000.00
期末余额：	18 840.00		

图 4-34 “生产成本——B 产品”账户登记结果

第五节 销售过程业务的账务处理

企业的销售过程是生产经营活动的最后阶段，在这个过程中，一方面将库存的产品销售出去，另一方面按售价和结算方式办理结算手续，收回货款或形成债权。销售过程业务的账务处理涉及商品销售、其他销售等业务收入、成本、费用和相关税费的确认与计量。

一、账户设置

企业通常设置以下账户对销售业务进行会计核算。

（一）“主营业务收入”账户

“主营业务收入”账户属于损益类账户，用于核算企业根据收入准则确认的销售商品、提供劳务等主营业务的收入。该账户可按主营业务的分类进行明细分类核算。其账户结构如图 4-35 所示。

借方	主营业务收入　　　　　　　　贷方
因销售退回而冲减期末转入“本年利润”账户的金额	企业销售产品或提供劳务时实现的销售收入

图 4-35　“主营业务收入”账户结构

（二）“其他业务收入”账户

“其他业务收入”账户属于损益类账户，用于核算企业确认的除主营业务活动以外的其他经营活动实现的收入，包括出租固定资产、无形资产和包装物及销售材料等。该账户可按其他业务的分类进行明细分类核算。其账户结构如图 4-36 所示。

借方	其他业务收入　　　　　　　　贷方
期末转入“本年利润”账户的金额	企业确认的除主营业务活动以外的其他经营活动实现的收入

图 4-36　“其他业务收入”账户结构

（三）“应收账款”账户

“应收账款”账户属于资产类账户，用于核算企业因销售商品、提供劳务等经营活动而收取的款项。该账户可按债务人进行明细分类核算。其账户结构如图 4-37 所示。

借方	应收账款　　　　　　　　贷方
由于销售商品、提供劳务而发生的应收款	已收回的应收款
期末余额：尚未收回的应收款	期末余额：企业预收的款项

图 4-37　“应收账款”账户结构

（四）“应收票据”账户

“应收票据”账户属于资产类账户，用于核算企业因销售商品、提供劳务等经营活动收到的商业汇票。该账户可按开出、承兑商业汇票的单位进行明细分类核算。其账户结构如图 4-38 所示。

借方	应收票据　　　　　　　　贷方
由于销售商品、提供劳务而收到的应收票据的金额	票据到期应收回的金额
期末余额：持有的商业汇票的票面金额	

图 4-38　“应收票据”账户结构

（五）“预收账款”账户

“预收账款”账户属于负债类账户，用于核算企业按照合同规定向购货单位预收的款项。该账户可按购货单位进行明细分类核算。其账户结构如图 4-39 所示。

借方	预收账款　　　　贷方
销售实现时按实现的收入转销的预收账款	企业预收的款项
期末余额：已转销但尚未收取的款项	期末余额：预收的款项

图 4-39 “预收账款”账户结构

（六）“主营业务成本”账户

“主营业务成本”账户属于损益类账户，用于核算企业根据收入准则确认销售商品、提供劳务等主营业务收入时应结转的成本。该账户可按主营业务的分类进行明细核算。为了计算每一种商品的销售利润，该账户也可按商品类别进行明细分类核算。其账户结构如图 4-40 所示。

借方	主营业务成本　　　　贷方
确认收入时结转的成本	期末转入“本年利润”账户的金额

图 4-40 “主营业务成本”账户结构

（七）“其他业务成本”账户

“其他业务成本”账户属于损益类账户，用于核算企业确认的除主营业务活动以外的其他经营活动所发生的支出，包括销售材料的成本、出租固定资产的折旧额、出租无形资产的摊销额、出租包装物的成本或摊销等。本账户可按其他业务的种类进行明细分类核算。为了计算每一种商品的销售利润，该账户也可按商品类别进行明细分类核算。其账户结构如图 4-41 所示。

借方	其他业务成本　　　　贷方
除主营业务成本外的其他销售或业务所发生的成本	期末转入“本年利润”账户的金额

图 4-41 “其他业务成本”账户结构

（八）“税金及附加”账户

“税金及附加”账户属于损益类账户，用于核算企业经营活动发生的消费税、城市维护建设税、资源税、教育费附加和地方教育附加，以及房产税、土地使用税、车船使用税、印花税等相关税费。其账户结构如图 4-42 所示。

借方	税金及附加　　　　贷方
企业应负担的各项税金及附加	期末转入“本年利润”账户的金额

图 4-42 “税金及附加”账户结构

二、账务处理

（一）主营业务收入与成本的账务处理

企业销售商品、提供劳务等主营业务确认收入与结转成本通过“主营业务收入”和“主营业务成本”账户进行核算，具体账务处理如表 4-15 所示。

表 4-15 主营业务收入与成本的账务处理

情形	账务处理
销售商品收到货款	借：银行存款 贷：主营业务收入 应交税费——应交增值税（销项税额）
销售商品收到商业汇票	（1）收到商业汇票 借：应收票据 贷：主营业务收入 应交税费——应交增值税（销项税额） （2）商业票据到期收到款项 借：银行存款 贷：应收票据 （3）商业汇票到期未收回货款 借：应收账款 贷：应收票据
预收款方式销售商品	（1）收到预收货款 借：银行存款 贷：预收账款 （2）发出商品时 借：预收账款 贷：主营业务收入 应交税费——应交增值税（销项税额） （3）若预收款小于发出商品的款项，收到补付货款 借：银行存款 贷：预收账款 （4）若预收账款大于发出商品的款项，退回多收款项 借：预收账款 贷：银行存款 注：预收款业务不多的企业可以不设置“预收账款”账户，将预收款在“应收账款”账户中核算
结转销售产品成本	借：主营业务成本 贷：库存商品

【例 4-41】 长江公司向华夏公司销售 A 商品 50 件，单价 800 元/件，价款为 40 000 元，增值税税额 5 200 元，款项已全部收回，存入银行(原始凭证：增值税专用发票、银行进账单)。该业务应编制如下会计分录：

借：银行存款　　45 200

　贷：主营业务收入——A 产品　　40 000

　　　应交税费——应交增值税（销项税额）　　5 200

【例 4-42】 长江公司向成渝公司销售 B 商品 200 件，单价 680 元/件，价款为 136 000 元，增值税税额 17 680 元，货款尚未收到（原始凭证：增值税专用发票)。该业务应编制如下会计分录：

借：应收账款——成渝公司　　153 680

　贷：主营业务收入——B 产品　　136 000

　　　应交税费——应交增值税（销项税额）　　17 680

【例 4-43】 沿用【例 4-42】，收到成渝公司归还货款 153 680 元（原始凭证：银行进账单)。该业务应编制如下会计分录：

借：银行存款　　153 680

　贷：应收账款——成渝公司　　153 680

【例 4-44】 长江公司向裕光公司销售 A 商品 50 件，单价 810 元/件，价款为 40 500 元，增值税税额 5 265 元，收到裕光公司开来的 3 个月期商业汇票，票面金额 45 765 元（原始凭证：增值税专用发票、商业汇票)。该业务应编制如下会计分录：

借：应收票据——裕光公司　　45 765

　贷：主营业务收入——A 产品　　40 500

　　　应交税费——应交增值税（销项税额）　　5 265

【例 4-45】 沿用【例 4-44】，上述裕光公司开来的商业汇票到期，收回票据款（原始凭证：银行进账单)。该业务应编制如下会计分录：

借：银行存款　　45 765

　贷：应收票据——裕光公司　　45 765

假设上述商业汇票到期，长江公司未收回款项，则应编制如下会计分录：

借：应收账款——裕光公司　　45 765

　贷：应收票据——裕光公司　　45 765

【例 4-46】 根据合同规定，长江公司预收亚光公司购买 A 商品价款 100 000 元（原始凭证：银行进账单）。该业务应编制如下会计分录：

借：银行存款　　100 000

　贷：预收账款——亚光公司　　100 000

【例 4-47】 沿用【例 4-46】，长江公司按照合同向亚光企业发出 A 商品 180 件，单价 790 元/件，开出增值税专用发票，余款尚未收到（原始凭证：增值税专用发票）。该业务应编制如下会计分录：

借：预收账款——亚光公司　　160 686

贷：主营业务收入——A 产品　　142 200
　　应交税费——应交增值税（销项税额）　　18 486

【例 4-48】 沿用【例 4-46】和【例 4-47】，长江公司收到亚光公司上述购买 A 商品的余款。该业务应编制如下会计分录：

借：银行存款　　60 686
　贷：预收账款——亚光公司　　60 686

【例 4-49】 长江公司结转上述【例 4-41】至【例 4-48】中销售产品的成本。其中 A 产品成本为 500 元/件，B 产品 400 元/件（原始凭证：出库单）。

根据【例 4-41】至【例 4-48】可知：销售 A 产品 280 件（【例 4-41】50 件，【例 4-44】50 件，【例 4-47】180 件），则销售 A 产品成本为 140 000 元（280×500）；销售 B 产品 200 件（【例 4-42】200 件），则销售 B 产品成本 80 000 元（200×400）。应编制如下会计分录：

借：主营业务成本——A 产品　　140 000
　　　　　　　　——B 产品　　80 000
　贷：库存商品——A 产品　　140 000
　　　　　　　——B 产品　　80 000

（二）其他业务收入与成本的账务处理

企业确认的除主营业务活动以外的其他经营活动实现的收入通过“其他业务收入”账户核算，对应的成本通过“其他业务成本”账户核算，具体账务处理如表 4-16 所示。

表 4-16 其他业务收入与成本的账务处理

情形	账务处理
销售材料	借：银行存款/应收账款/应收票据 　贷：其他业务收入 　　　应交税费——应交增值税（销项税额） 借：其他业务成本 　贷：原材料
出租固定资产/无形资产	（1）收到租金收入 借：银行存款 　贷：其他业务收入 　　　应交税费——应交增值税（销项税额） 注：租赁业务的增值税税率包括：出租有形动产：13%；出租不动产：9%；出租无形资产：6% （2）计提固定资产折旧/无形资产摊销 借：其他业务成本 　贷：累计折旧/累计摊销

【例 4-50】　长江公司销售不需使用的丁材料 200 千克，成本 56 元/千克，不含税销售单价 54 元/千克，增值税税率 13%，货款已收到存入银行（原始凭证：增值税专用发票、银行进账单、出库单）。该业务应编制如下会计分录：

借：银行存款　　12 204

　贷：其他业务收入　　10 800

　　　应交税费——应交增值税（销项税额）　　1 404

借：其他业务成本　　11 200

　贷：原材料——丁材料　　11 200

【例 4-51】　长江公司出租一台机器设备，收到本期租金收入 22 600 元（含税），该设备本期计提折旧 10 000 元。该业务应编制如下会计分录：

不含税租金收入=22 600÷（1+13%）=20 000（元）

借：银行存款　　22 600

　贷：其他业务收入　　20 000

　　　应交税费——应交增值税（销项税额）　　2 600

借：其他业务成本　　10 000

　贷：累计折旧　　10 000

（三）期间费用的账务处理

期间费用是指企业日常活动中不能直接归属于某个特定成本核算对象的，在发生时应直接计入当期损益的各种费用，包括管理费用、销售费用和财务费用。

1. 管理费用

管理费用指企业行政管理部门为组织管理生产经营活动而发生的各种费用，包括企业的董事会和行政管理部门在企业的经营管理中发生的或者应由企业统一负担的公司经费（包括行政管理部门职工薪酬、修理费、物料消耗、低值易耗品摊销、办公费和差旅费等）、咨询费（含顾问费）、诉讼费、业务招待费和技术转让费等。

2. 销售费用

销售费用是指在销售过程中发生的各项销售费用，包括保险费、包装费、展览费和广告费、商品维修费、运输费和装卸费，以及为销售本企业产品而专设的销售机构（含销售网店、售后服务网店）的职工薪酬、业务费和折旧费等。

3. 财务费用

财务费用是指企业为筹集生产经营所需资金而发生的筹资费用　包括利息支出（减利息收入）、汇兑损益和手续费等。

期间费用的账务处理如表 4-17 所示。

表4-17 期间费用的账务处理

情形	账务处理
期间费用的发生	借：管理费用/销售费用/财务费用 应交税费——应交增值税（进项税额） 贷：银行存款
差旅费的核算	（1）职工预借差旅费 借：其他应收款 （预支金额） 贷：库存现金 （2）职工报销差旅费 借：管理费用 （实际开支金额） 贷：其他应收款 （预支金额） 借或贷：库存现金 （差额）

【例4-52】 长江公司购买一批办公用品20 000元，增值税税率13%。其中管理部门用12 000元，销售部门用8 000元，款项已支付（原始凭证：增值税专用发票、转账支票）。该业务应编制如下会计分录：

借：管理费用 12 000
　　销售费用 8 000
　　应交税费——应交增值税（进项税额） 2 600
　贷：银行存款 22 600

【例4-53】 长江公司与海昌物流公司结算本期因销售商品的运输费15 000元，增值税税率9%，转账支付（原始凭证：增值税专用发票、银行付款凭证）。该业务应编制如下会计分录：

借：销售费用 15 000
　　应交税费——应交增值税（进项税额） 1 350
　贷：银行存款 16 350

【例4-54】 长江公司以银行存款支付广告费10 000元，增值税税率6%，款项已支付。（原始凭证：增值税专用发票、转账支票。）

【解析】应编制会计分录如下：

借：销售费用 10 000
　　应交税费——应交增值税（进项税额） 600
　贷：银行存款 10 600

【例4-55】 长江公司采购员张文预借差旅费2 000元，出纳以现金支付（原始凭证：借款单）。该业务应编制如下会计分录：

借：其他应收款——张文 2 000
　贷：库存现金 2 000

【例4-56】 采购员张文出差回来报销差旅费共2 300元，住宿等开支均取得增值税普通发票（原始凭证：增值税普通发票、差旅费报销单和现金领款单）。该业务应编制如下会计分录：

借：管理费用　　2 300

　贷：其他应收款——张文　　2 000

　　　库存现金　　300

（四）税金及附加的账务处理

按照税法的相关规定，企业需计算并交纳税金及附加，如消费税、城市维护建设税、资源税、教育费附加和地方教育附加，以及房产税、土地使用税、车船使用税、印花税等相关税费。

城市维护建设税（简称城建税）是对从事生产经营，交纳增值税、消费税的单位和个人征收的一种附加税。城市维护建设税按纳税人所在地的不同，设置了三档的确差别比例税率，即市区税率为7%，县城、镇税率为5%，不在市区、县城、镇的税率为1%。

教育费附加和地方教育附加是对交纳增值税、消费税的单位和个人，就其实际交纳的税额为计算依据征收的一种附加费。现行教育费附加征收率为 3%，地方教育附加征收率从 2010 年起统一为 2%。

城建税、教育费附加和地方教育附加的计算公式为：

当期应交城建税、教育费附加和地方教育附加=

（当期实际交纳的增值税额+消费税额）×税率或征收率

税金及附加的账务处理如表 4-18 所示。

表 4-18　税金及附加的账务处理

情形	账务处理
计提税金及附加	借：税金及附加 　贷：应交税费 注：增值税属于价外税，不通过“税金及附加”账户核算，之前是在“管理费用”账户核算的“四小税”（房产税、车船使用税、土地使用税、印花税），全面试行营业税改增值税后调整到“税金及附加”账户核算
交纳税费	借：应交税费 　贷：银行存款

【例 4-57】　长江公司本期销售商品应交消费税 20 000 元（原始凭证：税费计算单）。该业务应编制如下会计分录：

借：税金及附加　　20 000

　贷：应交税费——应交消费税　　20 000

【例 4-58】　长江公司属于市区，根据本期增值税核算情况及应交消费税额计算本期城市维护建设税及教育费附加。本期增值税销项税额和进项税额 T 形账户如图 4-43 所示。

借方	应交税费——应交增值税		贷方
【例 4-2】	39 000.00		
【例 4-3】	30 000.00		
【例 4-9】	1 950.00		
【例 4-10】	686.00		
【例 4-12】	4 080.00		
【例 4-15】	1 300.00		
【例 4-17】	5 200.00		
【例 4-20】	11 700.00		
【例 4-21】	540.00		
【例 4-23】	6 680.00		
【例 4-24】	26 450.00		
【例 4-25】	1 350.00		
【例 4-36】	700.00		
【例 4-37】	390.00		
【例 4-38】	260.00		
		【例 4-41】	5 200.00
		【例 4-42】	17 680.00
		【例 4-44】	5 265.00
		【例 4-47】	18 486.00
		【例 4-50】	1 404.00
		【例 4-51】	2 600.00
【例 4-52】	2 600.00		
【例 4-53】	1 350.00		
【例 4-54】	600.00		
本期借方发生额：	134 836.00	本期贷方发生额：	50 635.00

图 4-43 “应交税费——应交增值税”账户登记结果

销项税额=50 635 元，进项税额=134 836 元，本期不需交纳增值税，未抵扣的进项税额留作下期继续抵扣。根据【例 4-57】，本期消费税 20 000 元。因此本期城市维护建设税和教育费附加的计税依据为 20 000 元。

城市维护建设税=20 000×7%=1 400 元

教育费附加=20 000×3%=600 元

该业务应编制如下会计分录：

借：税金及附加　　2 000

　贷：应交税费——应交城市维护建设税　　1 400

　　　　　　——应交教育费附加　　600

【例 4-59】　长江公司交纳上述消费税、城市维护建设税和教育费附加（原始凭证：税款交纳凭证）。该业务应编制如下会计分录：

借：应交税费——应交消费税	20 000	
——应交城市维护建设税	1 400	
——应交教育费附加	600	
贷：银行存款		22 000

第六节　利润形成与分配业务的账务处理

利润是企业在一定期间的经营成果，即收入与成本、费用相抵后的差额。收入大于成本、费用则为利润；反之，则为亏损。

一、利润形成的账务处理

（一）利润的形成

利润由营业利润、利润总额和净利润三个层次构成。相关计算公式如下：

营业利润=营业收入−营业成本−税金及附加−销售费用−管理费用−财务费用−资产减值损失+其他收益+公允价值变动收益（−公允价值变动损失）+投资收益（−投资损失）+资产处置收益（−资产处置损失）

利润总额=营业利润+营业外收入−营业外支出

净利润=利润总额−所得税费用

其中：

营业收入=主营业务收入+其他业务收入

营业成本=主营业务成本+其他业务成本

企业应按照法律规定交纳企业所得税，企业所得税实行按年计算、分月或分季预缴、年终汇算清缴、多退少补的征纳方法。自年度终了之日起 5 个月内，向税务机关报送年度企业所得税纳税申报表，并汇算清缴，结清应缴应退税款。企业所得税税率一般为 25%。

企业应交所得税等于应纳税所得额乘以所得税税率。应纳税所得额是以税前利润为基础计算的，但与税前利润又不完全一致，其计算公式为：

应纳税所得额=税前会计利润±税法规定应予以调整的金额

（二）账户设置

企业通常设置以下账户对利润形成进行账务处理。

1. “本年利润”账户

“本年利润”账户属于所有者权益类账户，用于核算企业当年实现的净利润（或发生的净亏损）。企业月末将损益类账户结转至本账户，在本年度内，余额保留在本账户，不予结转，表示到本月止本年累积已实现的利润或发生的亏损。年末，应将该账户余额转入到“利润分配——未分配利润”账户，年末结转后无余额。其账户结构如图 4-44 所示。

借方　本年利润	贷方
① 月末从损益类账户转入的各项费用金额 ② 年末转出的本年净利润	① 月末从损益类账户转入的各项收入金额 ② 年末转出的本年净亏损
期末余额（1～11 月）：本年发生的累计净亏损	期末余额（1～11 月）：本年实现的累计净利润

图 4-44 “本年利润”账户结构

2. “营业外收入”账户

“营业外收入”账户属于损益类账户，用于核算企业非日常活动中发生的与其经营活动无直接关系的各项净收入，主要包括固定资产和无形资产因已丧失使用功能或因自然灾害发生毁损等原因而报废清理产生的利得、非货币性资产交换利得、债务重组利得、罚没利得和确实无法支付而按规定程序经批准后转作营业外收入的应付款项等。该账户可按营业外收入项目进行明细分类核算。其账户结构如图 4-45 所示。

借方　营业外收入	贷方
期末转入“本年利润”账户的金额	企业取得的各项营业外收入

图 4-45 “营业外收入”账户结构

3. “营业外支出”账户

“营业外支出”账户属于损益类账户，用于核算企业非日常活动中发生的与其经营活动无直接关系的各项净支出，包括固定资产和无形资产因已丧失使用功能等原因而报废清理产生的损失、非货币性资产交换损失、债务重组损失、罚款支出、捐赠支出和非常损失等。该账户可按营业外支出项目进行明细分类核算。其账户结构如图 4-46 所示。

借方　营业外支出	贷方
企业发生的营业外支出	期末转入“本年利润”账户的金额

图 4-46 “营业外支出”账户

4. “所得税费用”账户

“所得税费用”账户属于损益类账户，用于核算企业确认的应从当期利润总额中扣除的所得税费用。其账户结构如图 4-47 所示。

借方	所得税费用 贷方
企业当期应当交纳的所得税费用	期末转入“本年利润”账户的金额

图 4-47 “所得税费用”账户

（三）账务处理

1. 营业外收入和营业外支出的账务处理

营业外收入和营业外支出是指企业发生的与日常活动无直接关系的、直接计入利润的各项利得和损失，主要包括固定资产和无形资产因已丧失使用功能等原因而报废清理产生的利得和损失、非货币性资产交换的利得和损失、债务重组的利得和损失、收到或支付的违约金，以及捐赠收入和支出等，具体账务处理如表 4-19 所示。

表 4-19 营业外收入和营业外支出的账务处理

情形	账务处理
取得营业外收入	（1）若收到的是货币资金 借：银行存款/其他应收款 贷：营业外收入 （2）若收到非货币性资产（如接受捐赠一台设备） 借：固定资产 应交税费——应交增值税（进项税额） 贷：营业外收入 （3）确实无法支付的应付账款 借：应付账款 贷：营业外收入
发生营业外支出	借：营业外支出 贷：银行存款

【例 4-60】 长江公司收到赞助单位捐赠款 300 000 元，存入银行（原始凭证：银行进账单）。该业务应编制如下会计分录：

借：银行存款 300 000

贷：营业外收入 300 000

【例 4-61】 长江公司以现金交纳违章罚款 900 元。该业务应编制如下会计分录：

借：营业外支出 900

贷：库存现金 900

2. 利润形成的账务处理

为计算企业利润的形成情况，期末应将各损益类账户结转至“本年利润”账户，具体账务处理如表 4-20 所示。

表 4-20　利润形成的账务处理

情形	账务处理
结转各收入类账户	借：主营业务收入 其他业务收入 营业外收入 贷：本年利润
结转各费用类账户（不含所得税费用）	借：本年利润 贷：主营业务成本 其他业务成本 税金及附加 销售费用 管理费用 财务费用 营业外支出
计算并结转所得税费用	（1）计算应交所得税 借：所得税费用 贷：应交税费——应交所得税 （2）结转“所得税费用” 借：本年利润 贷：所得税费用
年末结转“本年利润”账户余额至“利润分配”账户	（1）若为净利润 借：本年利润 贷：利润分配——未分配利润 （2）若为净亏损 借：利润分配——未分配利润 贷：本年利润

【例 4-62】　长江公司本期有关损益类账户的发生额如表 4-21 所示。

表 4-21　损益类账户发生额

账户名称	借方发生额累计数	贷方发生额累计数
主营业务收入		358 700.00
其他业务收入		30 800.00
营业外收入		300 000.00
主营业务成本	220 000.00	
其他业务成本	21 200.00	
税金及附加	22 000.00	
销售费用	66 500.00	
管理费用	132 900.00	

续表

账户名称	借方发生额累计数	贷方发生额累计数
财务费用	55 400.00	
营业外支出	900.00	

将各损益类账户结转至"本年利润"账户，应编制如下会计分录：

借：主营业务收入　　358 700
　　其他业务收入　　30 800
　　营业外收入　　300 000
　贷：本年利润　　689 500

借：本年利润　　518 900
　贷：主营业务成本　　220 000
　　其他业务成本　　21 200
　　税金及附加　　22 000
　　销售费用　　66 500
　　管理费用　　132 900
　　财务费用　　55 400
　　营业外支出　　900

【例 4-63】 沿用【例 4-62】，根据长江公司本期的业务核算，假设企业本期的利润总额与应纳税所得额一致，计算并结转所得税。该业务应编制如下会计分录：

本期利润总额=689 500−518 900=170 600 元

本期应交所得税=170 600×25%=42 650 元

借：所得税费用　　42 650
　贷：应交税费——应交所得税　　42 650

借：本年利润　　42 650
　贷：所得税费用　　42 650

二、利润分配的账务处理

利润分配是指企业根据国家有关规定和投资者的决议，对企业当年可供分配的利润所进行的分配。可供分配利润的计算公式如下：

可供分配利润=年初未分配利润+本年净利润（净亏损）−弥补以前年度的亏损+其他转入的金额

如果可供分配利润为负数（即累计亏损），则不能进行后续分配。

（一）利润分配的顺序

企业实现的税后利润，应按照下列顺序进行分配：

（1）弥补以前年度亏损。

（2）提取法定盈余公积。按照有关规定，企业按全年净利润（弥补亏损后）的 10% 计算提取法定盈余公积，企业提取的法定盈余公积累计额超过注册资本 50%以上的，可以不再提取法定盈余公积。

（3）提取任意盈余公积。企业可以根据股东大会的决议提取任意盈余公积，计提的基数与比例由企业自行决定。

（4）向投资者分配利润。企业可以根据股东大会或类似机构的决议，向投资者分配现金股利或利润。

（二）账户设置

1. “利润分配”账户

“利润分配”账户属于所有者权益类账户，用于核算企业利润的分配（或亏损的弥补）和历年分配（或弥补亏损）后的积存余额。年度终了，企业应将全年实现的净利润自“本年利润”账户转入本账户的未分配利润账户；同时，将“利润分配”账户所属其他明细账户的余额转入本账户的“未分配利润”明细账户。结转后，本账户除“未分配利润”明细账户外，其他明细账户应无余额。该账户可设置“提取法定盈余公积”“提取任意盈余公积”“应付现金股利或利润”和“未分配利润”等明细账户进行明细分类核算。其账户结构如图 4-48 所示。

借方　利润分配	贷方
① 自“本年利润”账户转入的净亏损 ② 对净利润的分配	自“本年利润”账户转入的净利润
期末余额：历年累计的未弥补亏损	期末余额：历年累计的未分配利润

图 4-48　“利润分配”账户结构

2. “盈余公积”账户

“盈余公积”账户属于所有者权益类账户，用于核算企业从净利润中提取的盈余公积。该账户可设置“法定盈余公积”和“任意盈余公积”明细账户进行明细分类核算。其账户结构如图 4-49 所示。

借方　盈余公积	贷方
盈余公积因使用而减少的金额	企业提取的盈余公积
	期末余额：盈余公积的结存金额

图 4-49　“盈余公积”账户结构

3. “应付利润”账户

“应付利润”账户（股份有限公司设置“应付股利”账户）属于负债类账户，用于核算企业向投资者分配的现金股利或利润。该账户可按投资者进行明细分类核算。其账户结构如图 4-50 所示。

借方	应付利润（股利） 贷方
向投资者实际支付的利润或现金股利	按照股利分配方案应当支付的利润或者现金股利
	期末余额：尚未支付的利润或现金股利

图 4-50 “应付股利”账户结构

（三）账务处理

企业发生的利润分配业务的账务处理如表 4-22 所示。

表 4-22　利润分配的账务处理

情形	账务处理
净利润转入利润分配	（1）若为净利润 借：本年利润 　贷：利润分配——未分配利润 （2）若为净亏损 借：利润分配——未分配利润 　贷：本年利润
提取盈余公积	借：利润分配——提取法定盈余公积 　　　　　　——提取任意盈余公积 　贷：盈余公积——法定盈余公积 　　　　　　——任意盈余公积
向投资者分配利润或现金股利	借：利润分配——应付现金股利或利润 　贷：应付利润/应付股利
盈余公积补亏	借：盈余公积 　贷：利润分配——盈余公积补亏
结转利润分配	借：利润分配——未分配利润 　贷：利润分配——提取法定盈余公积 　　　　　　——提取任意盈余公积 　　　　　　——应付现金股利或利润 借：利润分配——盈余公积补亏 　贷：利润分配——未分配利润

【例 4-64】　年末，长江公司将“本年利润”账户中的净利润转入“利润分配——未分配利润”账户。“本年利润”账户发生额的 T 形账户，如图 4-51 所示。

借方		本年利润 贷方	
【例 4-62】	518 900.00	【例 4-62】	689 500.00
【例 4-63】	42 650.00		

图 4-51　“本年利润”账户登记结果

净利润=689 500−518 900−42 650=127 950 元

编制如下会计分录：

借：本年利润　　127 950

　贷：利润分配——未分配利润　　127 950

【例 4-65】 沿用【例 4-64】，长江公司按净利润中的 10%提取法定盈余公积，按净利润中的 10%提取任意盈余公积。该业务应编制如下会计分录：

借：利润分配——提取法定盈余公积　　12 795

　　　　　——提取任意盈余公积　　12 795

　贷：盈余公积——法定盈余公积　　12 795

　　　　　　——任意盈余公积　　12 795

【例 4-66】 长江公司经股东大会决定，向投资者分配利润 30 000 元。该业务应编制如下会计分录：

借：利润分配——应付利润　　30 000

　贷：应付利润　　30 000

【例 4-67】 长江公司结转"利润分配"账户各明细账户。该业务应编制如下会计分录：

借：利润分配——未分配利润　　55 590

　贷：利润分配——提取法定盈余公积　　12 795

　　　　　　——提取任意盈余公积　　12 795

　　　　　　——应付利润　　30 000

结转后"利润分配"账户除"利润分配——未分配利润"明细账户外，其他明细账户均无余额。"利润分配——未分配利润"账户余额的 T 形账户如图 4-52 所示。

借方	利润分配——未分配利润		贷方
		【例 4-64】	127 950.00
【例 4-67】	55 590.00		
本期借方发生额合计	55 590.00	本期贷方发生额合计	127 950.00
		期末余额	72 360.00

图 4-52 "利润分配——未分配利润"账户登记结果

课堂讨论

"案例导入"中，ABC 公司的当期利润应如何计算？

5

第五章 会计凭证

学习目标

知识目标

了解会计凭证的概念与作用。

熟悉原始凭证与记账凭证的分类和基本内容。

了解会计凭证的传递和保管。

能力目标

掌握原始凭证、记账凭证的填制和审核。

导入案例

王琴琴是武汉某高职院校会计专业的一名学生，已经在校学习了两年的专业课程，目前正在湖南长沙创新风机有限责任公司的会计部门实习。实习的第一天，王琴琴就拿到了两张原始凭证，一张为增值税专用发票（见图 5-1），另一张为中国工商银行电汇回单（见图 5-2）。通过在校知识的学习，王琴琴知道这两张原始凭证反映的是公司的购货业务，经过审核无误，应据此填制记账凭证（见图 5-3）。

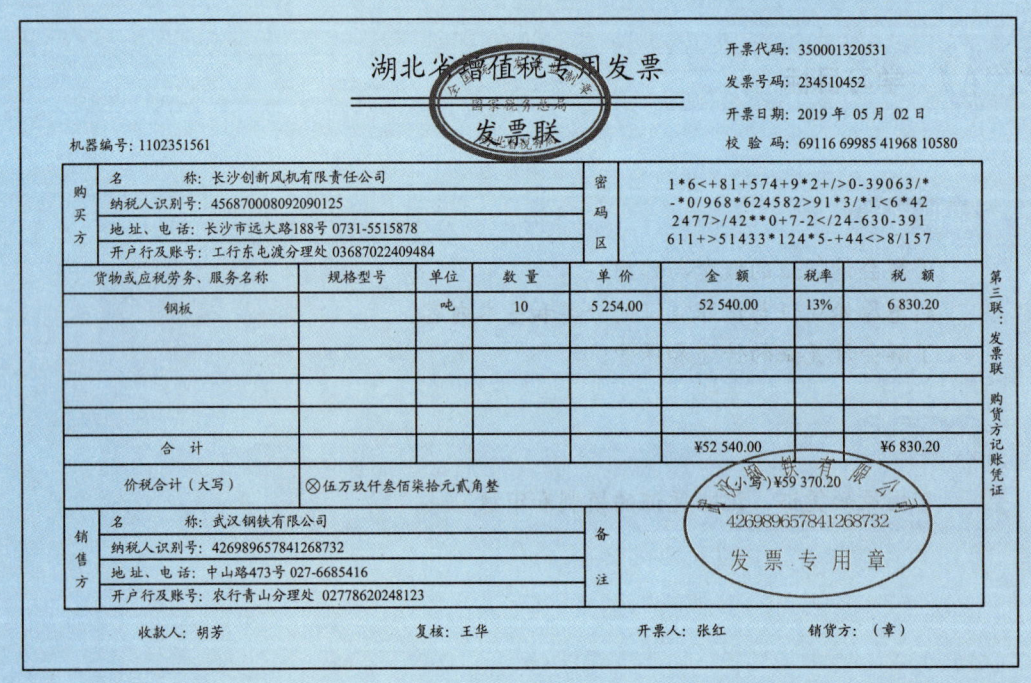

湖北省增值税专用发票

发票联

开票代码：350001320531
发票号码：234510452
开票日期：2019 年 05 月 02 日
机器编号：1102351561　　校 验 码：69116 69985 41968 10580

购买方		密码区	
名　　称：长沙创新风机有限责任公司			1*6<+81+574+9*2+/>0-39063/*
纳税人识别号：456870008092090125			-*0/968*624582>91*3/*1<6*42
地址、电话：长沙市远大路188号 0731-5515878			2477>/42**0+7-2<//24-630-391
开户行及账号：工行东屯渡分理处 03687022409484			611+>51433*124*5-+44<>8/157

货物或应税劳务、服务名称	规格型号	单位	数量	单价	金额	税率	税额
钢板		吨	10	5 254.00	52 540.00	13%	6 830.20
合　计					¥52 540.00		¥6 830.20
价税合计（大写）	⊗伍万玖仟叁佰柒拾元贰角整				（小写）¥59 370.20		

销售方	备注
名　　称：武汉钢铁有限公司	
纳税人识别号：426989657841268732	
地址、电话：中山路473号 027-6685416	
开户行及账号：农行青山分理处 02778620248123	

收款人：胡芳　　复核：王华　　开票人：张红　　销货方：（章）

第三联：发票联　购货方记账凭证

（印章：国家税务总局 发票联；武汉钢铁有限公司 426989657841268732 发票专用章）

图 5-1　增值税专用发票

中国工商银行 电汇凭证（回单） 1

☑普通 □加急　　委托日期　2019 年 05 月 02 日　　No: 1593453

汇款人	全　称	长沙创新风机有限责任公司	收款人	全　称	武汉钢铁有限公司
	账　号	03687022409484		账　号	02778620248123
	汇出地点	湖南 省（市）长沙 市/县		汇入地点	湖北 省（市）武汉 市/县
汇出行名称		工行东屯渡分理处	汇入行名称		农行青山分理处
金额	人民币(大写) 伍万玖仟叁佰柒拾元贰角整		亿千百十万千百十元角分		¥59370 20
上列款项已根据委托办理，如需查询，请持此回单来行面谈。			支付密码		****
汇出行签章		工行东屯渡分理处 2019.05.02 转讫	附加信息及用途 复核：　　记账：		

此联汇出行给汇款人的回单

图 5-2　电汇凭证（回单）

付 款 凭 证

总字第____号

贷方科目：银行存款　　2019 年 05 月 02 日　　付字第 001 号

摘　要	借方科目 总账科目	明细科目	千	百	十	万	千	百	十	元	角	分	记账（签章）
采购原材料	在途物资	钢板				5	2	5	4	0	0	0	
	应交税费	应交增值税（进）					6	8	3	0	2	0	
人民币（大写）伍万玖仟叁佰柒拾元贰角整					¥	5	9	3	7	0	2	0	

附单据 2 张

财务主管：　　出纳：王丽　　复核：李明　　制单：王琴琴

图 5-3　付款凭证

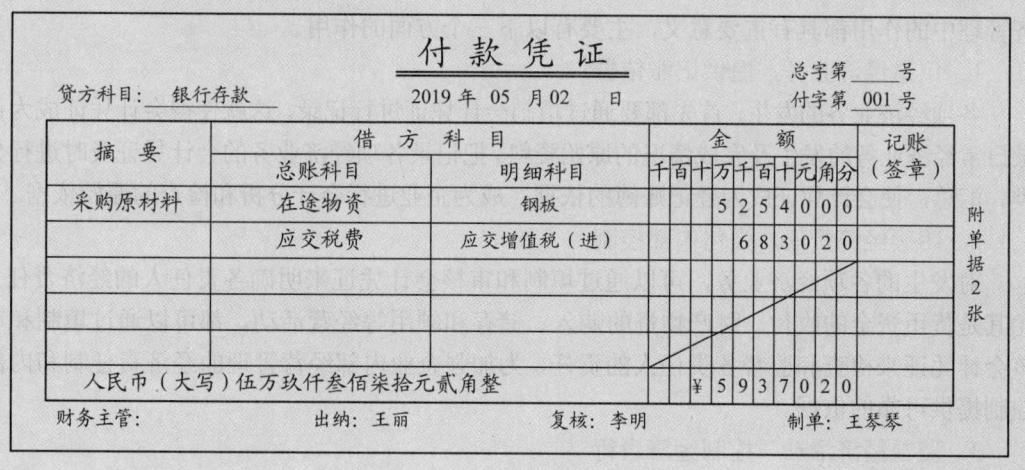

作为一名会计，必须能够识别原始凭证，通过原始凭证判断经济业务的发生情况，并据此填制记账凭证以记录和反映相关经济事项。你能完成这张记账凭证的填制吗？

第一节　会计凭证概述

一、会计凭证的概念与作用

（一）会计凭证的概念

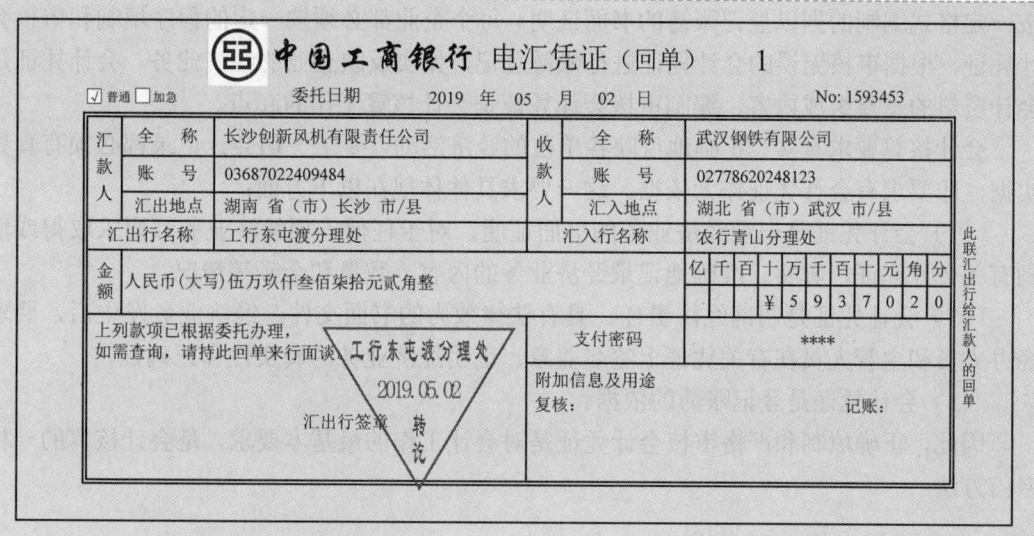

会计凭证，简称凭证，是指记录经济业务事项的发生或者完成情况、明确经济责任，

按一定格式编制的据以登记账簿的书面证明。每个企业都必须按一定的程序填制和审核会计凭证，根据审核无误的会计凭证进行账簿登记，如实反映企业的经济业务。会计凭证是会计资料的重要组成内容，编制审核会计凭证是会计核算工作的起点。

会计核算要求真实、正确地反映各单位的经济活动，要求一切会计记录都必须有真凭实据，即要求有会计凭证作为依据。这一要求具体体现在以下方面：

（1）会计凭证是记录经济业务的书面证明，对于任何一项经济业务都要求取得或填制有关会计凭证，真实、准确地记录经济业务的内容、数量和金额等情况。

（2）会计凭证是明确经济责任、具有法律效力的书面文件，经济业务发生后，要求经办人员和主管人员在有关凭证上签名盖章，证明经济业务的真实性和正确性。

（3）会计凭证是登记账簿的依据。

因此，正确填制和严格审核会计凭证是对会计工作的最基本要求，是会计核算的一种专门方法。

（二）会计凭证的作用

会计凭证的填制和审核，对于保证会计核算资料的完整、真实、合法及发挥会计在经济管理中的作用都具有重要意义，主要有以下三个方面的作用。

1. 记录经济业务，提供记账依据

各项经济业务的发生，首先都要通过填制会计凭证进行记录，这就使得会计凭证成为记录日常经济业务的发生及完成情况的原始资料。把记录各项经济业务的会计凭证及时进行分类、汇总，使会计凭证成为登记账簿的依据，成为企业进行会计分析和检查的原始依据。

2. 明确经济责任，强化内部控制

对发生的各项经济业务，可以通过填制和审核会计凭证来明确各责任人的经济责任。尤其是货币资金的收付，财产物资的购入、储存和领用等经营活动，都可以通过填制和审核会计凭证来检查和监督各责任人的责任，为加强企业内部经营管理的经济责任制和内部控制提供可靠的依据。

3. 监督经济活动，控制经济运行

通过会计凭证审核，可以检查各项经济业务的合理性和合法性，监督企业的经营活动是否符合国家的政策和法律，检查企业有无违反国家财经法规、损害企业利益的行为发生，以监督企业经营过程的合法性，促使企业合理使用财产物资，提高经济效益。

二、会计凭证的分类

会计凭证按照填制程序和用途可分为原始凭证和记账凭证。

（一）原始凭证

原始凭证是在经济业务发生或完成时取得或填制的，用来证明经济业务的发生或完成情况，明确经济责任的书面证明。原始凭证具有法律效力，是登记账簿的原始依据，是进行会计核算的原始资料。原始凭证的质量决定了会计信息的真实性和可靠性。

购买材料取得的购货发票，出差取得的汽车票、火车票，仓库编制的收料单和领料单等都属于原始凭证；而如经济合同、购货申请单等，凡是不能证明经济业务的发生或完成情况的书面凭证则不能成为原始凭证。原始凭证如图 5-4 所示的商品验收及入库单和图 5-5 所示的增值税专用发票。

商品验收及入库单

供货单位：　　　　　　　　　　　　　　　　编号：

收货部门：　　　　　年　月　日　　　　　　单位：元

名　称	规格型号	进　价				检　验	
		单位	数量	单价	金额	合格	不合格
合　计							

收货人：　　　　复核：　　　　制单：　　　　检验员：

图 5-4　商品验收及入库单

北京增值税专用发票

发票联

机器编号：1101380756

开票代码：350001320531

发票号码：189312059

开票日期：2019 年 05 月 19 日

校 验 码：69116 69985 41968 10580

购买方	名　　称：伊文公司 纳税人识别号：110357477431103 地 址、电 话：北京市大兴区马驹路11号 010-63248951 开户行及账号：中国建设银行房山支行 1103565976916953431	密码区	1*6<+81+574+9*2+/>0-39063/* -*0/968*624582>91*3/*1<6*42 2477>/42**0+7-2</24-630-391 611+>51433*124*5-+44<>8/157

货物或应税劳务、服务名称	规格型号	单位	数 量	单 价	金 额	税率	税 额
B产品		件	10 000	150.00	150 000.00	13%	19 500.00
C产品		件	400	250.00	100 000.00	13%	13 000.00
合　计					¥250 000.00		¥32 500.00
价税合计（大写）	⊗贰拾捌万贰仟伍佰元整				（小写）282 500.00		

销售方	名　　称：佳妍华公司 纳税人识别号：110357487467891 地 址、电 话：北京经济开发区建设路10号 010-63514287 开户行及账号：中国建设银行支行 11001070300059001234	备注	佳妍华公司 110357487467891 发票专用章

收款人：马华　　复核：李烨　　开票人：付红陆　　销售方：（章）

第三联：发票联　购货方记账凭证

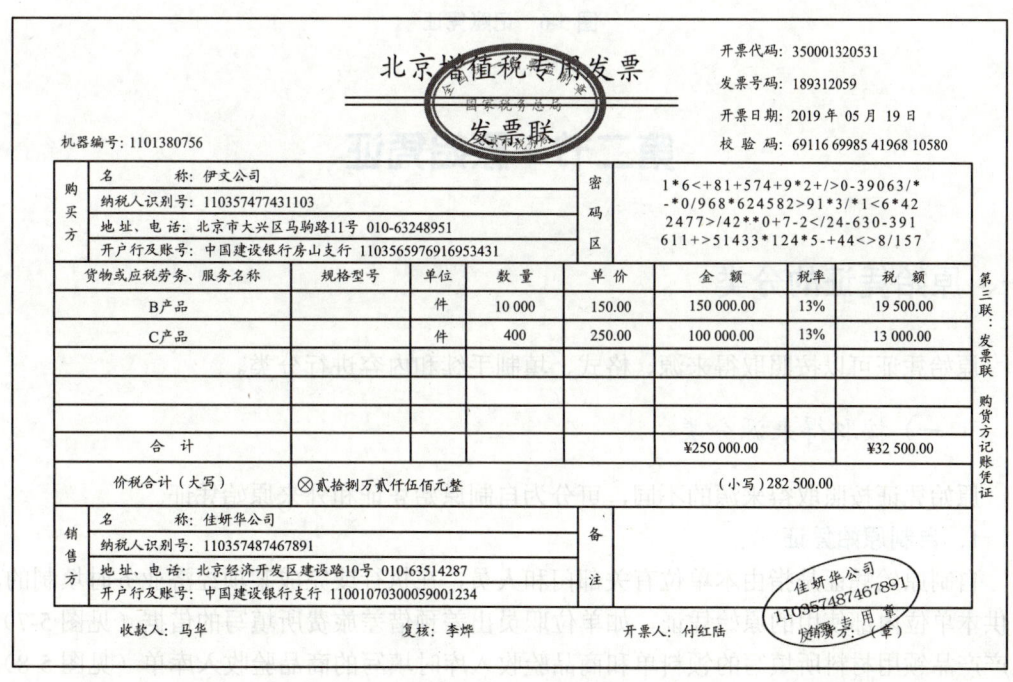

图 5-5　增值税专用发票

（二）记账凭证

记账凭证，又称分录凭证或者记账凭单，是由会计人员根据审核无误的原始凭证填制的，用来记录交易或者事项的简要内容和确定会计分录，作为登记会计账簿直接依据的会计凭证。在会计实务中，会计分录是通过填制记账凭证来完成的。记账凭证如图 5-6 所示。

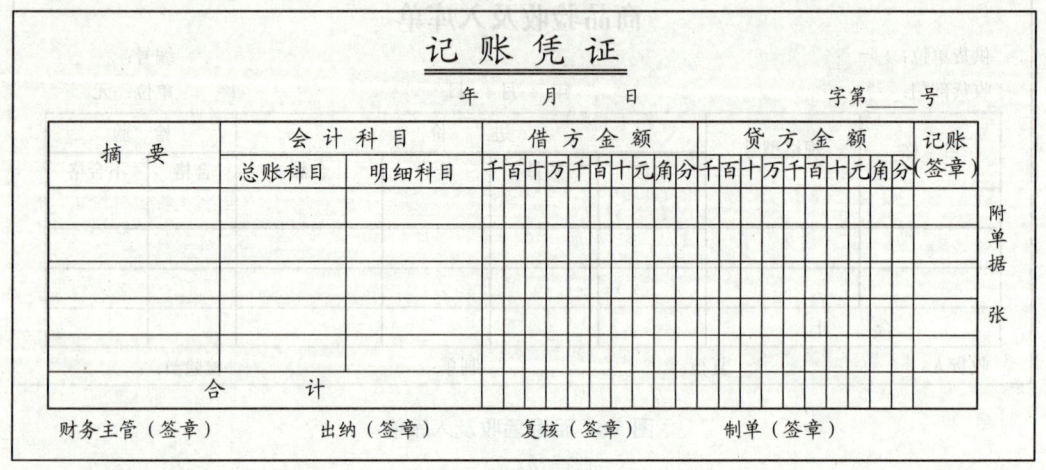

记 账 凭 证

年　　月　　日　　　　　　　　字第____号

摘要	会计科目		借方金额										贷方金额										记账（签章）
	总账科目	明细科目	千	百	十	万	千	百	十	元	角	分	千	百	十	万	千	百	十	元	角	分	
合　计																							

附单据　张

财务主管（签章）　　出纳（签章）　　复核（签章）　　制单（签章）

图 5-6　记账凭证

第二节　原始凭证

一、原始凭证的分类

原始凭证可以按照取得来源、格式、填制手续和内容进行分类。

（一）按取得来源分类

原始凭证按照取得来源的不同，可分为自制原始凭证和外来原始凭证。

1. 自制原始凭证

自制原始凭证是指由本单位有关部门和人员，在执行或完成某项经济业务时填制的，仅供本单位内部使用的原始凭证，如单位职员出差预借差旅费所填写的借据（见图 5-7）、生产产品领用材料所填写的领料单和商品验收入库时填写的商品验收入库单（见图 5-8）。

借 据

2019 年 06 月 01 日 NO.6703558

借款原因：借支差旅费 借款部门：综合管理部

人民币（大写）：贰仟元整 转账付讫 ¥：2 000.00

主管人审批：陈强 借款人：方大为

第三联 记账联

图 5-7 借据

商品验收及入库单

供货单位：湘兴五金公司 编号：78606123

收货部门：供应部门 2019 年 08 月 03 日 单位：元

名称	规格型号	进价				检验	
		单位	数量	单价	金额	合格	不合格
刀具		件	200	130.00	26 000.00	200	
合计					26 000.00		

收货人：陈圆 复核：王利 制单：张丽 检验员：张红

图 5-8 商品验收及入库单

2. 外来原始凭证

外来原始凭证是指在经济业务发生或完成时，从其他单位或个人直接取得的原始凭证，如购货取得的增值税专用发票和普通发票（见图 5-9）、出差乘坐的车票等。

需要指出的是，同一凭证对不同的会计主体而言可能是自制原始凭证，也可能是外来原始凭证。例如，从外购单位购货时由供货单位开出的购货发票，对于销售方而言，是其自身开出的，因此是自制原始凭证；对于购货方而言，则是从其他单位取得的，是外来原始凭证。

（二）按照格式分类

原始凭证按照格式的不同，可分为通用凭证和专用凭证。

1. 通用凭证

通用凭证是指有关部门统一印制、在一定范围内使用的具有统一格式和使用方法的原始凭证。通用凭证的使用范围，因制作部门不同而异，可以是某一地区、某一行业通用，也可以是全国通用。例如，某省（市）印制的增值税发票、收据等，在该省（市）通用；由中国人民银行制作的银行转账结算凭证，在全国通用。

重庆增值税专用发票

发票联

开票代码：041 001500123
发票号码：00941346
开票日期：2019 年 08 月 15 日
校 验 码：69116 69985 41968 85241

机器编号：5023546532

购买方	
名　　称	重庆嘉士园食品有限公司
纳税人识别号	510324592136526
地　址、电　话	重庆市沙坪坝区汉渝路58号 86553218
开户行及账号	工行沙坪坝区分行，31012863642578

密码区：1*6<+81+574+9*2+/>0-39063/* -*0/968*624582>91*3/*1<6*42 2477>/42**0+7-2</24-630-391 611+>51433*124*5-+44<>9/940

货物或应税劳务、服务名称	规格型号	单位	数量	单价	金额	税率	税额
包装箱		个	1 000	15	15 000.00	13%	1 950.00
包装袋		个	10 000	0.10	1 000.00	13%	130.00
包装纸		千克	400	15	6000.00	13%	780.00
合　计					¥22 0000.00		¥2 860.00
价税合计（大写）	⊗贰万肆仟捌佰陆拾元整				（小写）¥24 860.00		

销售方	
名　　称	重庆华美包装制品公司
纳税人识别号	500103478957891
地　址、电　话	重庆沙坪坝区 865387952
开户银行及账号	工行井口支行，31056872398561

备注：500103478957891 发票专用章

收款人：夏雪　　复核：李志刚　　开票人：吴玉斌　　销货单位：（章）

第三联：发票联　购货方记账凭证

图 5-9　增值税普通发票

2. 专用凭证

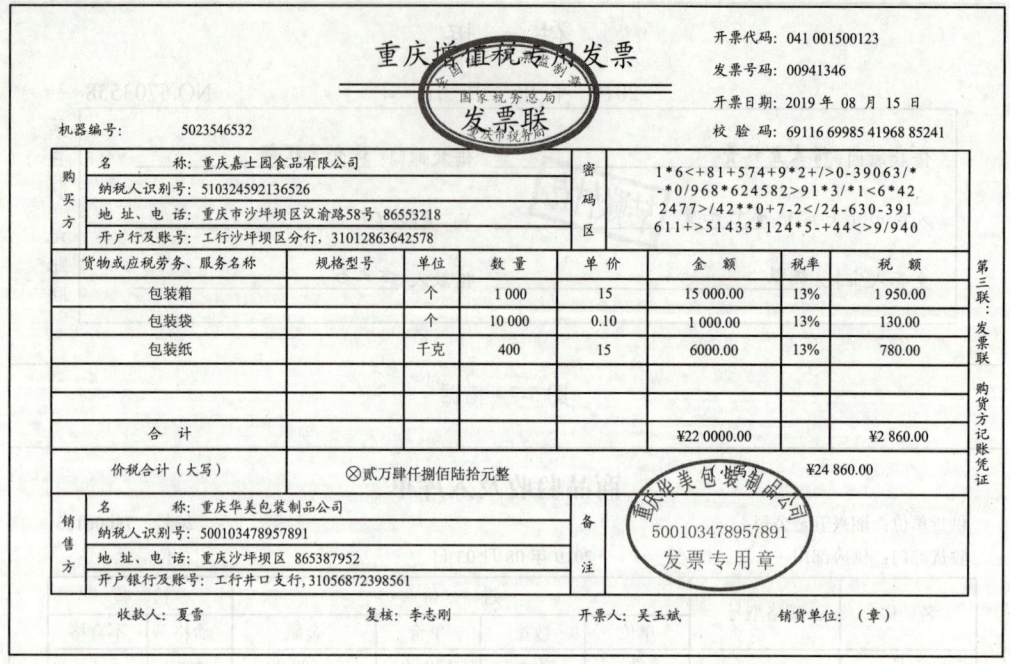

专用凭证是指单位自行印制、仅在本单位内部使用的原始凭证，如领料单、差旅费报销单、固定资产折旧计算表及工作费用分配表等。

（三）按填制手续和内容分类

原始凭证按照填制手续和内容的不同，可分为一次凭证、累计凭证和汇总凭证。

1. 一次凭证

一次凭证是指一次填制完成、只记录一笔经济业务且仅一次有效的原始凭证。所有的外来原始凭证和大部分的自制原始凭证都是一次凭证，如现金收据（见图 5-10）、销货发票和领料单等。

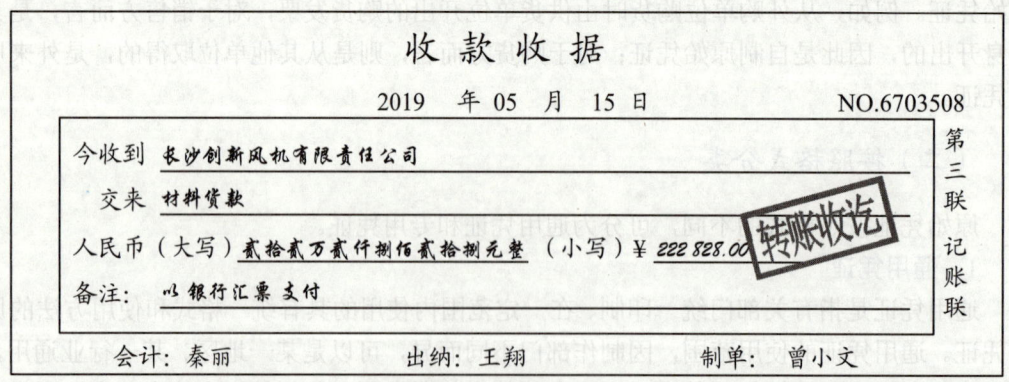

收款收据

2019　年 05　月　15 日　　NO.6703508

今收到 长沙创新风机有限责任公司

交来 材料货款

人民币（大写）贰拾贰万贰仟捌佰贰拾捌元整　（小写）¥ 222 828.00

备注：以银行汇票支付

会计：秦丽　　出纳：王翔　　制单：曾小文

第三联 记账联

图 5-10　现金收据

2. 累计凭证

累计凭证是指在一定时期内多次记录发生的同类型经济业务且多次有效的原始凭证。其特点是：在一张凭证内可以连续登记相同性质的交易或事项，随时算出累计数及结余数，并按照费用限额进行费用控制，期末按实际发生额记账。累计凭证可多次填制，最具有代表性的累计凭证就是限额领料单（见图 5-11）。

限额领料单

领料部门：一车间　　2019 年 06 月 30 日　　NO：23696

用途：生产 A 产品　　金额单位：元

材料类别	材料名称	规格	计量单位	单价		领用限额	全月实领	
							数量	金额
原料	A 材料	10 mm	千克	100 元		3 000	2 800	280 000
日期	请领			实发			限额结余	
	数量	领料单位负责人签章	领料人签章	数量	发料人签章			
6 月 2 日	1 000	张三	李四	1 000	王五		2 000	
6 月 10 日	800	张三	李四	800	王五		1 200	
6 月 15 日	1 000	张三	李四	600	王五		600	
6 月 25 日	400	张三	李四	400	王五		200	
合计	3 200			2 800				

图 5-11　限额领料单

3. 汇总凭证

汇总凭证，又称原始凭证汇总表，是指对一定时期内反映经济业务内容相同的若干张原始凭证，按照一定标准综合填制的原始凭证。常见的汇总凭证有工资结算汇总表（见图 5-12）和发料凭证汇总表（见图 5-13）。

工资结算汇总表

2019 年 05 月 14 日　　　　　　　　单位：元

部门	计时工资	计件工资	工资性津贴	奖金	应扣工资		应付工资
					事假	病假	
生产 A 产品		20 000	9 000	7 000			36 000
生产 B 产品		19 000	10 000	7 000			36 000
车间管理人员	10 000						10 000
公司管理人员	18 000						18 000
合 计							100 000

制表人：张华

图 5-12　工资结算汇总表

发料凭证汇总表

2019 年 05 月 31 日　　　　　　　　单位：元

领用单位	材料名称	规格或型号	数量	单价	金额
动能车间	钢板		5 吨	5 000	25 000
机修车间	轴瓦		4 件	2 000	8 000
机修车间	支持件		100 千克	15	1 500
生产车间管理部门	钢板		2 吨	5 000	10 000
生产车间管理部门	支持件		200 千克	15	3 000
基本生产车间（轴流式风机）	钢板		18 吨	5 000	90 000
基本生产车间（离心式风机）	钢板		10 吨	5 000	50 000
基本生产车间（轴流式风机）	转定子		25 套	51 000	1 275 000
基本生产车间（离心式风机）	转定子		10 套	51 000	510 000
基本生产车间（轴流式风机）	支持件		6 500 千克	15	97 500
基本生产车间（离心式风机）	支持件		2 460 千克	15	36 900
基本生产车间（轴流式风机）	配套件		58 套	6 000	348 000
基本生产车间（离心式风机）	配套件		22 套	6 000	132 000
基本生产车间（轴流式风机）	轴瓦		90 件	2 000	180 000
基本生产车间（离心式风机）	轴瓦		26 件	2 000	52 000
基本生产车间（轴流式风机）	风机叶轮		55 套	4 580	251 900
基本生产车间（离心式风机）	风机叶轮		16 套	4 580	73 280
合　计					3 144 080

主管：周义　　　　　　制表：王兴宗

图 5-13　发料凭证汇总表

二、原始凭证的基本内容

各单位发生经济业务的多样性，决定了能证明经济业务发生情况的原始凭证在名称、格式和内容等方面也是多种多样的，但是无论哪种原始凭证，其在会计核算过程中所起的作用是一致的，都必须完整地载明每一项经济业务发生和完成的具体情况，明确经办单位、人员及其他有关单位或部门的经济责任。原始凭证的基本内容（也称为原始凭证要素）应当包括：① 凭证的名称；② 填制凭证的日期；③ 填制凭证单位名称或者填制人姓名；④ 经办人员的签名或者盖章；⑤ 接受凭证单位名称；⑥ 经济业务内容；⑦ 数量、单价和金额。

实际工作中，除上述基本要素外，原始凭证还可以根据经营管理和特殊业务的需要增减必要的内容。对于不同单位经常发生的共同性经济业务，有关部门可以制定统一的凭证格式。例如，银行统一制定的银行结算凭证，标明了收款方和付款方的名称、账号等内容；铁道部统一制定的铁路运输单，标明了发货单位、收货单位和提货方式等内容。另外，单位内部也可以根据管理要求，自行设计有关原始凭证的格式和内容，以便更好地发挥原始凭证的作用。

三、原始凭证的填制要求

原始凭证是会计核算的原始依据，是明确经济责任、具有法律效力的文件。为了正确、完整、清晰和及时地记录经济业务，必须对其规定严格的填制要求。

（一）原始凭证填制的基本要求

1. 记录真实

原始凭证填制的内容和各项数据必须真实可靠。所记录经济业务的内容必须真实，不能填写估计数或匡算数，填写的内容应必须与事实相符。

2. 内容完整

原始凭证填制的内容必须完整、齐全；凭证的填制日期及经济业务的内容、数量和金额都必须认真填写，不得遗漏；有关人员的签字盖章必须齐全。

3. 手续完备

经办人员及有关负责人都必须在原始凭证上签字或盖章，以示责任。从外单位取得的原始凭证，必须有填制单位的公章；从个人处取得的原始凭证，需要有填制人的签名或盖章；自制的原始凭证必须有部门负责人或其他指定人员的签名或盖章；对外单位开出的原始凭证，须加盖本单位的公章或其他专用章。总之，取得原始凭证必须手续完备，责任明确，确保凭证的合法性和真实性。

4. 书写清楚、规范

原始凭证要按规定填写，文字要简要，字迹要清楚，易于辨认，不得使用未经国务院公布的简化汉字。

大小写金额必须相符且填写规范，小写金额用阿拉伯数字逐个书写，不得写连笔字。在金额前要填写人民币符号“¥”，人民币符号“¥”与阿拉伯数字之间不得留有空白。金额数字一律填写到角、分，无角、分的，写“00”或符号“－”；有角无分的，分位写“0”，不得用符号“－”。大写金额用汉字壹、贰、叁、肆、伍、陆、柒、捌、玖、拾、佰、仟、万、亿、元、角、分、零、整（或“正”）等，一律用正楷或行书字书写。大写金额前未印有“人民币”字样的，应加写“人民币”三个字，“人民币”字样和大写金额之间不得留有空白。大写金额到元或角为止的，后面要写“整”或“正”字；有分的，不写“整”或“正”字。例如，小写金额为¥1 008.00，大写金额应写成“人民币壹仟零捌元整”。

5. 连续编号

如果原始凭证已预先印定编号，在写坏作废时，应加盖“作废”戳记，妥善保管，不得撕毁。

6. 不得涂改、刮擦或挖补

原始凭证有错误的，应当由出具单位重开或更正，更正处应当加盖出具单位印章。原始凭证金额有错误的，应当由出具单位重开，不得在原始凭证上更正。

7. 填制及时

各种原始凭证必须在经济业务发生时及时填写，并应按规定的程序及时送交财务部门，由财务部门加以审核并据以编制记账凭证。

（二）自制原始凭证的填制要求

原始凭证的填制是在遵循其填制要求的基础上进行的，针对不同的自制原始凭证，填制要求也有所不同。

1. 一次凭证的填制

一次凭证往往只能反映一项经济业务，或者同时反映若干项同一性质的经济业务，因此应在经济业务发生或完成时，由相关业务人员一次填制完成。收料单、领料单（见图 5-14）和收款收据均属于一次自制原始凭证，其填制手续是一次完成的会计凭证。

领料单

2019 年 05 月 19 日　　编号：57944920

领料车间（部门）：基本生产车间　　单位：元

产品名称	材料名称	规格	计量单位	数量		成本	
				请领	实发	单位成本	金额
A 产品	甲材料		千克	500	500	5.60	2 800.00
	乙材料		千克	800	800	4.00	3 200.00
	小计						6 000.00
B 产品	甲材料		千克	500	500	5.60	2 800.00
	乙材料		千克	700	700	4.00	2 800.00
	小计						5 600.00
合计							11 600.00

记账：张华　　发料：张佳　　领料负责人：蒋大为　　领料：蒋红

图 5-14　领料单

2. 累计凭证的填制

累计凭证能在一定时期内不断重复地反映同类经济业务的完成情况，因此应在每次经济业务完成后，由相关人员在同一张凭证上填制完成。如限额领料单，是由生产计划部门根据下达的生产任务和材料消耗定额按各种材料分别开出的，一式两联，一联交仓库据以发料，一联交领料部门据以领料。

3. 汇总凭证的填制

汇总凭证只能将类型相同的经济业务进行汇总，不能汇总两类或两类以上的经济业务，因此应由相关人员汇总一定时期内反映同类经济业务的原始凭证后填制完成，如差旅费报销单（见图 5-15）。

差旅费报销单

部门名称：人力资源部　　填报日期：2019 年 06 月 06 日　　单位：元

姓　　名	方大为		职务		部门经理	出差时间	2019 年 06 月 02 日至 2019 年 06 月 05 日		
出差事由	参加全国企业人力资源管理会议								
日　　期		起止地点		运输工具		住宿费	伙食补贴	通宵补贴	其他费用
月	日	起	止	类别	金额				
06	2	长沙	上海	火车	478.00	800.00	200.00		
06	4	上海	长沙	火车	478.00				
小　　计					956.00	800.00	200.00		
总计金额（大写）	人民币壹仟玖佰伍拾陆元整								

主管：周义　　审核：陈有强　　填报人：方大为

图 5-15　差旅费报销单的填制

（三）外来原始凭证的填制要求

外来原始凭证应在企业同外单位发生经济业务时，由外单位的相关人员填制完成。外来原始凭证一般由税务局等部门统一印制，或经税务部门批准由经营单位印制，在填制时加盖出具凭证单位公章方为有效。对于一式多联的原始凭证必须用复写纸套写或打印机套打。以银行承兑汇票和增值税专用发票为例，其填制要求如图 5-16 和图 5-17 所示。

银行承兑汇票　2　　00001234 56537881

出票日期（大写）　贰零壹捌年壹拾月壹拾壹日

出票人	全　称	长江电力集团	收款人	全　称	长沙创新风机有限责任公司
	账　号	03882650294024		账　号	03687022409484
	开户银行	建设银行电力支行		开户银行	工商银行东屯渡分理处
出票金额	人民币（大写）壹拾捌万陆千元整		亿千百十万千百十元角分	￥ 1 8 6 0 0 0 0 0	
汇票到期日（大写）	贰零壹玖年肆月壹拾壹日		付款人	行号	95434
承兑协议编号	001308			地址	沙正街60号
本汇票请你行承兑，此项汇款到期无条件付款。 出票人签章			本汇票已经承兑，到期日由本行付款。 承兑银行签章 承兑日期：2019年04月11日		
			备注：	复核	记账

长江电力集团 财务专用章　成郑印天　中国建设银行 汇票专用章 10369　红李印晓

此联收款人开户行随托收凭证寄付款行作借方凭证附件

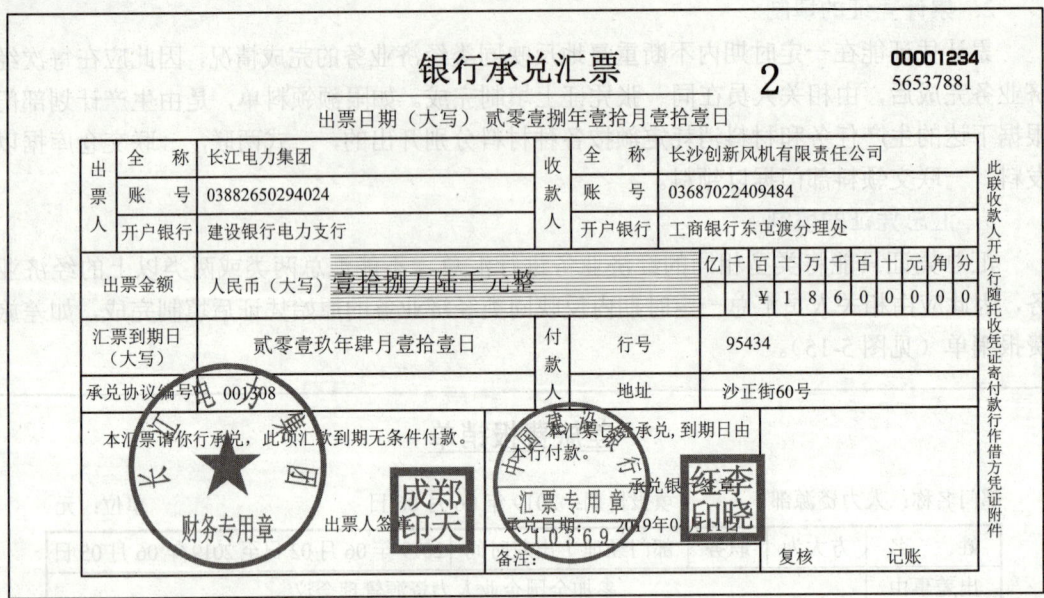

图 5-16　银行承兑汇票的填制

重庆增值税专用发票

发票联

开票代码：041 001500123
发票号码：00941346
开票日期：2019 年 08 月 15 日
校 验 码：69116 69985 41968 85241

机器编号：　5023546532

购买方	名　　称：重庆嘉士园食品有限公司 纳税人识别号：510324592136526 地 址、电 话：重庆市沙坪坝区汉渝路58号 86553218 开户行及账号：工行沙坪坝区分行，31012863642578	密码区	1*6<+81+574+9*2+/>0-39063/* -*0/968*624582>91*3/*1<6*42 2477>/42**0+7-2</24-630-391 611+>51433*124*5-+44<>9/940

货物或应税劳务、服务名称	规格型号	单位	数量	单价	金额	税率	税额
包装箱		个	500	10	5 000.00	13%	650.00
包装袋		个	10 000	0.10	1 000.00	13%	130.00
合　计					￥6 000.00		￥780.00
价税合计（大写）	⊗陆万柒仟捌佰元整				（小写）￥67 800.00		

销售方	名　　称：重庆华美包装制品公司 纳税人识别号：500103478957891 地 址、电 话：重庆沙坪坝区 865387952 开户银行及账号：工行井口支行，31056872398561	备注	重庆华美包装制品公司 500103478957891 发票专用章

收款人：夏雪　　复核：李志刚　　开票人：吴玉斌　　销货单位：（章）

第三联：发票联　购货方记账凭证

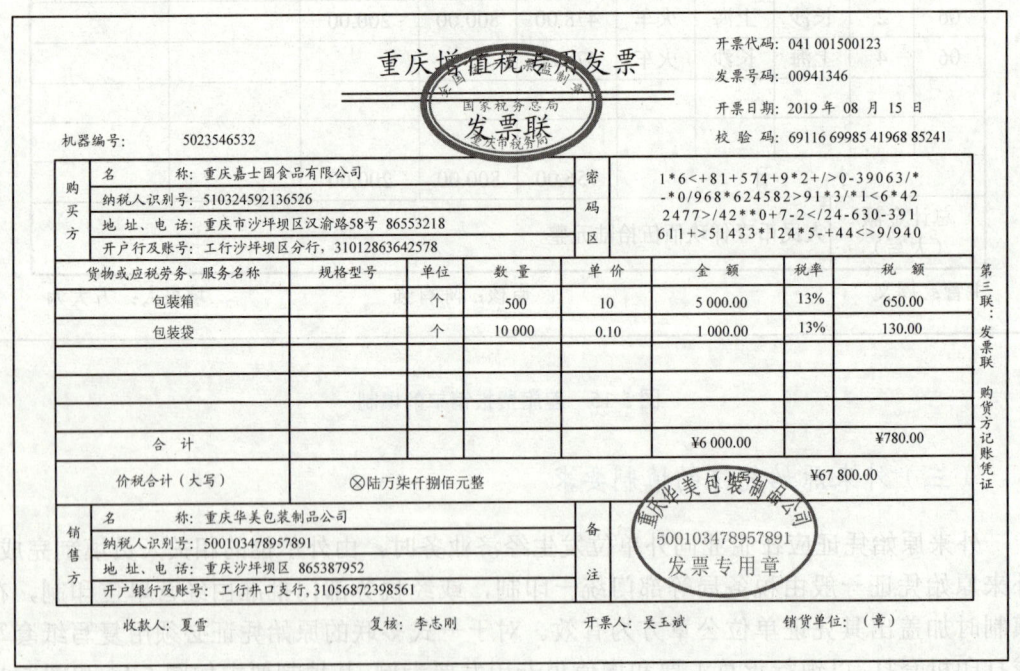

图 5-17　销货方开出的增值税专用发票的填制

四、原始凭证的审核

为了如实反映经济业务的发生和完成情况，充分发挥会计的监督职能，保证会计信息的真实、合法、完整和准确，会计人员必须对原始凭证进行认真、严格的审核。只有审核无误的原始凭证才能作为编制记账凭证和登记账簿的依据。原始凭证的审核内容主要包括以下几个方面：

（1）审核原始凭证的真实性。真实性是指原始凭证所记载的经济业务是否与实际发生的经济业务情况相吻合。例如，购进货物的数量、品种和规格等是否和验收单相一致，销售货物的数量、品种和规格等是否和出库单相一致等，有无伪造、变造凭证等情况。

（2）审核原始凭证的合法性。合法性是指审核原始凭证上所记录的经济业务是否符合国家有关政策、法律规章制度的规定，是否履行了规定的凭证传递和审核程序，是否有贪污腐败行为等。例如，审核是否存在多计收入或者少计费用的现象。

（3）审核原始凭证的合理性。合理性主要是核查原始凭证上所记录的经济业务是否符合企业的生产计划和有关预算，是否符合规定的支出标准。审核原始凭证合理性的目的是尽可能减少“支出耗费”，而尽可能增加“收入”，以提高经济效益。

（4）审核原始凭证的完整性。完整性是指原始凭证的内容是否填写齐全，手续是否完备，是否有经办人签字或盖章，是否存在漏项情况，日期是否完整，数字是否清晰等。

（5）审核原始凭证的正确性。正确性主要是审核原始凭证各项金额的计算及填写是否正确。例如，阿拉伯数字须分位填写，不得连写；小写金额前要标明“¥”字样，“¥”符号与金额之间不能留有空位；大写金额前要加“人民币”字样，大写金额和小写金额要相符；凭证中有书写错误的，应当采用正确的方法更正，不能采用涂改、刮擦或挖补等不正确的方法。

（6）审核原始凭证的及时性。原始凭证的及时性是保证会计信息及时性的基础。因此，在交易或事项发生或完成时，应及时填制有关原始凭证并进行传递。审核时应注意审查凭证的填制日期，尤其是对支票、银行汇票及银行本票等时效性较强的原始凭证，应仔细验证其签发日期。

第三节 记账凭证

记账凭证是明确经济业务的应记账户、应记账户方向及金额的载体。会计部门对每一笔经济业务的原始凭证进行审核，确定其经济内容，根据审核无误的原始凭证，填制具有统一格式的记账凭证，并将相关的原始凭证附在记账凭证后面作为依据。

一、记账凭证的分类

记账凭证可按照用途和填列方式进行分类。

（一）按用途分类

记账凭证按照用途的不同，可分为专用记账凭证和通用记账凭证。

1. 专用记账凭证

专用记账凭证是指分类反映经济业务的记账凭证。按其反映的经济业务内容，专用记账凭证可分为收款凭证、付款凭证和转账凭证。

（1）收款凭证是指用于记录库存现金和银行存款收款业务的记账凭证，是根据有关库存现金和银行存款收入业务的原始凭证填制的记账凭证（见图 5-18）。收款凭证是登记现金日记账、银行存款日记账及相关明细账等的依据。

收款凭证

总字第　　号

借方科目：　　　　　　年　　月　　日　　　　收字第　　号

摘要	贷方科目		金额										记账（签章）
	总账科目	明细科目	千	百	十	万	千	百	十	元	角	分	
人民币（大写）													

附单据　张

财务主管（签章）　　出纳（签章）　　复核（签章）　　制单（签章）

图 5-18　收款凭证

（2）付款凭证是指用于记录库存现金和银行存款付款业务的记账凭证，是根据有关库存现金和银行存款支出业务的原始凭证填制的记账凭证（见图 5-19）。付款凭证是登记现金日记账、银行存款日记账及相关明细账等的依据。

付款凭证

总字第　　号

贷方科目：　　　　　　年　　月　　日　　　　付字第　　号

摘要	借方科目		金额										记账（签章）
	总账科目	明细科目	千	百	十	万	千	百	十	元	角	分	
人民币（大写）													

附单据　张

财务主管（签章）　　出纳（签章）　　复核（签章）　　制单（签章）

图 5-19　付款凭证

(3)转账凭证是指用于记录不涉及库存现金和银行存款业务的记账凭证(见图 5-20)。转账凭证是登记有关明细账或者总账的依据。

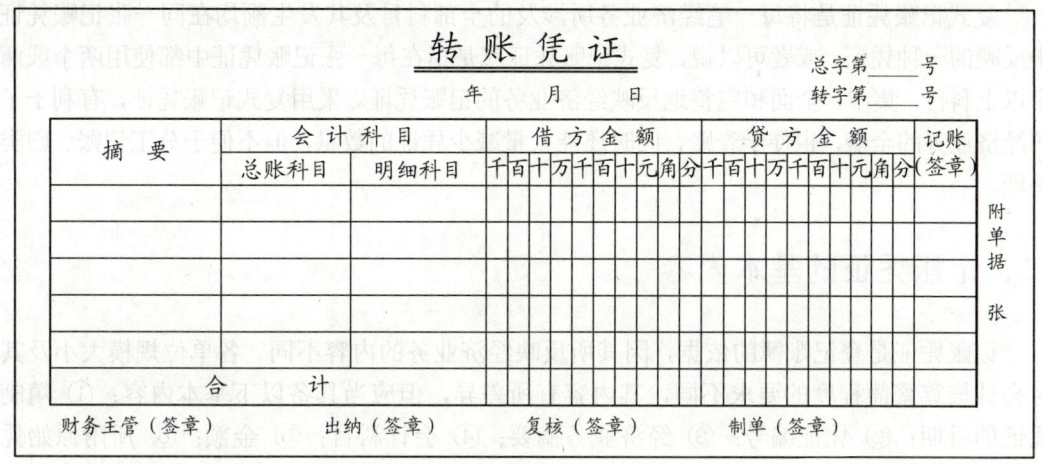

转账凭证

年　月　日　　总字第＿＿号　转字第＿＿号

摘要	会计科目		借方金额										贷方金额										记账(签章)
	总账科目	明细科目	千	百	十	万	千	百	十	元	角	分	千	百	十	万	千	百	十	元	角	分	
合计																							

附单据　张

财务主管(签章)　出纳(签章)　复核(签章)　制单(签章)

图 5-20　转账凭证

2. 通用记账凭证

通用记账凭证是指用来反映所有经济业务的记账凭证，为各类经济业务所共同使用，其格式与转账凭证基本相同，如图 5-21 所示。

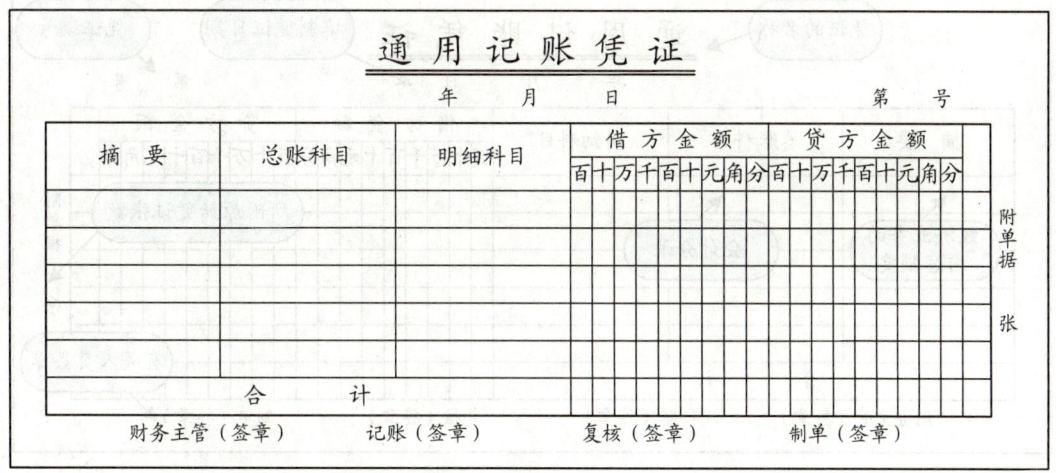

通用记账凭证

年　月　日　　第　号

摘要	总账科目	明细科目	借方金额									贷方金额									
			百	十	万	千	百	十	元	角	分	百	十	万	千	百	十	元	角	分	
合计																					

附单据　张

财务主管(签章)　记账(签章)　复核(签章)　制单(签章)

图 5-21　通用记账凭证

(二)按凭证的填列方式分类

记账凭证按照填列方式的不同，可分为单式记账凭证和复式记账凭证。

1. 单式记账凭证

单式记账凭证是指只填列经济业务所涉及的一个会计科目及其金额的记账凭证。单式记账凭证要采用分数编号法，每一项业务编一个总号，然后再按凭证张数编辑几个分号。单式记账凭证的内容单一，有利于汇总计算每个会计科目的数额，可以减少登记总账的工作量；但制证工作量较大，不利于在一张凭证上反映经济业务的全貌，不便于查找记录差错。

2. 复式记账凭证

复式记账凭证是将每一笔经济业务所涉及的全部科目及其发生额均在同一张记账凭证中反映的一种凭证。或者可以说，复式记账凭证就是指在每一张记账凭证中都使用两个或两个以上科目，集中、全面和完整地反映经济业务的记账凭证。采用复式记账凭证，有利于了解经济业务的全貌，也便于查账，同时还能大量减少凭证的数量，但不便于分工记账、归类整理。

二、记账凭证的基本内容

记账凭证是登记账簿的依据，因其所反映经济业务的内容不同、各单位规模大小及其对会计核算繁简程度的要求不同，其内容有所差异，但应当具备以下基本内容：① 填制凭证的日期；② 凭证编号；③ 经济业务摘要；④ 会计科目；⑤ 金额；⑥ 所附原始凭证张数；⑦ 填制凭证人员、稽核人员、记账人员、会计机构负责人和会计主管人员等签名或者盖章。收款和付款记账凭证还应当由出纳人员签名或者盖章。以自制的原始凭证或者原始凭证汇总表代替记账凭证的，也必须具备记账凭证应有的项目。

记账凭证的基本内容如图 5-22 所示。

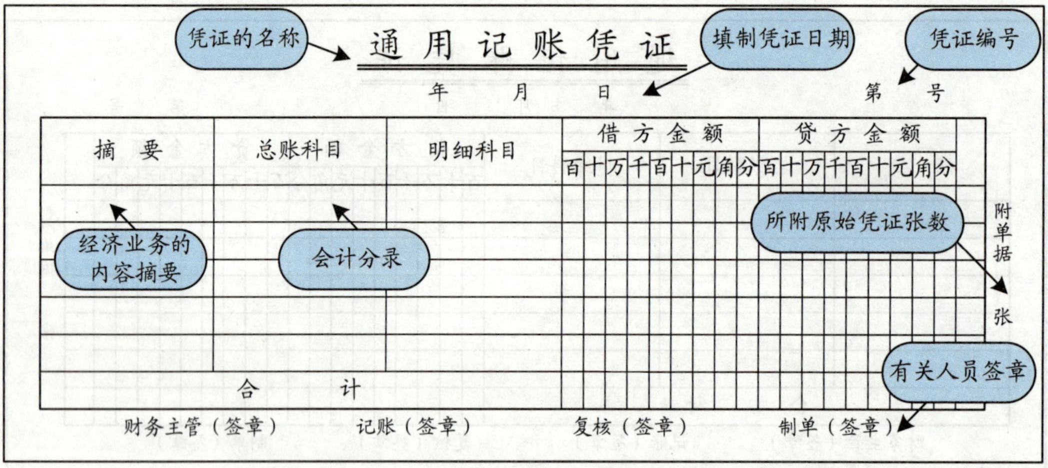

图 5-22 记账凭证的基本内容

三、记账凭证的填制要求

记账凭证根据审核无误的原始凭证或原始凭证汇总表填制。记账凭证填制正确与否，直接影响整个会计系统最终提供信息的质量。与原始凭证的填制要求基本相同，记账凭证也必须符合记录真实、内容完整、手续齐全和填制及时等要求。

（一）记账凭证填制的基本要求

（1）记账凭证各项内容必须完整。应当注意的是，记账凭证的日期一般为填制记账凭证当天的日期，按权责发生制原则计算收益、分配费用、结转成本利润等调整分录和结账分录的记账凭证，虽然需要到下个月才能编制，仍应填写当月月末的日期，以便在当月的账内进行登记。

（2）记账凭证的书写应当清楚、规范。记账凭证中的摘要应确切、简练，不仅要与经济业务相符，而且要使阅读的人通过摘要就能了解该项经济业务的性质和特征。另外，会计科目的使用必须正确，应借、应贷账户的对应关系必须清楚。记账凭证上的金额必须与原始凭证的金额相等，金额登记的方向必须正确且符合数字书写规定。

（3）除结账和更正错账可以不附原始凭证外，其他记账凭证必须附原始凭证。如果根据同一原始凭证填制数张记账凭证，则应在未附原始凭证的记账凭证上注明“附件××张，见第××号记账凭证”。如果原始凭证需要另行保管，则应在附件栏目内加以注明，但更正错账和结账的记账凭证可以不附原始凭证。

（4）记账凭证可以根据每一张原始凭证填制，或根据若干张同类原始凭证汇总填制，也可以根据原始凭证汇总表填制；但不得将不同内容和类别的原始凭证汇总填制在一张记账凭证上。

（5）记账凭证应连续编号。记账凭证应由主管该项业务的会计人员按业务发生的顺序并按不同种类的记账凭证连续编号。例如，第56笔业务，可编号为记字56号。采用收款凭证、付款凭证和转账凭证的，可采用“字号编号法”，即按凭证类别顺序编号，如付字01号。如果一笔经济业务需要填制两张以上（含两张）记账凭证的，可采用“分数编号法”，如第5笔经济业务涉及多个会计科目，需要填制三张记账凭证，可以分别将其编成$5\frac{1}{3}$、$5\frac{2}{3}$、$5\frac{3}{3}$。

（6）填制记账凭证时若发生错误，应当重新填制，不得在凭证上做任何更正。如果是已登记入账的记账凭证发现有错误的，则应按规定的错账更正方法进行更正。

（7）记账凭证应按行次逐项填写，不得跳行或留有空行。如有空行，应当自金额栏最后一笔金额数字下的空行处至合计数上一行的空行处划线注销。

（二）收款凭证的填制要求

收款凭证是根据有关库存现金和银行存款收入业务的原始凭证填制的。收款凭证的填制要求有：

（1）左上角的“借方科目”按收款的性质填写“库存现金”或“银行存款”。

（2）日期填写的是填制本凭证的日期。

（3）右上角填写填制收款凭证的顺序号。

（4）“摘要”填写对所记录的经济业务的简要说明。

（5）“贷方科目”填写与收入“库存现金”或“银行存款”相对应的会计科目。

（6）“记账”是指该凭证已登记账簿的标记，防止经济业务重记或漏记。

（7）“金额”是指该项经济业务的发生额。

（8）凭证右边“附件×张”是指本记账凭证所附原始凭证的张数。

（9）最下边分别由有关人员签章，以明确经济责任。

【例 5-1】 2019 年 6 月 8 日，华夏公司收回红海公司的前欠货款 20 000 元，银行已转来收款通知。编制收款凭证，如图 5-23 所示。

收款凭证

总字第____号

借方科目：银行存款　　2019 年 06 月 08 日　　收字第 01 号

摘要	贷方科目		金额										记账
	总账科目	明细科目	千	百	十	万	千	百	十	元	角	分	（签章）
收回欠款	应收账款	红海公司				2	0	0	0	0	0	0	
人民币（大写）贰万元整					¥	2	0	0	0	0	0	0	

附单据 1 张

财务主管（签章）　出纳（签章）　复核（签章）　制单（签章）王平

图 5-23 收款凭证的填制

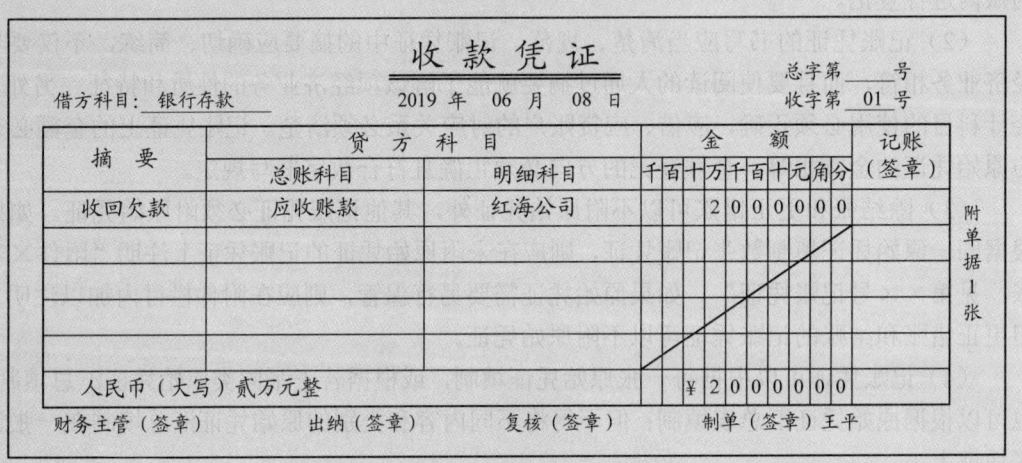

【例 5-2】 2019 年 6 月 17 日，华夏公司销售一批产品，价值 40 000 元，增值税税额 5 200 元，款已收到存入银行。编制收款凭证，如图 5-24 所示。

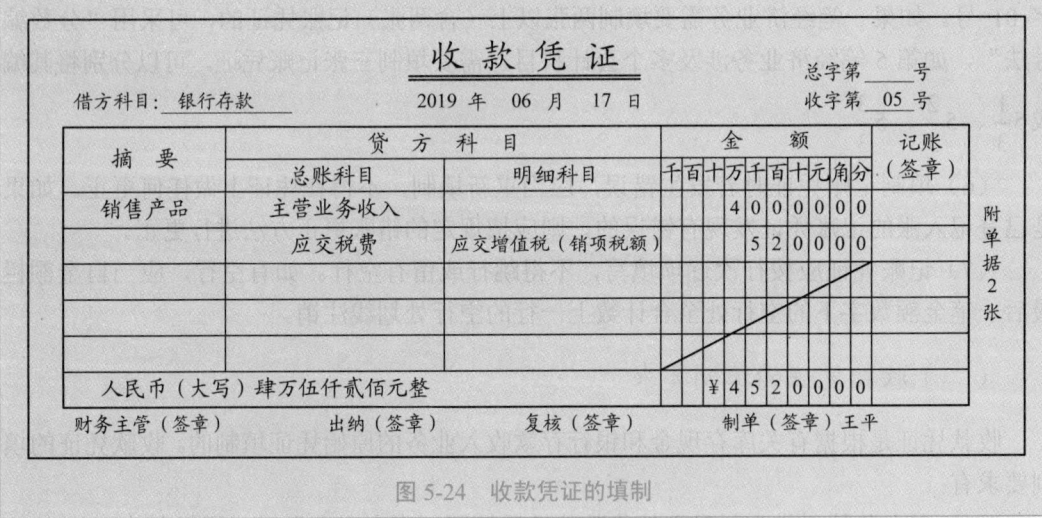

收款凭证

总字第____号

借方科目：银行存款　　2019 年 06 月 17 日　　收字第 05 号

摘要	贷方科目		金额										记账
	总账科目	明细科目	千	百	十	万	千	百	十	元	角	分	（签章）
销售产品	主营业务收入					4	0	0	0	0	0	0	
	应交税费	应交增值税（销项税额）					5	2	0	0	0	0	
人民币（大写）肆万伍仟贰佰元整					¥	4	5	2	0	0	0	0	

附单据 2 张

财务主管（签章）　出纳（签章）　复核（签章）　制单（签章）王平

图 5-24 收款凭证的填制

（三）付款凭证的填制要求

付款凭证是用来记录库存现金、银行存款支付业务的凭证，是会计人员根据审核无误的有关库存现金和银行存款的付款业务的原始凭证填制的。付款凭证的填制方法与收款凭证基本相同，不同的是在付款凭证的左上角应填列贷方科目，即“库存现金”或“银行存款”科目，“借方科目”栏应填写与“库存现金”或“银行存款”相应的一级科目和明细科目。

对于涉及“库存现金”和“银行存款”之间的相互划转业务，为了避免重复记账，一般只填制付款凭证，不再填制收款凭证。即当发生从银行提取现金的业务时，只编制银行存款付款凭证；当发生将库存现金存入银行的业务时，只编制库存现金付款凭证。

出纳人员在办理收款或付款业务后，应在原始凭证上加盖“收讫”或“付讫”的戳记，以免重复收付。

【例 5-3】 2019 年 4 月 10 日，华夏公司以现金 30 000 元发放职工工资。编制付款凭证，如图 5-25 所示。

付款凭证

贷方科目：库存现金　　2019年 04 月10 日　　总字第____号　付字第 002 号

摘要	借方科目		金额										记账（签章）
	总账科目	明细科目	千	百	十	万	千	百	十	元	角	分	
发放工资	应付职工薪酬	工资、奖金、津贴和补贴				3	0	0	0	0	0	0	
人民币（大写）叁万元整					¥	3	0	0	0	0	0	0	

附单据 2 张

财务主管：　　出纳：　　复核：　　制单：王平

图 5-25 付款凭证的编制

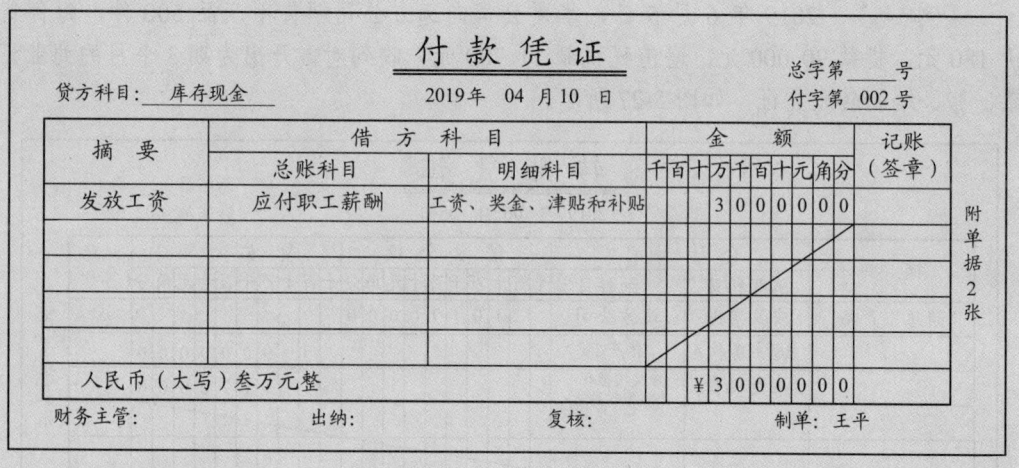

【例 5-4】 2019 年 5 月 3 日，华夏公司作为增值税一般纳税人，采购一批甲材料，取得增值税专用发票，价款为 50 000 元，增值税税率为 13%；另取得运输业增值税专用发票，注明的运费为 1 000 元，增值税税额为 90 元，全部款项已通过银行转账支付，材料尚未验收入库。编制付款凭证，如图 5-26 所示。

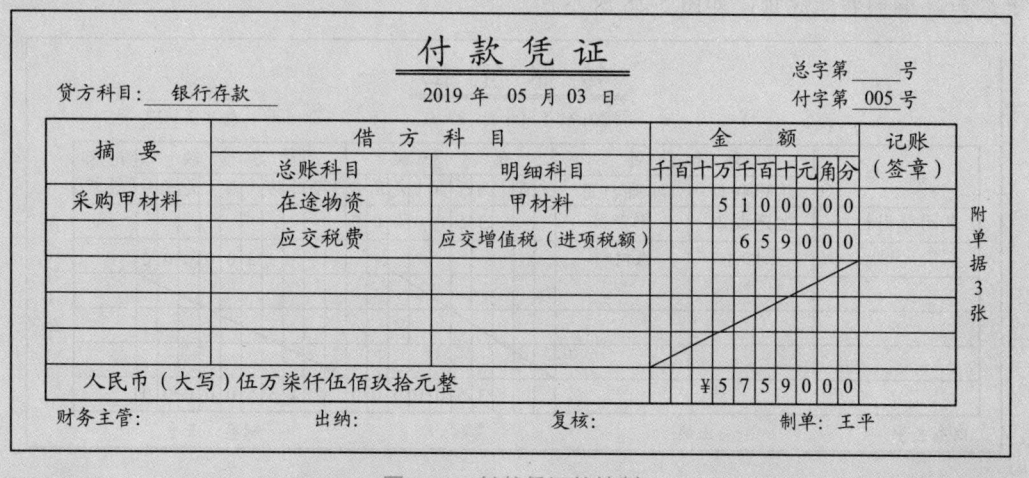

付款凭证

贷方科目：银行存款　　2019 年 05 月 03 日　　总字第____号　付字第 005 号

摘要	借方科目		金额										记账（签章）
	总账科目	明细科目	千	百	十	万	千	百	十	元	角	分	
采购甲材料	在途物资	甲材料				5	1	0	0	0	0	0	
	应交税费	应交增值税（进项税额）					6	5	9	0	0	0	
人民币（大写）伍万柒仟伍佰玖拾元整					¥	5	7	5	9	0	0	0	

附单据 3 张

财务主管：　　出纳：　　复核：　　制单：王平

图 5-26 付款凭证的编制

（四）转账凭证的填制要求

转账凭证是根据与库存现金和银行存款收付无关的经济业务的原始凭证填制的。转账凭证中“总账科目”和“明细科目”栏应填写应借、应贷的总账科目和明细科目，借方科目的应记金额应在同一行的“借方金额”栏填列，贷方科目的应记金额应在同一行的“贷方金额”栏填列，“借方金额”栏合计数与“贷方金额”栏合计数应相等。

此外，某些既涉及收付款业务，又涉及转账业务的综合性业务，可分开填制不同类型的记账凭证。

【例 5-5】 2019 年 6 月 5 日，华夏公司向远方公司销售甲产品 500 件，每件售价 180 元，货款 90 000 元，增值税税额 11 700 元，收到对方开出为期 3 个月的商业汇票一张。编制转账凭证，如图 5-27 所示。

转账凭证

2019 年 06 月 05 日　　总字第____号　转字第 002 号

摘要	会计科目		借方金额										贷方金额										记账（签章）
	总账科目	明细科目	千	百	十	万	千	百	十	元	角	分	千	百	十	万	千	百	十	元	角	分	
销售甲产品	应收票据	远方公司			1	0	1	7	0	0	0	0											
	主营业务收入	甲产品														9	0	0	0	0	0	0	
	应交税费	应交增值税（销项税额）														1	1	7	0	0	0	0	
合计				¥	1	0	1	7	0	0	0	0		¥	1	0	1	7	0	0	0	0	

附单据 2 张

财务主管：　出纳：　复核：　制单：王平

图 5-27 转账凭证的编制

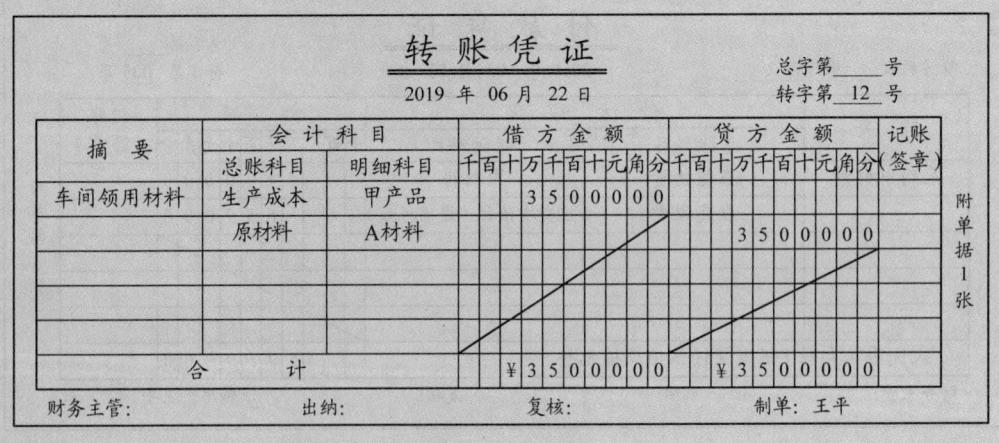

【例 5-6】 2019 年 6 月 22 日，华夏公司车间领用 A 材料 35 000 元，用以生产甲产品。编制转账凭证，如图 5-28 所示。

转账凭证

2019 年 06 月 22 日　　总字第____号　转字第 12 号

摘要	会计科目		借方金额										贷方金额										记账（签章）
	总账科目	明细科目	千	百	十	万	千	百	十	元	角	分	千	百	十	万	千	百	十	元	角	分	
车间领用材料	生产成本	甲产品				3	5	0	0	0	0	0											
	原材料	A材料														3	5	0	0	0	0	0	
合计					¥	3	5	0	0	0	0	0			¥	3	5	0	0	0	0	0	

附单据 1 张

财务主管：　出纳：　复核：　制单：王平

图 5-28 转账凭证的编制

四、记账凭证的审核

记账凭证是登记账簿的直接依据，其中，收款凭证和付款凭证还是出纳收付款项的依据。为了保证账簿记录的正确性，监督各项经济业务的真实性、合法性和合理性，并确保记账凭证的编制符合要求，必须在记账前由专人对记账凭证进行审核。记账凭证的审核内容主要包括以下几个方面：

（1）内容是否真实。审核记账凭证是否有原始凭证作为依据，所附原始凭证的内容是否与记账凭证的内容一致，记账凭证汇总表的内容与其所依据的记账凭证的内容是否一致等。

（2）项目是否齐全。审核记账凭证各项目的填写是否齐全，如日期、凭证编号、摘要、会计科目、金额、所附原始凭证张数及有关人员签章等。

（3）科目是否正确。审核记账凭证的应借、应贷科目是否正确，是否有明确的账户对应关系等。

（4）金额是否正确。审核记账凭证所记录的金额与原始凭证的有关金额是否一致，记账凭证汇总表的金额与记账凭证的金额合计是否相符等。

（5）书写是否规范。审核记账凭证中的记录文字是否工整、数字是否清晰，是否按规定使用蓝黑墨水或碳素墨水等。

（6）手续是否完备。审核出纳人员在办理收款或付款业务后，是否在原始凭证上加盖“收讫”或“付讫”的戳记。

在审核记账凭证的过程中，如果发现差错，应及时查明原因，并按规定办法及时处理和更正，只有经过审核无误的记账凭证，才能据以登记账簿。如果发现尚未入账的错误记账凭证，应当重新填制。

第四节 会计凭证的传递与保管

一、会计凭证的传递

会计凭证的传递是指从会计凭证的取得或填制时起至归档保管过程中，在单位内部有关部门和人员之间的传送程序。会计凭证的传递主要包括会计凭证的传递路线和会计凭证的传递时间。会计凭证的传递，应当满足内部控制制度的要求，以使传递程序合理有效，同时应尽量节约传递时间，减少传递的工作量。各单位应根据具体情况确定每一种会计凭证的传递程序和方法。

（一）会计凭证的传递程序

会计凭证的传递程序，又称会计凭证的传递路线，是会计管理制度的一个重要组成部分。为了使会计凭证能有序地传递并符合内部牵制的原则，企业应根据各项经济业务的特点、企业内部机构的设置和人员分工等情况，来规定各种不同的会计凭证的传递程序或路线。明确规定会计凭证的传递程序或路线，不仅可以及时反映和监督各项经济业务的发生和完成情况，而且还可以促使经济业务的经办部门或人员及时办理相关手续，加速业务的处理进程，同时也能完善经营管理部门的责任制。企业在确定会计凭证的传递程序时，应避免会计凭证传递流经不必要的环节，以提高会计凭证的传递速度。

例如，企业采购材料，货到后必须经过验收入库，验收入库凭证的传递与处理，要由供应部门、仓库和财会部门的多位人员来共同完成。其传递与处理的程序一般如下：

（1）供应部门采购材料到货，交给材料库验收入库，材料库开出入库单多联，其中一联给供应部门备查、一联交财会部门转账。

（2）财会部门根据仓库交来的入库单，编制借记“原材料”（表示仓库收到采购的材料）、贷记“在途物资”（表示采购的材料已入库）的记账凭证。

（3）记账凭证交由审核人员审核。

（4）审核后的记账凭证交由负责相关明细账的人员记账。

（5）记账完成后，传递给负责记账凭证汇总的人员，将其与其他记账凭证一道定期汇总。

（6）记账凭证汇总后，经复核交由总账管理人员登记总账。

（7）登完总账后，按规定将记账凭证及其汇总表装订成册。

（8）将装订成册的记账凭证交给负责会计档案人员归档保管。

由上可知，会计凭证要随着经济业务的进程在相关部门和人员之间进行传递与处理。

（二）会计凭证的传递时间

会计凭证的传递时间是指会计凭证从取得或填制直至归档保管的时间。不同的会计凭证所记录经济业务的内容不同，需要经过的部门也不同，因而会计凭证的传递时间也会有所不同。一般来说，重要的、复杂的会计事项，会有较严格的控制制度和较多的控制环节，所以会计凭证的传递时间相对长一些。

为了提高会计工作的效率，保证会计核算及时提供，企业应合理地确定会计凭证在各个处理环节上的停留时间。在确定会计凭证的传递时间时，一般应根据有关部门和人员需要对经济业务办理的各项必要手续来确定，既要防止时间过紧而影响业务手续的完成，又要防止时间过松而造成不必要的耽搁，进而影响凭证的及时传递。

在组织会计凭证的传递过程中，企业应建立严密的会计凭证内部管理制度，以保证会计凭证的安全与完整；应在调查研究的基础上，由会计部门会同有关部门或人员共同协商制定会计凭证的传递程序和传递时间；应注意流程合理，避免不必要的环节，减少传递时间。

会计凭证的传递程序和时间一经确定，有关部门和人员都必须严格遵守并自觉执行。在执行过程中，如发现不合理之处，可以根据实际情况加以修改并进一步完善。

二、会计凭证的保管

会计凭证的保管是指会计凭证记账后的整理、装订、归档和存查工作。会计凭证作为记账的依据，是重要的会计档案和经济资料。本单位及其他有关单位，可能因为各种需要查阅会计凭证，特别是发生贪污、盗窃或违法乱纪行为时，会计凭证是依法处理违法行为人的有效证据。因此，任何单位在完成经济业务手续和记账后，必须将会计凭证按立卷归档制度形成会计档案资料，妥善保管、防止丢失，不得任意销毁，以便日后随时查阅。

（一）会计凭证的日常保管

（1）会计凭证应定期装订成册，防止散失。会计部门在依据会计凭证记账以后，应定期（每天、每旬或每月）对各种会计凭证进行分类整理，将各种记账凭证按照编号顺序，连同所附的原始凭证一起加具封面和封底，装订成册，并在装订线上加贴封签，由装订人员在装订线封签处签名或盖章。从外单位取得的原始凭证遗失时，应取得原签发单位盖有公章的证明，并注明原始凭证的号码、金额和内容等，由经办单位会计机构负责人（会计主管人员）和单位负责人批准后，代作原始凭证。若确实无法取得证明的，如车票丢失，则应由当事人写明详细情况，由经办单位会计机构负责人（会计主管人员）和单位负责人批准后，代作原始凭证。

（2）会计凭证封面应注明单位名称、凭证分类、凭证张数、起止号数、年度、月份、会计主管人员和装订人员等有关事项，会计主管人员和保管人员应在封面上签章。

（3）原始凭证不得外借，其他单位如有特殊原因确实需要使用时，经本单位会计机构负责人（会计主管人员）批准，可以复制。向外单位提供的原始凭证复制件，应在专设的登记簿上登记，并由提供人员和收取人员共同签名、盖章。

（4）原始凭证较多时，可单独装订，但应在凭证封面注明所属记账凭证的日期、编号和种类，同时在所属的记账凭证上应注明“附件另订”及原始凭证的名称和编号，以便查阅。对各种重要的原始凭证，如押金收据、提货单等，以及各种需要随时查阅和退回的单据，应另编目录，单独保管，并在有关的记账凭证和原始凭证上分别注明日期和编号。

（5）每年装订成册的会计凭证，在年度终了时可暂由单位会计机构保管一年，期满后应当移交本单位档案机构统一保管；未设立档案机构的，应当在会计机构内部指定专人保管。出纳人员不得兼管会计档案。

（6）严格遵守会计凭证的保管期限要求，期满前不得任意销毁。

（二）会计凭证的归档

会计凭证存档以后，保管责任随之转移到档案保管人员身上。会计档案保管人员应当按照会计档案管理的要求，对会计档案进行分类、存档和保管。

（三）会计凭证的销毁

会计凭证的保管期限及销毁手续，应严格遵循《会计档案管理办法》的有关规定。会计档案的保管期限分为永久和定期两类。永久是指会计档案需永久保存；定期是指会计档案保存应达到法定时间。定期保管的会计档案期限一般分为 10 年和 30 年（会计档案的保管期限从会计年度终了后的第一天算起）。未满保管期限的会计凭证不得任意销毁。

会计凭证保管期满后，必须按照规定的审核手续，报经批准后才能销毁。但销毁前要填制“会计档案销毁目录”，交给档案部门编入会计档案销毁清册。批准销毁后要进行监销，并取得销毁过程中有关人员签字盖章的证明。

6

第六章 会计账簿

学习目标

知识目标

了解会计账簿的概念、作用与分类。
熟悉会计账簿的登记要求。
熟悉总分类账与明细分类账平行登记的要点。

能力目标

熟练掌握日记账、总分类账及有关明细分类账的登记方法。
熟练掌握对账与结账的方法。
熟练掌握错账查找与更正的方法。

导入案例

化生公司是一家小型电器加工企业，自创办以来一直请会计师事务所代理记账。2019年1月公司决定聘用某高职学院会计专业毕业的学生李刚做会计工作，公司老板将企业的情况向李刚做了如下介绍：

(1)企业为增值税一般纳税人，注册资本为100万元，2019年准备追加投资50万元。公司管理人员5人，合同制生产人员30人。开户银行为工商银行，账号为6222023802345678668，库存现金限额为5 000元。

(2)企业生产小型暖风机、暖风袋两种产品。

(3)企业的购销活动经常有往来账项。

(4)原材料、库存商品分品种按照实际成本核算。

(5)其他情况可以自己查看2018年的凭证、账簿等资料。

请问：假如你是李刚，你将怎么办呢?

第一节　会计账簿概述

一、会计账簿的概念与作用

（一）会计账簿的概念

会计账簿是由具有一定格式、相互联系的账页所组成，根据会计凭证全面、连续、系统地记录和反映经济业务的会计簿籍。

在企业的生产经营和管理过程中，会发生各种各样、繁复纷杂的经济业务。虽然通过会计凭证可以反映和监督经济业务的发生和完成情况，但是每张会计凭证只能孤立地反映个别的、分散的经济业务，不能对所有经济业务进行系统分类和汇总，即零星、分散反映经济业务的会计凭证无法连续、系统和完整地记录和反映企业的经济活动的全貌，也不便于日后查阅、检查和校正会计信息。只有按照会计核算管理的要求，将会计凭证所反映的单个经济业务的会计资料加以科学分类后登记到有关会计账簿，并定期进行结账和对账，才能全面、系统、连续地提供会计信息，为编制会计报表提供依据。

（二）会计账簿的作用

在会计核算过程中，会计账簿是连接会计凭证与财务报表的桥梁和纽带，对会计凭证和财务报表有着承前启后的作用。设置和登记会计账簿的作用主要如下：

（1）记载和储存会计信息。企业通过会计核算，以会计凭证为记账依据，将会计凭证反映的经济业务内容科学地进行分类后登记会计账簿，可以全面地记载会计主体在一定时期内所发生的各项经济活动，储存会计信息。

（2）分类和汇总会计信息。会计账簿是系统归纳、积累会计核算资料的工具。通过设置和登记会计账簿，可以把会计凭证所提供的资料进一步汇总，形成集中、系统和全面的会计核算资料信息。

（3）检查和校正会计信息。设置和登记会计账簿，是编制财务报表的基础，是连接会计凭证和财务报表的中间环节，可以建立起账证、账账和账表之间的勾稽关系。通过账证、账账、账表之间的对账，可以检查、校正会计信息，保证财务报表信息真实可靠。

（4）编报和输出会计信息。会计账簿记录是编制财务报表的基础与依据。通过会计账簿的系统分类和汇总，可以得到编制财务报表的资料信息，财务报表编制和输出会计信息是否正确及时，都与会计账簿的设置和登记质量密切相关。

二、会计账簿的基本内容

在实际会计核算工作中，由于各种会计账簿所记录的经济业务内容不同，所以会计账簿的格式也多种多样，但各种会计账簿所具备的基本内容是一致的，主要包括以下几个方面：

（1）封面。封面主要标明会计账簿名称，如总分类账、库存现金日记账、银行存款日记账、材料物资明细账和债权债务明细账等。

（2）扉页。扉页主要列明会计账簿的使用信息，如《账簿启用和经管人员一览表》（见表 6-1）、《账户目录》（见表 6-2）等。活页账、卡片账装订成册后，应填列会计账簿使用登记表。

表 6-1　账簿启用和经管人员一览表

<table>
<tr><td colspan="2">单位名称</td><td colspan="8"></td><td rowspan="4">单位公章</td></tr>
<tr><td colspan="2">账簿编号</td><td colspan="8">字第　　号 第　　册 共　　册</td></tr>
<tr><td colspan="2">账簿页数</td><td colspan="8">本 账 簿 共 计　　页　　号</td></tr>
<tr><td colspan="2">启用日期</td><td colspan="8">年　　月　　日</td></tr>
<tr><td colspan="2">经管人员</td><td colspan="3">接管</td><td colspan="3">移交</td><td colspan="2">会计负责人</td><td rowspan="2">备注</td></tr>
<tr><td>姓名</td><td>盖章</td><td>年</td><td>月</td><td>日</td><td>年</td><td>月</td><td>日</td><td>姓名</td><td>盖章</td></tr>
<tr><td></td><td></td><td></td><td></td><td></td><td></td><td></td><td></td><td></td><td></td><td></td></tr>
<tr><td></td><td></td><td></td><td></td><td></td><td></td><td></td><td></td><td></td><td></td><td></td></tr>
<tr><td></td><td></td><td></td><td></td><td></td><td></td><td></td><td></td><td></td><td></td><td></td></tr>
<tr><td colspan="2">印花税票
粘 贴 处</td><td colspan="9"></td></tr>
</table>

表 6-2 账户目录

年度

账号	科目	起讫页数	账号	科目	起讫页数	账号	科目	起讫页数

（3）账页。账页是会计账簿的主体，会计账簿由若干账页组成。账页的基本内容一般包括：① 会计账户名称（即会计科目）；② 登记会计账户日期栏；③ 记账凭证的种类和号数栏；④ 会计账户摘要栏；⑤ 会计账户金额栏（借方、贷方、余额）；⑥ 总页次和分账户页次。

三、会计账簿与会计账户的关系

会计账簿与会计账户是形式与内容的关系。会计账簿是由若干账页组成的一个整体，会计账簿中的每一账页就是会计账户的具体存在形式和载体，没有会计账簿，会计账户就无法存在。会计账簿根据会计凭证全面、系统、连续地记录和反映经济业务，是在各个具体的会计账户中完成的。因此，会计账簿只是外在形式，会计账户才是其实质内容。

四、会计账簿的分类

在会计核算管理的实际工作中，由于各单位的经济业务和管理要求不同，所设置的会计账簿也有所不同。会计账簿的分类及其格式是多种多样的，不同类别的会计账簿可以提供不同的会计信息，满足不同的会计管理需要。会计账簿可以按照用途、账页格式和外形特征进行分类。

（一）按用途分类

会计账簿按其主要用途的不同，可分为序时账簿、分类账簿和备查账簿。

1. 序时账簿

序时账簿，又称日记账，是按照经济业务发生或完成时间的先后顺序逐日逐笔登记的会计账簿。序时账簿按其记录内容的不同，可分为普通日记账和特种日记账。

普通日记账，又称分录簿，是用来记录全部经济业务的发生或完成的序时账簿；特种日记账是用来记录某一类经济业务的发生或完成的序时账簿。前者对每天发生或完成的所有经济业务，审核和编制会计凭证，登记序时账簿；后者是把某一类比较重要的、重复大量发生或完成的经济业务，按照业务发生的先后顺序登记序时账簿，故称之为特种日记账。设置日记账的主要作用在于及时、系统和全面地反映资金的增减变动情况及其结果，保护财产物资和资金的安全和完整，便于及时对账和查账。

在我国当前会计核算管理的工作中，为了加强对货币资金的监督和管理，各个企业、单位对库存现金和银行存款的收付业务，必须专门设置库存现金日记账和银行存款日记账予以逐日逐笔登记。库存现金日记账和银行存款日记账就是特种日记账。对于库存现金和银行存款收付业务以外的转账业务，为简化记账工作，一般不再设置普通日记账予以登记。

2. 分类账簿

分类账簿，又称分类账，是对全部经济业务事项，按照会计要素的具体类别而设置分类账户并进行登记的账簿。分类账簿按其反映指标详略程度的不同，可分为总分类账簿和明细分类账簿。

（1）总分类账簿，又称总分类账，简称总账，是根据总账科目（一级会计科目）开设，用来分类登记全部经济业务，提供各种资产、负债、所有者权益、收入、费用和利润等总括核算资料的分类账簿。

（2）明细分类账簿，又称明细分类账，简称明细账，是根据总账科目所属的明细分类科目（二级、三级会计科目）开设，用来分类登记某一类经济业务，提供比较详细的核算资料的分类账簿。

3. 备查账簿

备查账簿，又称辅助登记簿或补充登记簿，是对某些在序时账簿和分类账簿中未能登记或登记不全的经济业务进行补充登记的账簿。备查账簿只是对其他账簿记录的一种补充，不是根据会计凭证登记的账簿，与其他账簿之间不存在严密的依存和勾稽关系。备查账簿通常依据表外科目登记，可以对某些经济业务的内容提供必要的参考资料，如以经营租赁方式租入固定资产登记簿、受托加工材料登记簿、委托加工材料登记簿和代购代销商品登记簿等。备查账簿一般没有固定的格式，可由各企业、单位根据管理的需要自行设置和登记，也可使用分类账的账页格式。

（二）按账页格式分类

会计账簿按其账页格式的不同，可分为三栏式账簿、多栏式账簿、数量金额式账簿和横线登记式账簿。

1. 三栏式账簿

三栏式账簿是指设有借方、贷方和余额三个金额栏目的账簿。各种日记账、总分类账及所有者权益、债权和债务明细账等都采用三栏式账簿。三栏式账簿又分为设对方科目和不设对方科目两种账簿，区别在于借方、贷方金额栏是否有“对方科目”栏。有“对方科目”栏的，称为设对方科目的三栏式账簿；无“对方科目”栏的，称为不设对方科目的三栏式账簿。

2. 多栏式账簿

多栏式账簿是指在账簿的两个金额栏目（借方和贷方）中按需要分设若干专栏的账簿。

收入、费用明细账一般均采用多栏式账簿格式，如“主营业务收入”“制造费用”“管理费用”等明细账。

3. 数量金额式账簿

数量金额式账簿是指设有借方、贷方和余额三个金额栏目，每个栏目再分设数量、单价和金额三小栏，用以反映财产物资的实物数量和价值量的账簿。“原材料”“库存商品”等明细账通常采用数量金额式账簿。

4. 横线登记式账簿

横线登记式账簿，又称平行式账簿，是指将前后密切相关的经济业务登记在同一行上，以便检查每笔业务的发生和完成情况的账簿。“材料采购”“在途物资”“应收票据”和“一次性备用金”等明细账一般采用横线登记式账簿。

（三）按外形特征分类

会计账簿按其外表特征的不同，可分为订本式账簿、活页式账簿、卡片式账簿和磁盘式账簿。

1. 订本式账簿

订本式账簿，简称订本账，是指将编有顺序页码的一定数量的账页固定并装订成册的账簿。订本式账簿的优点是可以避免其账页散失，防止账页被抽换，安全性高；其缺点是使用起来不灵活，同一账簿在同一时间只能由一人登记，不便于记账人员分工记账。订本式账簿适用于重要的或有统驭性的账簿，如总分类账、库存现金日记账和银行存款日记账等。

2. 活页式账簿

活页式账簿，简称活页账，是指把分散的账页装存在活页账夹内，可根据记账内容的变化而随时增加或减少账页的账簿。活页式账簿通常在一个会计年度终了时才装订成册、加具封面，并加以账页连续编号。活页式账簿的优点是可以根据实际需要增添账页，使用灵活，并且便于记账人员同时分工记账；其缺点是账页容易散失和被抽换。为克服这个缺点，空白账页使用时必须连续编号，装置在账夹中或临时装订成册，并由有关人员在账页上盖章，以防舞弊。活页式账簿适用于相关明细分类账簿。

3. 卡片式账簿

卡片式账簿，简称卡片账，是指将一定数量、具有专门格式的硬纸卡片存放于专设的卡片箱中，可以根据需要随时增添账页的账簿。卡片账实质上也是一种活页账，只不过它不是装在活页账夹中，而是保存在卡片箱内，故卡片式账簿具有活页式账簿的利弊。使用卡片式账簿时，应在卡片上连续编号、加盖有关人员的印章，以保证其安全性并可随时取出和放入。在我国的会计核算管理工作中，一般只对固定资产明细账采用卡片账形式。

4. 磁盘式账簿

磁盘式账簿，简称磁盘账，是指以电脑磁盘储存的账簿。这种账簿设有“账”的形式，信息量大，可以随时调用和分析。在打印输出之前，是看不见、摸不着的，打印输出后，才是实体账簿。

第二节 会计账簿的启用与登记要求

一、会计账簿的启用

会计账簿是重要的会计档案和历史资料。启用会计账簿时，应当在账簿封面上写明单位名称和账簿名称，在账簿扉页上附启用表，并应遵循会计账簿启用原则。会计账簿的启用原则如下。

（一）填写封面、账簿启用和经管人员一览表

启用账簿时应在账簿封面上写明单位名称和账簿名称，并在账簿扉页附《账簿启用和经管人员一览表》。表格的主要内容应包括账簿名称、启用日期、账簿页数、记账人员和会计机构负责人、会计主管人员姓名，并加盖名章和单位公章。

启用订本式账簿，应当从第一页到最后一页顺序编写页数，不得跳页、缺页。使用活页式账簿，应当按账户顺序编号，并要定期装订成册；装订后再按实际使用的账页顺序编定页码，另加目录，记明每个账户的名称和页次。对于卡片式账簿，在使用前应当登记卡片登记簿。

（二）严格交接手续

记账人员或者会计机构负责人、会计主管人员出现工作调动时，必须办理账簿交接手续，在《账簿启用和经管人员一览表》中注明交接日期、交接人员和监交人员姓名，并由双方交接人员签名或者盖章，以明确有关人员的责任，增强有关人员的责任感，保持会计记录的严肃性。

（三）及时结转旧账

每年年初更换新账时，应将旧账的各账户余额过入新账的余额栏，并在摘要栏中注明“上年结转”字样。

二、会计账簿的登记要求

会计账簿是编制会计报告的主要依据，因此为了保证会计账簿记录的准确性、连续性、正确性和相关联性，会计人员必须根据审核无误的会计凭证登记账簿，并做到内容完整、摘要简明清楚、数字真实明确和字迹工整易认，并做到不错记、不重记和不漏记。

根据《会计法》第 16 条规定：“各单位发生的各项经济业务事项应当在依法设置的会计账簿上统一登记、核算，不得违反本法和国家统一的会计制度的规定私设会计账簿登记、核算”。

（一）内容准确完整

登记会计账簿时，应当将会计凭证日期、编号、经济业务内容摘要、金额和相关原始资料逐项登记入账，做到数字准确、摘要清楚、登记及时和字迹工整。每一项会计事项要同时记入总账及其所属的明细账。

（二）注明记账符号

账簿登记完毕后，要在记账凭证上签名或者签章，并注明已经登账的符号，如划“√”，表示已经记账。在记账凭证上设有专门的栏目供注明记账的符号，以免发生重记或漏记。

（三）注意书写留空

摘要文字应紧靠左线；数字应写在金额栏内，不得越格错位、参差不齐；文字、数字应紧靠下线书写，上面要留有适当空距，一般应占格宽的 1/2，以备按规定的方法改错、更正。记录金额时，如果“角”“分”的位置没有数值，应分别在“角”“分”栏内填写“0”，或以“－”号代替，不得省略不写。阿拉伯数字一般可自左向右适当倾斜，并保持账簿记录整齐、清晰。

（四）正常记账使用蓝黑墨水

正常登记会计账簿时，要用蓝黑墨水或者碳素墨水书写，不得使用圆珠笔（银行的复写账簿除外）或者铅笔书写。

（五）特殊记账使用红墨水

使用红墨水记账只适合在以下几种特殊情况：① 按照红字冲账的记账凭证，冲销错误记录；② 在不设借贷等栏的多栏式账页中，登记减少数；③ 若三栏式账户的余额栏前未印余额方向，则应在余额栏内登记负数余额；④ 根据国家统一会计制度的规定可以用红字登记的其他会计记录。

（六）顺序连续登记

各种会计账簿应按页次顺序连续登记，不得任意撕毁订本式账簿的账页。不得随意抽掉活页式或卡片式账簿的账页，不得随意跳行、隔页。如果发生跳行、隔页，应当将空行、空页划线注销，或者注明“此行空白”“此页空白”字样，并由记账人员签名或者签章。这对在会计账簿登记中可能出现的漏洞，是一种十分必要的防范措施。若订本账簿预留账页不够，需跳页登记时，则应在末行摘要栏内注明“过入第××页”，并在新账页第一行摘要栏内注明“承××页”。

（七）结出余额

凡需要结出余额的账户，结出余额后应在“借或贷”等栏内写明“借”或者“贷”等字样。没有余额的账户，应当在“借或贷”等栏内写“平”字，并在余额栏内用“0”表示。

现金日记账和银行日记账必须逐日结出余额。一般说来，对于没有余额的账户，在余额栏内标注的“0”应当放在“元”位；记录的金额若为没有“角”“分”的整数，则应分别在角、分栏内写上“0”，或以“－”号代替，不得省略不写。

（八）过次页、承前页

每一账页登记完毕结转下页时，应当结出本页合计数及余额，写在本页最后一行和下页第一行有关栏内，并在摘要栏内注明“过次页”和“承前页”字样；也可以将本页合计数及金额只写在下页第一行有关栏内，并在摘要栏内注明“承前页”字样。

（九）不得涂改、刮擦、挖补

记账后如发现有错误，应根据具体情况，按规定的方法进行更正。不得刮擦、挖补、涂改或用褪色药水更改字迹。

第三节　会计账簿的格式与登记方法

一、日记账的格式与登记方法

日记账是按照经济业务的发生或完成时间的先后顺序逐日逐笔登记的账簿。根据记录经济业务范围，日记账可分成普通日记账和特种日记账。在我国，每一个企业都应设置库存现金日记账和银行存款日记账，有外币现金的企业，还应分别设置人民币、各种外币现金日记账；有外币存款的企业，应分别设置人民币、各种外币银行存款日记账。

（一）库存现金日记账的格式与登记方法

库存现金日记账是由出纳员根据审核后的收款凭证和付款凭证逐日逐笔顺序记录的，主要是监督和核算企业库存现金每日收支及其结存情况的账簿。库存现金日记账的格式主要有三栏式和多栏式两种，库存现金日记账必须使用订本账。

1. 三栏式库存现金日记账

三栏式库存现金日记账是用来登记库存现金的增减变动及其结果的日记账，设借方、贷方和余额三个金额栏目，一般将其分别称为收入、支出和结余三个基本栏目，其格式如表 6-3 所示。

表 6-3 库存现金日记账（三栏式）

现金日记账

2019年		凭证		摘要	对应科目	收入（借方）金额									支出（贷方）金额									借或贷	结存金额								
月	日	字	号			百	十	万	千	百	十	元	角	分	百	十	万	千	百	十	元	角	分		百	十	万	千	百	十	元	角	分
07	1			月初余额																				借				1	4	0	0	0	0
	8	付	1	提现金备用	银行存款				1	6	0	0	0	0										借				3	0	0	0	0	0
	8	付	2	报销差旅费	管理费用														1	7	2	0	0	借				2	8	2	8	0	0
	8	付	3	预借差旅费	其他应收款														8	0	0	0	0	借				2	0	2	8	0	0
	8	付	4	提现备发工资	银行存款			3	8	5	0	0	0	0										借			4	0	5	2	8	0	0
	8	付	5	发放工资	应付工资												3	8	5	0	0	0	0	借				2	0	2	8	0	0
	8			本日合计				4	0	1	0	0	0	0			3	9	4	7	2	0	0	借				2	0	2	8	0	0
	…	…	…	……	……																												
	31			本日合计					5	0	1	6	0	0				1	3	2	8	0	0	借				5	7	1	6	0	0
07	31			本月合计			1	3	5	6	5	3	0	0		1	3	1	3	3	7	0	0	借				5	7	1	6	0	0

三栏式库存现金日记账登记方法如下：由出纳人员根据审核后的有关记账凭证按发生时间的先后顺序逐日逐笔登记；登账时应填明业务日期、凭证字号、摘要、对应科目、收入或支出金额；“收入”栏根据现金收款凭证和银行提取现金业务的银行存款付款凭证登记；“支出”栏根据现金付款凭证登记。每日终了，应结出当期“收入”栏和“支出”栏的发生额和“结存”余额，并与库存现金实存数核对，以检查每日现金的收付情况及库存现金限额的执行情况，并做到日清月结，账实相符；如账实不符，应及时查明原因。

2. 多栏式库存现金日记账

多栏式库存现金日记账是在三栏式库存现金日记账基础上发展起来的，是按库存现金的每一个对应科目设置专栏，进行序时登记的账簿（见表 6-4）。

多栏式库存现金日记账的收入（借方）和支出（贷方）金额栏都按对方科目设专栏，也就是按收入的来源和支出的用途设专栏。月末结账时，多栏式库存现金日记账可以结出各收入来源专栏和支出用途专栏的合计数，便于对现金收支的合理性、合法性进行审核分析，便于检查财务收支计划的执行情况，其全月发生额还可以作为登记总账的依据。

多栏式库存现金日记账的登记方法如下：

（1）由出纳人员根据审核后的收、付款凭证逐日逐笔登记库存现金日记账的收入和支出：如果是现金收入，则将金额记入“现金收入合计”栏内，同时记入“对应账户（贷方）”栏内；如果是现金支出，则将金额记入“现金支出合计”栏内，同时记入“对应账户（借方）”栏内。

（2）每日终了，应结出当期“收入”栏和“支出”栏的发生额和“结存”余额，并与库存现金实存数核对，以检查每日现金的收付情况及库存现金限额执行情况，并做到日清月结，账实相符；如账实不符，应及时查明原因。

会计人员应加强对多栏式库存现金日记账记录的检查和监督，并于月末根据多栏式库存现金日记账各专栏的合计数分别登记总账的有关账户。

表 6-4 库存现金日记账（多栏式）

现金日记账

2019年		凭证		摘要	收入 对应账户（贷方） 银行存款	应付工资		收入 合计	支出 对应账户（借方） 管理费用	其他应收款	应付工资	支出 合计	余额
月	日	字	号										
07	1			月初余额									140000
	8	付	1	提现金备用	160000			160000					300000
	8	付	2	报销差旅费					17200			17200	282800
	8	付	3	预借差旅费						80000		80000	202800
	8	付	4	提现备发工资	3850000			3850000					4052800
	8	付	5	发放工资							3850000	3850000	202800
	8			本日合计	4010000			4010000	17200	80000	3850000	3947200	202800
	…	…	…	……									
	31			本日合计	210000			210000	530000			530000	706700
07	31			本月合计	9485300	4080000		13565300	6180000	2968600	3850000	12998600	706700

（二）银行存款日记账的格式与登记方法

银行存款日记账是用来核算和监督银行存款每日的收入、支出和结余情况的账簿。银行存款日记账的格式与库存现金日记账相同，主要有“三栏式”和“多栏式”两种，但一般多采用“收入”“支出”和“结余”三栏式，或“借方”“贷方”和“余额”三栏式，三栏式银行存款日记账一般格式如表 6-5 所示。银行存款日记账与库存现金日记账一样，也必须采用订本式账簿，逐日结出余额。

表 6-5 银行存款日记账

银行存款日记账

开户银行：中国建设银行　　银行账号：6217001234567890000　　第 1 页

2019年 月	日	凭证 字	号	摘要	对应科目	借方	贷方	借或贷	余额
07	1			月初余额				借	4000000
	8	付	1	付销售门店租金	销售费用		180000	借	3820000
	8	付	2	提取现金	库存现金		160000	借	3660000
	8	收	1	取得短期借款	短期借款	10000000		借	13660000
	8	付	4	购进无须安装的设备	固定资产		6000000	借	7660000
	8	收	2	收回客户欠款	应收账款	8000000		借	15660000
	8	付	6	偿付所欠账款	应付账款		6780000	借	8880000
	8	付	7	预付购料款	预付账款		1000000	借	7880000
	8	付	8	提取现金发放工资	库存现金		3850000	借	4030000
	8			本日合计		18000000	17970000	借	3790000
…	…	…	…	……	……				
	31			本日合计		13080000	11500000	借	5370000
07	31			本月合计		215860000	214490000		5370000

银行存款日记账的登记方法与库存现金日记账相同，也是由出纳员根据审核后的银行收款凭证、银行付款凭证和现金付款凭证，按照经济业务发生时间的先后顺序逐日逐笔进行登记。银行存款日记账应按企业在银行开立的账户和币种分别设置，每个银行存款账户设置一本银行存款日记账。每日登记完毕后，应分别算出银行存款收入、支出的合计数和本日余额，以便定期同银行送来的对账单逐笔核对。月末，还应计算出本月收入、支出的合计数和期末余额，以及本年累计发生额。

二、总分类账的格式与登记方法

（一）总分类账的格式

总分类账一般采用借方、贷方和余额三栏式的订本式账簿（见表6-6）。根据实际需要，在总分类账中的借、贷两栏内，可增设对方科目栏（见表6-7），或采用多栏式总分类账的格式。多栏式总分类账是把所有的总账科目合并设在一张账页上，一般只适用于经营规模小、经济业务少和会计科目使用少的小型企业、单位。

表6-6 总分类账

总第　　页
分第　　页
会计科目：

总分类账

年		凭证		摘要	页数	借方											✓	贷方											✓	借或贷	余额											✓
月	日	字	号			亿	千	百	十	万	千	百	十	元	角	分		亿	千	百	十	万	千	百	十	元	角	分			亿	千	百	十	万	千	百	十	元	角	分	

表6-7 增设对方科目栏的总分类账

总第　　页
分第　　页
会计科目：

总分类账

年		凭证		摘要	页数	借方												贷方												借或贷	余额										
						金额											对方科目	金额											对方科目												
月	日	字	号			亿	千	百	十	万	千	百	十	元	角	分		亿	千	百	十	万	千	百	十	元	角	分			亿	千	百	十	万	千	百	十	元	角	分

（二）总分类账的登记方法

由于采用的会计账务处理程序不同，总分类账的登记方法、登记依据和登记程序也不一样。经济业务少的小型企业的总分类账可以根据记账凭证逐笔登记；经济业务多的大中型企业的总分类账可以根据记账凭证汇总表(又称科目汇总表)或汇总记账凭证等定期登记。

三、明细分类账的格式与登记方法

明细分类账一般采用活页式账簿，也有的采用卡片式账簿（如固定资产明细账等），应按记账凭证和相应的原始凭证来登记。根据各种明细分类账所记录经济业务的特点，明细分类账的常用格式主要有以下四种。

（一）三栏式明细分类账

三栏式明细分类账只设借方、贷方和余额三个金额栏，不设数量栏，适用于只需要进行金额核算而无须进行数量核算的债权、债务结算科目，如“应付账款”“应收账款”等明细账户。三栏式明细分类账格式与三栏式总账格式相同（见表6-8）。

表6-8 三栏式明细分类账

明细账

总账科目______

子目或户名______

年		凭证		摘要	页数	借方											✓	贷方											✓	借或贷	余额											✓
月	日	字	号			亿	千	百	十	万	千	百	十	元	角	分		亿	千	百	十	万	千	百	十	元	角	分			亿	千	百	十	万	千	百	十	元	角	分	

（二）多栏式明细分类账

多栏式明细分类账不是按明细科目分设账页，而是根据经济业务的特点和经营管理的需要，在一张账页内按有关明细项目分设若干专栏，便于在同一张账页上集中反映各有关明细项目的详细资料。多栏式明细分类账适用于只记金额、不记数量，且在管理上需要了解其构成内容的成本、费用、收入和利润等账户，如“管理费用”“主营业务收入”“本年利润”等明细账户。

多栏式明细分类账按照登记经济业务的不同，又可分为借方多栏式明细账和贷方多栏式明细账，即在借方或贷方金额栏内按照明细项目设若干专栏。借方多栏式明细账和贷方多栏式明细账的一般格式如表6-9和表6-10所示。

表 6-9　借方多栏式明细分类账

制造费用 明细账

2019年		凭单		摘要	合计	借方				
						工资	劳动保护费	折旧费	福利费	……
月	日	字	号		千百十万千百十元角分	百十万千百十元角分	百十万千百十元角分	百十万千百十元角分	百十万千百十元角分	百十万千百十元角分
08	1			分配工资及福利	2000000	2000000				
	3			发劳保用品	2800000		2800000			
	8			计提折旧	150000			150000		

表 6-10　贷方多栏式明细分类账

主营业务收入 明细账

2019年		凭单		摘要	合计	贷方				
						A产品	B产品	C产品	D产品	……
月	日	字	号		千百十万千百十元角分	百十万千百十元角分	百十万千百十元角分	百十万千百十元角分	百十万千百十元角分	百十万千百十元角分
08	1			销售A产品	1000000	1000000				
	3			销售B产品	2500000		2500000			
	8			销售C产品	180000			180000		

此外，还有借贷多栏式明细账，它适用于借方和贷方都需要设置多个明细科目或明细项目的账户，如“本年利润”“应交税费——应交增值税”等账户的明细分类账（见表 6-11）。

表 6-11　借贷多栏式明细分类账

应交税费——应交增值税 明细账

2019年		凭单号数	摘　要	借方			贷方				余额
月	日			进项税额	已交税金	合计	销项税额	进项税额转出	出口退税	合计	
				百十万千百十元角分	百十万千百十元角分	百十万千百十元角分	百十万千百十元角分	百十万千百十元角分	百十万千百十元角分	百十万千百十元角分	百十万千百十元角分
11	1		购货	50000		50000					
	1		销售		13000	13000					

（三）数量金额式明细分类账

数量金额式明细分类账的基本结构（见表 6-12）为“借方（收入）”“贷方（发出）”和“余额”三栏，每栏再分设“数量”“单价”和“金额”三小栏。数量金额式明细分类账适用于既要进行金额明细核算，又要进行数量明细核算的财产物资项目，主要包括“原材料”“库存商品”“包装物”“低值易耗品”等。数量金额式明细分类账能提供各种财产物资收入、发出和结存等的数量和金额资料，便于企业开展业务和加强管理。

表 6-12 数量金额式明细分类账

最高储存量______ 总第 页

明细账

最低储存量______ 分第 页

明细科目: 类别: 名称: 计量单位: 规格: 编号:

年		凭证		摘要	借方			贷方			余额		
月	日	字	号		数量	单价	百十万千百十元角分	数量	单价	百十万千百十元角分	数量	单价	百十万千百十元角分

(四)横线登记式明细分类账

横线登记式明细分类账，又称平行登记明细分类账，是将每一相关的业务登记在同一横行内，从而可依据每一行各个栏目的登记是否齐全来判断该项业务的完成及变动情况。横线登记式明细分类账适用于登记材料采购业务、应收票据和一次性备用金业务，如材料采购明细账、其他应收款明细账等。

横线登记式明细分类账的借方一般在购料付款或借出备用金时按会计凭证的编号顺序逐日逐笔登记，其贷方则不要求按会计凭证编号逐日逐笔登记，而是在材料验收入库或者备用金使用后报销和收回时，在与借方记录的同一行内进行登记。同一行内借方、贷方均有记录时，表示该项经济业务已处理完毕；若一行内只有借方记录而无贷方记录的，表示该项经济业务尚未结束。横线登记式明细分类账的一般格式如表 6-13 所示。

表 6-13 横线登记式明细分类账

其他应收款——备用金 明细账

2019年		凭证号数	摘要	借方			2019年		凭证号数	摘要	贷方			余额
月	日			原借 百十万千百十元角分	补付 百十万千百十元角分	合计 百十万千百十元角分	月	日			报销 百十万千百十元角分	退 百十万千百十元角分	合计 百十万千百十元角分	百十万千百十元角分
2	1	16	潘思	3000000		3000000								
	9	20	李俊	800000		800000	2	12	35	报销	900000	80000	820000	

四、总分类账与明细分类账的平行登记

(一)总分类账与明细分类账的关系

总分类账是所属明细分类账的统驭账簿，对所属明细分类账起着控制作用；明细分类账则是总分类账的从属账簿，对其所隶属的总分类账起着补充和说明作用。总分类账及其所属明细分类账的核算对象是相同的，它们所提供的核算资料互相补充，只有把两者结合起来，才能既总括又详细地反映同一核算内容。总分类账与明细分类账两者既有联系又有区别。

1. 两者之间的内在联系

（1）两者所反映的经济业务内容相同。例如，“原材料”总分类账与其所属的“甲材料”“乙材料”等明细账一样，都是反映企业原材料收发和结存情况。

（2）登账的依据相同。总分类账与其所属明细分类账都是根据同一记账凭证及其所附原始凭证进行登记的。

2. 两者之间的主要区别

（1）反映经济业务内容的详细程度不同。总分类账提供综合总括的情况，一律用货币计量单位进行核算；明细分类账提供详细具体的资料，除采用货币计量单位外，还采用实物、劳动计量单位进行核算。

（2）作用不同。总分类账对其所属明细分类账起着控制和统驭的作用；明细分类账从属于总分类账，对总分类账起着详细补充和说明的作用。

（二）总分类账与明细分类账平行登记的要点

总分类账与所属明细分类账之间的关系决定了企业在处理经济业务时，必须采取平行登记法来进行。平行登记是指对所发生的每项经济业务都要以会计凭证为依据，一方面记入有关总分类账，另一方面记入所属明细分类账的方法。总分类账与明细分类账平行登记要求做到以下几点：

（1）同依据登记。对发生的每一项经济业务，应根据同一记账凭证及其所属原始凭证，一方面记入有关的总分类账，另一方面要记入同期总分类账所属的有关明细分类账。

（2）同方向登记。每一笔经济业务在记入总分类账和所属的明细分类账时其方向必须保持一致，即总分类账记入借方（贷方），明细分类账也应记入借方（贷方）。

（3）同金额登记。登记某一总分类账的金额，应与记入其所属明细分类账的金额之和相等。

（4）同期间登记。同期是指在同一会计期间，并非同一时点。因为明细分类账一般根据记账凭证或原始凭证于平时逐笔登记，而总分类账因会计核算形式的不同，一般是定期汇总登记。但是两者必须在同一会计期间内完成。

【例 6-1】 2019 年 7 月，甲企业发生如下经济业务（暂不考虑增值税）：

（1）2 日，向乙企业购入 A 材料 800 千克，单价 10 元，价款 8 000 元；购入 B 材料 1 000 千克，单价 20 元，价款 20 000 元。货物已验收入库，款项 28 000 元尚未支付。

（2）10 日，向丙企业购入 C 材料 1 500 千克，单价 20 元，价款 30 000 元，货物已验收入库，款项尚未支付。

（3）15 日，生产车间为生产产品领用材料，其中领用 A 材料 1 300 千克，单价 10 元，价值 13 000 元；领用 B 材料 900 千克，单价 20 元，价值 18 000 元；领用 C 材料 500 千克，单价 20 元，价值 10 000 元。

（4）20 日，向乙企业偿还前欠货款 10 000 元，向丙企业偿还前欠货款 9 000 元，用银行存款支付。

（5）26 日，向乙企业购入 B 材料 700 千克，单价 20 元，价款 14 000 元，已用银行存款支付，货物同时验收入库。

根据上述经济业务，以及总分类账和明细分类账的勾稽关系，登记该企业的总分类账和明细分类账，如表 6-14 至表 6-20 所示。

表 6-14 应付账款总分类账

总分类账

总第　　页
分第　　页
会计科目：应付账款

2019年 月	日	凭证 字	号	摘要	页数	借方（亿千百十万千百十元角分）	✓	贷方（亿千百十万千百十元角分）	✓	借或贷	余额（亿千百十万千百十元角分）	✓
7	1	略	略	月初余额						贷	2500000	
	2			购入材料				2800000		贷	5300000	
	10			购入材料				3000000		贷	8300000	
	20			归还前欠货款		1900000				贷	6400000	
	31			本月合计		1900000		5800000		贷	6400000	

表 6-15 应付账款明细分类账

应付账款 明细账

总账科目＿＿＿＿
子目或户名 乙企业

2019年 月	日	凭证 字	号	摘要	页数	借方（亿千百十万千百十元角分）	✓	贷方（亿千百十万千百十元角分）	✓	借或贷	余额（亿千百十万千百十元角分）	✓
7	1	略	略	月初余额						贷	1200000	
	2			购入材料				2800000		贷	4000000	
	20			归还前欠货款		1000000				贷	3000000	
	31			本月合计		1000000		2800000		贷	3000000	

表 6-16　应付账款明细分类账

应付账款 明细账

总账科目________
子目或户名 丙企业

2019年 月	日	凭证 字	号	摘要	页数	借方（亿千百十万千百十元角分）	✓	贷方（亿千百十万千百十元角分）	✓	借或贷	余额（亿千百十万千百十元角分）	✓
7	1	略	略	月初余额						贷	1300000	
	10			购入材料				3000000		贷	4300000	
	20			归还前欠货款		900000				贷	3400000	
	31			本月合计		900000		3000000		贷	3400000	

表 6-17　原材料总分类账

总分类账

总第　　页
分第　　页
会计科目：原材料

2019年 月	日	凭证 字	号	摘要	页数	借方（亿千百十万千百十元角分）	✓	贷方（亿千百十万千百十元角分）	✓	借或贷	余额（亿千百十万千百十元角分）	✓
7	1	略	略	月初余额						借	1900000	
	2			购入材料		2800000				借	4700000	
	10			购入材料		3000000				借	7700000	
	15			生产领用材料				4100000		借	3600000	
	26			购入材料		1400000					5000000	
	31			本月合计		7200000		4100000		借	5000000	

表 6-18　原材料明细分类账

最高储存量______
最低储存量______

原材料 明细账

总第　　页
分第　　页

明细科目：A材料　类别：　名称：　计量单位：千克　规格：　编号：

2019年 月	日	凭证 字	号	摘要	借方 数量	借方 单价	借方 金额（百十万千百十元角分）	贷方 数量	贷方 单价	贷方 金额（百十万千百十元角分）	余额 数量	余额 单价	余额 金额（百十万千百十元角分）
7	1	略	略	月初余额							800	10	800000
	2			购入材料	800	10	800000				1600	10	1600000
	15			生产领用材料				1300	10	1300000	300	10	300000
	31			本月合计	800	10	800000	1300	10	1300000	300	10	300000

表 6-19 原材料明细分类账

最高储存量______ **原材料 明细账** 总第 页

最低储存量______ 分第 页

明细科目：B材料 类别： 名称： 计量单位：千克 规格： 编号：

2019年		凭证		摘要	借方			贷方			余额		
月	日	字	号		数量	单价	百十万千百十元角分	数量	单价	百十万千百十元角分	数量	单价	百十万千百十元角分
7	1	略	略	月初余额							275	20	5500000
	2			购入材料	1000	20	2000000				1275	20	2550000
	15			生产领用材料				900	20	1800000	375	20	750000
	26			购入材料	700	20	1400000				1075	20	2150000
	31			本月合计	1700	20	3400000	900	20	1800000	1075	20	2150000

表 6-20 原材料明细分类账

最高储存量______ **原材料 明细账** 总第 页

最低储存量______ 分第 页

明细科目：C材料 类别： 名称： 计量单位：千克 规格： 编号：

2019年		凭证		摘要	借方			贷方			余额		
月	日	字	号		数量	单价	百十万千百十元角分	数量	单价	百十万千百十元角分	数量	单价	百十万千百十元角分
7	1	略	略	月初余额							275	20	5500000
	10			购入材料	1500	20	3000000				1775	20	3550000
	15			生产领用材料				500	20	1000000	1275	20	2550000
	31			本月合计	1500	20	3000000	500	20	1000000	1275	20	2550000

第四节 对账与结账

一、对账

（一）对账的概念

对账就是核对账目，是保证会计账簿记录质量的重要程序。在会计实务中，由于客观原因或人为因素，难免会发生各种差错，出现账实不符的现象。为了保证会计资料的真实性和准确性，为编制会计报表提供准确可靠的数据资料，各单位必须建立对账制度，随时或定期对账，尤其在结账以前必须对账。

（二）对账的内容

会计账簿记录是否准确或真实可靠，不仅取决于会计账簿本身的记录是否准确，还涉及会计账簿与会计凭证是否相符，会计账簿记录与实际情况是否相符等问题。所以，对账应包括会计账簿与会计凭证的核对、会计账簿与会计账簿的核对、会计账簿与实物的核对，做到账证相符、账账相符和账实相符。对账工作至少每年进行一次。

1. 账证核对

账证核对是指将各种账簿记录与会计凭证进行核对。会计账簿是根据经过审核之后的会计凭证登记的，但实际工作中仍有可能发生账证不符的情况。因此，记账后，应将会计账簿记录与会计凭证进行核对，核对会计账簿记录与原始凭证、记账凭证的时间、凭证字号、内容和金额等是否一致，以及记账方向是否相符，做到账证相符。会计期末，如果发现账证不符，也可以再将会计账簿记录与有关会计凭证进行核对，以保证账证相符；如果发现有差错，则将会计账簿记录与会计凭证逐一核对，以查明原因。

2. 账账核对

账账核对是指对各种会计账簿之间的有关数据进行核对。账账核对工作一般在结账过程中进行，核对内容主要包括：

（1）全部总分类账的本期借方发生额合计数与贷方发生额合计数是否相符，全部总分类账的借方期末余额合计数与贷方期末余额合计数是否相符。

（2）各总分类账的借方、贷方本期发生额和期末余额与所属明细分类账的借方、贷方本期发生额与期末余额之和是否相符。

（3）现金日记账和银行存款日记账的借方、贷方本期发生额与期末余额之和与现金、银行存款总分类账的借方、贷方本期发生额和期末余额是否相符。

（4）财产物资明细分类账的借方、贷方本期发生额和期末余额与财产物资保管和使用部门的有关财产物资明细分类账的借方、贷方本期发生额和期末余额是否相符。

3. 账实核对

账实核对是指各项财产物资、债权债务等账面余额与实有数额之间进行核对。账实核对工作可在日常进行，也可在财务清查中进行。具体内容主要包括：

（1）库存现金日记账账面余额与库存现金实际库存数逐日核对是否相符。

（2）银行存款日记账账面余额与银行对账单余额定期核对是否相符。

（3）各项财产物资明细账账面余额与财产物资的实有数额定期核对是否相符。

（4）有关债权债务明细账账面余额与对方单位的账面记录核对是否相符。

二、结账

（一）结账的概念

结账是指在一定时期（月度、季度、半年度或年度）内所发生的经济业务全部登记入账的基础上，结算出各种账簿的本期借方、贷方发生额和期末余额，为编制会计报表提供资料。结账包括两方面的内容：

（1）结清各种损益类账户，并据以计算确定本期损益。

（2）结清资产、负债及所有权益类账户，并将这类账户余额结转下期。

（二）结账的主要程序

（1）为了确保会计结账工作的质量，结账前须做好下列准备工作：

- ✧ 认真检查本期日常发生的经济业务是否已经全部记入有关账簿，若有遗漏应补记。只有在全部经济业务都记入有关账簿的前提下，才能办理结账手续。既不允许为了赶编会计报表提前结账，也不能把结账工作有意推迟。
- ✧ 应由本期承担的费用和确认的收入，按权责发生制的要求，填制凭证登记入账；不应由本期承担的费用和确认的收入，本期不考虑。
- ✧ 结转应当结转的账户。例如，期末“制造费用”账户应结转计入“生产成本”账户；本期完工产品应由“生产成本”账户结转至“库存商品”账户。
- ✧ 检查应由本期清偿的债权、债务是否办妥清偿手续。例如，已计入“应交税费”账户的欠税，应及时上交；月终催收各项应收款项等。
- ✧ 检查应由本期提存的款项是否如数提存。例如，应交消费税和所得税是否计算提存，记入“应交税费”账户。
- ✧ 认真对账，以保持账面记录正确，做到账证相符、账账相符和账实相符，以便提供真实可靠的会计指标。

（2）结出所有账户本期发生额和余额。

（3）编制本期发生额、余额对照表，进行试算平衡。

（4）划线结账，将期末余额结转入下期。

结账工作是在月度、季度、半年度和年度终了时进行的，因此有月结、季结、半年结和年结，一般采用划线结账法。

（三）结账的方法

结账时，应根据不同的账户记录，分别采用不同的结账方法。

1. 总账账户的结账方法

总账账户平时只需结计月末余额，不需要结计本月发生额。每月结账时，应将月末余额计算出来，写在本月最后一笔经济业务记录的同一行内，并在下面通栏划单红线。年终结账时，为了反映全年各会计要素增减变动的全貌，便于核对账目，要将所有总账账户结计全年发生额和年末余额，在摘要栏内注明“本年累计”字样，并在“本年累计”行下通栏划双红线。

2. 库存现金、银行存款日记账和按月结计发生额的收入、费用等明细账的结账方法

库存现金、银行存款日记账和按月结计发生额的各种明细账，每月结账时，要在每月的最后一笔经济业务下面通栏划单红线，结出本月发生额和月末余额写在红线下面，并在摘要栏内注明“本月合计”字样，再在下面通栏划单红线。

3．不需要按月结计发生额的债权、债务和财产物资等明细分类账的结账方法

对于这类明细账，每次记账后，都要在该行余额栏内随时结出余额，每月最后一笔余额即为月末余额。也就是说，月末余额就是本月最后一笔经济业务记录的同一行内的余额。月末结账时，只需在最后一笔经济业务记录之下通用栏划单红线即可，无须再结计一次余额。

4．需要结计本年累计发生额的收入、成本等明细账的结账方法

对于这类明细账，应先按照需按月结计发生额的明细账的月结方法进行月结，再在“本月合计”行下的摘要栏内注明“本年累计”字样，并结出自年初起至本月末止的累计发生额，再在下面通栏划单红线。12月末的“本年累计”就是全年累计发生额，在全年累计发生额下面通栏画双红线。

年度终了结账时，有余额的账户，要将其余额结转到下一会计年度，并在摘要栏内注明“结转下年”字样；在下一会计年度新建有关会计账簿的第一行余额栏内填写上年结转的余额，并在摘要栏内注明“上年结转”字样。结转下年时，既不需要编制记账凭证，也不必将余额再记入本年账户的借方或贷方，使本年有余额的账户的余额变为零，而是使有余额的账户的余额如实反映在账户中，以免混淆有余额账户和无余额的账户的区别。

第五节　错账查找与更正的方法

一、错账查找方法

错账往往是记账和结算账户时发生的错误，如漏记账、重记账、记账串户和记错金额等。为了迅速地更正错账，必须采用合理的方法和技巧查找错账。查找错账的方法主要包括以下几种。

（一）差数法

差数法是指按照错账的差数查找错账的方法。在记账过程中只登记了会计分录的借方或贷方，漏记了另一方，从而造成试算平衡中借方合计与贷方合计数不等。若借方金额遗漏，会使该金额在贷方超出；若贷方金额遗漏，会使该金额在借方超出。对于这样的差错，可由会计人员核对相关金额的记账来查找。

（二）尾数法

尾数法是指对于发生的差错只查找末位数，以提高查错效率的方法。这种方法适用于借贷方金额其他位数都一致，而只有末位数出现差错的情况。

（三）除2法

除2法是指以差数除以2来查找错账的方法。当某个借方金额错记入贷方（或相反）

时，出现错账的差数表现为错误的 2 倍，将此差数除以 2，得出的商即是反向的金额。例如，应计入“固定资产”科目借方的 5 000 元误计入贷方，则该科目的期末余额将小于总分类科目期末余额 10 000 元，除以 2 所得到的商 5 000 元即为借贷方向反向的金额。同理，如果借方总额大于贷方 800 元，即应查找有无 400 元的贷方金额误计入借方。

（四）除 9 法

除 9 法是指以差数除以 9 来查找错账的方法。这种方法适用于以下三种情况：

（1）将数字写小。例如，将 500 写成 50，错误数字小于正确数字 9 倍。查找的方法是：以差数除以 9 得出的商即为写错的数字，商乘以 10 即为正确的数字。上例差数 450（即 500−50）除以 9，商 50 即为错数，扩大 10 倍后即可得出正确的数字 500。

（2）将数字写大。例如，将 30 写成 300，错误数字大于正确数字 9 倍。查找的方法是：以差数除以 9 得出的商为正确的数字，商乘以 10 后所得的积为错误数字。上例差数 270（即 300−30）除以 9 以后，所得的商 30 为正确数字，30 乘以 10（即 300）为错误数字。

（3）邻数颠倒。查找的方法是：将差数除以 9，得出的商连续加 11，直到找出颠倒的数字为止。

二、错账更正方法

如果发现账簿记录有错误，应按规定的方法进行更正，不得涂改、挖补或用化学试剂消除字迹。更正错误的基本方法有划线更正法、红字更正法和补充登记法。

（一）划线更正法

划线更正法适用于结账后发现记账凭证正确，但账簿记录中文字或数字错误的情形。

更正方法如下：先在错误的文字或数字上画单红线注销，但必须使原有字迹仍可辨认，以备查考；然后，在注销的文字或数字的上方空白处，用蓝字或黑字填上正确的文字或数字，并由记账员在更正处盖章，以明确责任。

需要注意的是，在画单红线注销时，对于文字差错，可只划去错误的部分，不必将与错字相关联的其他文字划去；对于数字差错，应将错误的数额全部划线，不得只更正错误数额中的个别数字。

【例 6-2】　某企业以库存现金报销差旅费 30 654 元，在登记账簿时，误将 30 654 元写成了 30 645 元，应将 30 645 元用红线全部划线，在其上方填写正确数字，如图 6-1 所示。

30 654.00 张 三
~~30 645.00~~

图 6-1　划线更正法

（二）红字更正法

红字更正法，又称红字冲销法。在会计上，以红字记录表明对原记录的冲减。红字更正法适用于以下两种情况：

（1）根据记账凭证所记录的内容记账以后，发现记账凭证中的应借、应贷会计科目或记账方向有错误，且记账凭证同账簿记录的金额相吻合，应采用红字更正法。

更正方法如下：先用红字填制一张与原错误记账凭证内容完全相同的记账凭证，并据以用红字登记入账，在摘要栏中注明“冲销×月×日第×号凭证错账”，冲销原有错误的账簿记录；然后，再用蓝字或黑字填制一张正确的记账凭证，据以用蓝字或黑字登记入账，在摘要栏中注明“补记×月×日账”。

【例 6-3】 某企业以银行存款购入一台不需安装的机器设备，价值 1 800 000 元(不考虑增值税)，在填制记账凭证时，误计入“原材料”账户，并据以登记入账，其错误记账凭证所反映的会计分录为：

借：原材料　　1 800 000

　贷：银行存款　　1 800 000

更正时，应用红字编制如下记账凭证进行更正：

借：原材料　　[1 800 000]

　贷：银行存款　　[1 800 000]

错误的记账凭证以红字更正并登记账簿后，表明已全部冲销原有错误记录，然后用蓝字或黑字填制一张正确的记账凭证并据以登记相应账簿：

借：固定资产　　1 800 000

　贷：银行存款　　1 800 000

（2）根据记账凭证所记录的内容记账以后，发现记账凭证中应借、应贷的会计科目、记账方向都没有错误，记账凭证和账簿记录的金额相吻合，只是所记金额大于应记的正确金额，应采用红字更正法。

更正方法如下：将多记的金额用红字填制一张与原错误记账凭证所记载的借贷方向、应借应贷会计科目相同的记账凭证，在摘要栏中注明“冲转×月×日第×号凭证多记金额”并据以登记入账，以冲销多记金额。

【例 6-4】 某企业用银行存款 4 000 元购买办公用品，在填制记账凭证时，将金额误记为 40 000 元，但会计科目、借贷方向均无错误，其错误记账凭证所反映的会计分录为：

借：管理费用　　40 000

　贷：银行存款　　40 000

更正时，应用红字编制如下记账凭证进行更正：

借：管理费用　　[36 000]

　贷：银行存款　　[36 000]

错误的记账凭证以红字记账更正并登记账簿后，即可反映其正确金额为 4 000 元。

（三）补充登记法

补充登记法，又称蓝字补记法。根据记账凭证所记录的内容记账以后，发现记账凭证中应借、应贷的会计科目和记账方向都没有错误，记账凭证和账簿记录的金额相吻合，只是所记金额小于应记的正确金额，应采用补充登记法。

更正方法如下：将少记的金额用蓝字或黑字填制一张与原错误记账凭证所记载的借贷方向、应借应贷会计科目相同的记账凭证，在摘要栏中注明“补充×月×日第×号凭证少记金额”，并据以登记入账，以补记少记金额。

【例 6-5】 某企业用银行存款 50 000 元结算车间水电费，在填制记账凭证时，将金额误记为 5 000 元，但会计科目、借贷方向均无错误，其错误记账凭证所反映的会计分录为：

借：制造费用　　5 000
　贷：银行存款　　5 000

更正时，应用蓝字或黑字编制如下记账凭证进行更正：

借：制造费用　　45 000
　贷：银行存款　　45 000

错误的记账凭证以蓝字或黑字记账更正并登记账簿后，即可反映其正确的金额为 50 000 元。

第六节　会计账簿的更换与保管

一、会计账簿的更换

会计账簿是记录和反映经济业务的重要历史资料和证据。为了使每个会计年度的账簿资料明晰并便于保管，会计人员在年终按规定办理完毕结账手续后，就应更换、启用新的账簿。具体更换原则如下：

（1）总账、日记账和大部分明细账要每年更换一次；卡片式账簿（如固定资产卡片）及各种备查账簿，可以连续使用，不必每年更换一次。

（2）年终结账后，对于有期末余额的账户，应将其余额结转至下年度新账簿的相应账户中去。结转时，将有余额的账户余额直接记入新账簿中相对应的账户余额栏内，不需要编制记账凭证，也不必将本年有余额的账户调整为零。

（3）下年度新开账户的第一行，填写的日期是 1 月 1 日，“摘要”栏注明“上年结转”字样，同时，将上年结转余额记入“余额”栏，并标明余额方向。上年度该账户的借方余额，转至本年度新账内仍为借方余额；上年度该账户的贷方余额，转至本年度新账内仍为贷方余额。

二、会计账簿的保管

年度终了，更换的旧账簿需集中统一管理，可暂由本单位会计部门保管 1 年，期满后应由会计部门移交本单位档案部门保管。移交时需要编制移交清册，填写交接清单，交接人员按移交清册和交接清单项目核查无误后签章，并在账簿使用日期栏内填写移交日期。

根据财政部、国家档案局制定执行的《会计档案管理办法》(2015 年修订）的规定：库存现金日记账和银行存款日记账保管 30 年；总账和明细分类账保管 30 年，固定资产卡片在固定资产报废清理后应连续保存 5 年。

各种账簿应当按年度分类归档，编写目录，妥善保管。既保证在需要时可以迅速查阅，又保证各种账簿的安全和完整。保管期满后，要按照规定的审批程序经批准后才能销毁。

7

第七章 账务处理程序

学习目标

知识目标

了解企业账务处理程序的概念、意义与分类。

熟悉各种账务处理程序的步骤、特点及适用范围。

能力目标

掌握记账凭证账务处理程序和科目汇总表账务处理程序。

导入案例

小张和小王是会计专业的应届毕业生。在实习中，小张发现小王的实习公司和自己所在的实习公司登记总账的方法有所不同。一家是根据记账凭证直接逐笔登记，而另一家是根据记账凭证编制科目汇总表，然后据此登记总账。

请分析：两家公司登记总账的方法是否可行？为什么两家公司登记总账的方法不同？

第一节　账务处理程序概述

一、账务处理程序的概念与意义

（一）账务处理程序的概念

账务处理程序，又称会计核算组织程序或会计核算形式，是指会计凭证、会计账簿和财务报表相结合的方式，包括账簿组织和记账程序。账簿组织是指会计凭证和会计账簿的分类、格式，以及会计凭证与账簿之间的联系方法；记账程序是指由填制、审核原始凭证到填制、审核记账凭证，登记日记账、明细分类账和总分类账，编制财务报表的工作程序和方法等。具体地说，账务处理程序就是通过凭证、账簿和报表组织体系，按照一定的步骤或程序将三者有机结合起来，最终产生并提供有用会计信息的过程。

（二）账务处理程序的意义

账务处理程序是否科学合理，会对整个会计核算工作产生诸多方面的影响。确定科学合理的会计核算组织程序，对于保证准确、及时地提供系统而完整的会计信息，具有十分重要的意义，具体包括：

（1）有利于规范会计工作，保证会计信息加工过程的严密性，提高会计信息质量。会计核算工作是需要会计部门和各类会计人员之间密切配合的一项工作，只有建立科学合理的账务处理程序，规范会计核算的工作秩序，形成加工和整理会计信息的正常机制，才有利于会计机构和会计人员在进行会计核算工作中才有序可循，才能按照不同的责任分工，有条不紊地处理好各个环节上的会计核算工作内容，从而提高会计核算工作质量。

（2）有利于保证会计记录的完整性和正确性，增强会计信息的可靠性。建立起科学合理的会计核算组织程序，形成加工和整理会计信息的正常机制，是提高会计记录完整性和正确性的重要保障。

（3）有利于减少不必要的会计核算环节，提高会计工作效率，保证会计信息的及时性。按照既定的会计核算组织程序进行会计信息的处理，将会大大提高会计核算工作的效率，减少不必要的核算环节，保证会计信息整理、加工和对外报告的顺利进行，满足会计信息质量的及时性要求。

二、账务处理程序的分类

结合我国会计工作的实际情况，我国各经济单位通常采用的账务处理程序有三种：记账凭证账务处理程序、汇总记账凭证账务处理程序、科目汇总表账务处理程序。三种账务处理程序有很多相同点，但也存在差异，它们之间的主要区别表现在各自登记总分类账的依据和方法不同。我国会计法规并不硬性规定每个单位应采用何种账务处理程序，各单位在选择会计账务处理程序时完全是自主选用。

（一）记账凭证账务处理程序

记账凭证账务处理程序是指对发生的经济业务，先根据原始凭证或汇总原始凭证填制记账凭证，再直接根据记账凭证登记总分类账的一种账务处理程序。记账凭证账务处理程序是最基本的会计核算形式，其他各种会计核算形式都是在此基础上，根据经济管理的需要发展形成的。

（二）汇总记账凭证账务处理程序

汇总记账凭证账务处理程序是指先根据原始凭证或汇总原始凭证填制记账凭证，定期根据记账凭证分类编制汇总收款凭证、汇总付款凭证和汇总转账凭证，再根据汇总记账凭证登记总分类账的一种账务处理程序。

（三）科目汇总表账务处理程序

科目汇总表账务处理程序，又称记账凭证汇总表账务处理程序，是指根据记账凭证定期编制科目汇总表，再根据科目汇总表登记总分类账的一种账务处理程序。

第二节 记账凭证账务处理程序

一、记账凭证账务处理程序下凭证与账簿的设置

在记账凭证账务处理程序下，记账凭证可以采用收款凭证、付款凭证和转账凭证等专用记账凭证，也可以采用通用记账凭证。

在记账凭证账务处理程序下，企业一般应设置库存现金日记账、银行存款日记账、明细分类账和总分类账。其中，库存现金日记账、银行存款日记账和总分类账可采用三栏式；明细分类账的具体账页格式可根据业务特点和管理需要来设置，一般可采用三栏式、多栏

式和数量金额式等。

二、记账凭证账务处理程序的步骤

记账凭证账务处理程序的一般步骤如下：

（1）经济业务发生以后根据原始凭证或汇总原始凭证，填制收款凭证、付款凭证和转账凭证，也可以填制通用记账凭证。

（2）根据收款凭证和付款凭证逐笔登记库存现金日记账和银行存款日记账。

（3）根据原始凭证、汇总原始凭证和记账凭证，登记各种明细分类账。

（4）根据记账凭证逐笔登记总分类账。

（5）期末，将库存现金日记账、银行存款日记账和明细分类账的余额与有关总分类账的余额核对相符。

（6）期末，根据总分类账和明细分类账的记录，编制会计报表。

记账凭证账务处理程序的步骤如图 7-1 所示。

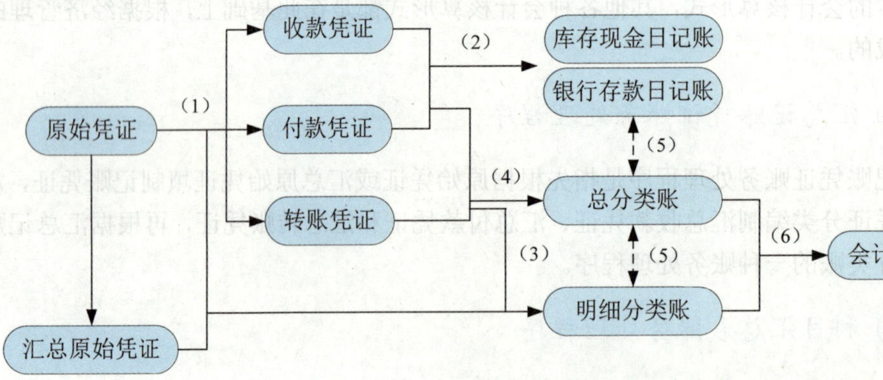

图 7-1 记账凭证账务处理程序步骤图

三、记账凭证账务处理程序的优缺点及适用范围

（一）记账凭证账务处理程序的优缺点

记账凭证账务处理程序的特点在于直接根据记账凭证对总分类账进行逐笔登记。

1. 记账凭证账务处理程序的优点

（1）能够比较详细地反映经济业务的发生情况。在记账凭证账务处理程序下，总账根据记账凭证逐笔登记，因而总分类账能够详细、清晰地反映各项经济业务，便于查账。

（2）易于理解、掌握。直接根据记账凭证对总分类账进行逐笔登记，登记方法简单，易于掌握。

2. 记账凭证账务处理程序的缺点

（1）登记总分类账的工作量较大。对发生的每一笔经济业务都要根据记账凭证逐笔登记总分类账，增加了登记总分类账的工作量。

（2）不便于分工，账页耗用多，对预留的账页难以把握。在一个账簿上设置多个账户时，由于登记业务的多少很难提前确定，势必会对预留的账页造成影响。

（二）记账凭证账务处理程序的适用范围

记账凭证账务处理程序一般只适用于规模较小、经济业务简单且数量比较少、需要编制记账凭证数量不多的单位。这种账务处理程序特别适用于计算机处理，因为利用计算机可以适应其工作量大的特点。

第三节　汇总记账凭证账务处理程序

一、汇总记账凭证账务处理程序下凭证与账簿的设置

在汇总记账凭证账务处理程序下，记账凭证一般采用收款凭证、付款凭证和转账凭证专用格式，也可采用通用格式。如果记账凭证是收、付、转三种专用格式，应分别设置汇总收款凭证、汇总付款凭证、汇总转账凭证。如果记账凭证是通用的统一格式，设置的汇总记账凭证也应采用通用的统一格式。对于转账业务不多的企业，也可以只设置汇总收款凭证和汇总付款凭证。

在汇总记账凭证账务处理程序下，应当设置现金日记账、银行存款日记账、明细分类账和总分类账。日记账和总分类账可采用三栏式；明细分类账可根据需要采用三栏式、多栏式或数量金额式等。

二、汇总记账凭证的分类及编制方法

汇总记账凭证是指对一段时期内同类记账凭证进行定期汇总而编制的记账凭证。汇总记账凭证分为汇总收款凭证、汇总付款凭证和汇总转账凭证三种。汇总记账凭证的分类不同，汇总编制的方法也有所不同。

（一）汇总收款凭证的编制方法

汇总收款凭证（见图 7-2）按日常核算工作中所填制的收款凭证的借方科目（“库存现金”或“银行存款”）进行设置，按收款凭证中相应的贷方科目定期（如每 5 天或 10 天等）归类汇总，每月编制一张。汇总时，计算出每一个贷方科目的发生额合计数，填入汇总收款凭证的相应栏次。

汇总收款凭证

借方科目：______　　年　　月　　汇收字第　　号

贷方科目	金额				总账账页	
	1—10日 收字第　号	11—20日 收字第　号	21—30（31）日 收字第　号	合　计	借方	贷方
合　计						

图 7-2　汇总收款凭证

（二）汇总付款凭证的编制方法

汇总付款凭证（见图 7-3）按日常核算工作中所填制的付款凭证中的贷方科目（“库存现金”或“银行存款”）进行设置，按其相应的借方科目定期（如每 5 天或 10 天等）归类汇总，每月编制一张。汇总时，计算出每一个借方科目的发生额合计数，填入汇总付款凭证的相应栏次。

汇总付款凭证

贷方科目：______　　年　　月　　汇付字第　　号

借方科目	金额				总账账页	
	1—10日 付字第　号	11—20日 付字第　号	21—30（31）日 付字第　号	合　计	借方	贷方
合　计						

图 7-3　汇总付款凭证

（三）汇总转账凭证的编制

汇总转账凭证（见图 7-4）通常根据所设置账户的贷方进行编制。值得注意的是，在编制的过程中，贷方账户必须唯一，借方账户可以是一个或多个，即转账凭证必须一借一贷或多借一贷。如果在一个月内某一贷方账户的转账凭证不多，可不编制汇总转账凭证，直接根据单个的转账凭证登记总分类账。

汇总转账凭证

贷方科目：__________ 年 月 汇转 字第 号

借方科目	金额				总账账页	
	1—10日 转字第 号	11—20日 转字第 号	21—30（31）日 转字第 号	合 计	借方	贷方
合 计						

图 7-4 汇总转账凭证

三、汇总记账凭证账务处理程序的步骤

汇总记账凭证账务处理程序的一般步骤如下：

（1）根据原始凭证或汇总原始凭证，填制收款凭证、付款凭证和转账凭证，也可以填制通用记账凭证。

（2）根据收款凭证、付款凭证逐笔登记库存现金日记账和银行存款日记账。

（3）根据原始凭证、汇总原始凭证和记账凭证，登记各种明细分类账。

（4）根据各种记账凭证编制有关汇总记账凭证。

（5）根据各种汇总记账凭证登记总分类账。

（6）期末，将库存现金日记账、银行存款日记账和明细分类账的余额与有关总分类账的余额核对相符。

（7）期末，根据总分类账和明细分类账的记录，编制会计报表。

汇总记账凭证账务处理程序的步骤如图 7-5 所示。

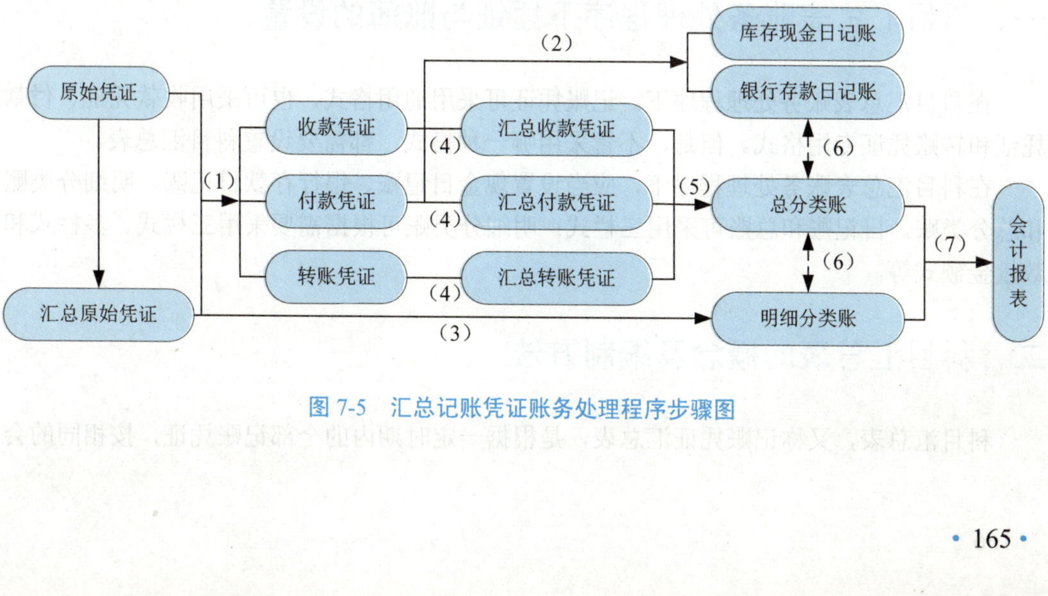

图 7-5 汇总记账凭证账务处理程序步骤图

四、汇总记账凭证账务处理程序的优缺点及适用范围

（一）汇总记账凭证账务处理程序的优缺点

汇总记账凭证账务处理程序的特点是先根据记账凭证编制汇总记账凭证，再根据汇总记账凭证登记总分类账。在汇总记账凭证账务处理程序中，除设置收款凭证、付款凭证和转账凭证外，还应设置汇总收款凭证、汇总付款凭证和汇总转账凭证，账簿的设置与记账凭证账务处理程序基本相同。

1. 汇总记账凭证账务处理程序的优点

汇总记账凭证账务处理程序的优点是减轻了登记总分类账的工作量，在采用汇总记账凭证核算组织程序下，可以不必再根据各种专用记账凭证逐笔登记总分类账户，而是根据汇总记账凭证上的汇总数字登记有关的总分类账户；同时，汇总记账凭证是按对应关系归类编制的，因此可以清晰地反映账户之间的对应关系，便于了解经济业务的来龙去脉。

2. 汇总记账凭证账务处理程序的缺点

汇总记账凭证账务处理程序的缺点是当转账凭证较多时，编制汇总转账凭证的工作量较大，并且按每一贷方账户编制汇总转账凭证，不利于会计核算的日常分工，同时汇总记账凭证的编制工作量较大。

（二）汇总记账凭证账务处理程序的适用范围

因编制汇总记账凭证的工作量较大，汇总记账凭证账务处理程序适用于经营规模较大、经济业务较多的单位。

第四节　科目汇总表账务处理程序

一、科目汇总表账务处理程序下凭证与账簿的设置

在科目汇总表账务处理程序下，记账凭证可采用通用格式，也可采用收款凭证、付款凭证和转账凭证专用格式。但是，不管采用哪一种格式，都需要设置科目汇总表。

在科目汇总表账务处理程序下，应当设置现金日记账、银行存款日记账、明细分类账和总分类账。日记账和总账可采用三栏式；明细分类账可根据需要采用三栏式、多栏式和数量金额式等。

二、科目汇总表的概念及编制方法

科目汇总表，又称记账凭证汇总表，是根据一定时期内的全部记账凭证，按相同的会

计科目归类，汇总每一总账科目本期借方发生额和贷方发生额所编制的汇总表，如表 7-1 所示。

表 7-1 科目汇总表

年 月 日 至 月 日 第 号

会计科目	总账页数	本期发生额		记账凭证起讫号码
		借方	贷方	
合计				

会计主管： 会计： 复核： 制表：

科目汇总表的编制方法如下：根据一定时期内的全部记账凭证，按照会计科目进行归类，定期汇总出每一个账户的借方本期发生额和贷方本期发生额，填写在科目汇总表的相关栏内，全部科目的借方发生额合计数应等于贷方发生额合计数。科目汇总表可根据企业实际情况定期（每 5 天、10 天或 15 天）汇总，但每月至少汇总一次。任何格式的科目汇总表都只反映各个账户的借方本期发生额和贷方本期发生额，不反映账户之间的对应关系。

三、科目汇总表账务处理程序的步骤

科目汇总表账务处理程序的一般步骤如下：

（1）根据原始凭证或汇总原始凭证填制记账凭证。

（2）根据收款凭证、付款凭证逐笔登记库存现金日记账和银行存款日记账。

（3）根据原始凭证、汇总原始凭证和记账凭证，登记各种明细分类账。

（4）根据各种记账凭证编制科目汇总表。

（5）根据科目汇总表登记总分类账。

（6）期末，将库存现金日记账、银行存款日记账和明细分类账的余额同有关总分类账的余额核对相符。

（7）期末，根据总分类账和明细分类账的记录，编制会计报表。

科目汇总表账务处理程序的步骤如图 7-6 所示。

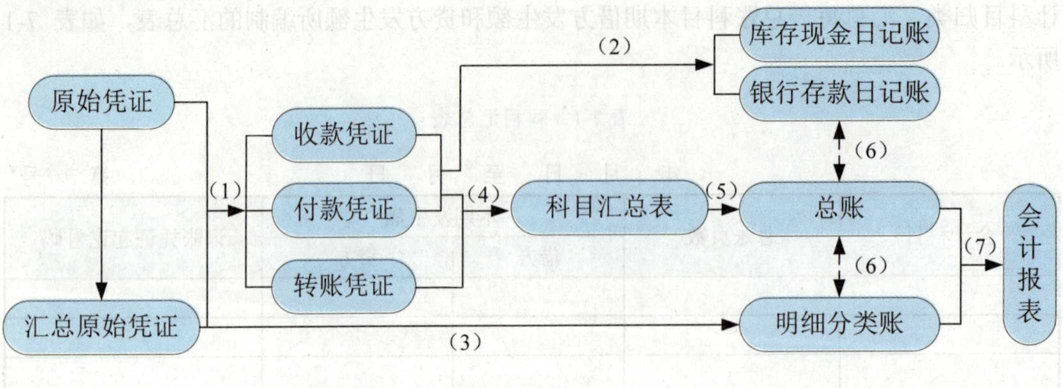

图 7-6 科目汇总表账务处理程序步骤图

四、科目汇总表账务处理程序的优缺点及适用范围

（一）科目汇总表账务处理程序的优缺点

科目汇总表账务处理程序的特点是定期将所有记账凭证汇总编制成科目汇总表，然后以科目汇总表为依据登记总分类账。

1. 科目汇总表账务处理程序的优点

（1）可以利用科目汇总表的汇总结果进行账户发生额的试算平衡。科目汇总表上的信息体现了一定会计期间内所有账户的借方发生额和贷方发生额之间的相等关系，利用这种发生额的相等关系，可以进行全部账户记录的试算平衡。

（2）减轻了登记总分类账的工作量。在科目汇总表账务处理程序下，可根据科目汇总表上的有关账户的汇总发生额，在月中定期或月末一次性登记总分类账，大大减轻了登记总分类账的工作量。

2. 科目汇总表账务处理程序的缺点

（1）编制科目汇总表的工作量较大。在这种账户处理程序中，对发生的经济业务首先要填制各种专用记账凭证，在此基础上，还需要定期对这些专用记账凭证进行汇总，形成科目汇总表，再根据汇总无误的科目汇总表登记总分类账。

（2）科目汇总表不能反映各个账户之间的对应关系，不利于对账目进行检查。科目汇总表归类汇总各个会计账户借方与贷方的本期发生额，因此在该汇总表中不能清楚地反映各个账户之间的对应关系，从而不利于了解经济业务的来龙去脉，不利于对账目进行检查。

（二）科目汇总表账务处理程序的适用范围

科目汇总表账务处理程序适用于规模较大、经济业务量较多的单位。

【例 7-1】 华夏公司为增值税一般纳税人，适用增值税税率为 13%。该公司采用科目汇总表账务处理程序，记账凭证采用专用格式。该公司 2019 年 5 月 1 日的总分类账户和有关明细分类账户余额如表 7-2 所示。

表 7-2　华夏公司账户余额

2019 年 5 月 1 日　　　　单位：元

序号	账户名称	借方余额	贷方余额
1	库存现金	2 000	
2	银行存款	186 000	
3	原材料	55 000	
	——A 材料	40 000	
	——B 材料	15 000	
4	生产成本	6 000	
	——甲产品	4 000	
	——乙产品	2 000	
5	预付账款	8 000	
	——甲产品	4 000	
	——乙公司	4 000	
6	库存商品	20 000	
	——甲产品	14 000	
	——乙公司	6 000	
7	固定资产	150 000	
8	累计折旧		20 000
9	应付账款		3 000
	——甲公司		1 000
	——丁公司		2 000
10	预收账款		8 500
	——丙公司		4 500
	——丁公司		4 000
11	应交税费		55 000
12	实收资本		255 000
13	本年利润		30 000
14	利润分配		55 500
	——未分配利润		55 500

（注：其中 A 材料月初余额为 800 千克，每千克 50 元；B 材料月初余额为 500 千克，每千克 30 元）

2019 年 5 月份华夏公司发生如下经济业务：

（1）6 日，从甲公司购入 A 材料 200 千克，每千克 50 元，货款为 10 000 元，增值税税额 1 300 元。材料已验收入库，款项尚未支付。

（2）8 日，从乙公司购入 B 材料 500 千克，每千克 30 元，货款为 15 000 元，增值税税额 1 950 元。材料已验收入库，已于 4 月用银行存款支付 4 000 元，余款尚未支付。

（3）10 日，生产车间为生产甲产品，领用 A 材料 400 千克，每千克 50 元；领用 B 材料 400 千克，每千克 30 元。

（4）14日，向丁公司出售甲产品50箱，每箱售价1 500元，货款为75 000元，增值税税额9 750元，其中已于4月预收4 000元，余款已收讫。

（5）15日，以银行存款支付甲产品销售费用500元。

（6）16日，从银行提取20 000元现金，准备发放职工工资。

（7）17日，以现金20 000元支付本月职工工资。

（8）25日，收到丙公司购买乙产品的预付款项5 000元，已存入银行。

（9）31日，结转本月应付职工工资20 000元，其中甲产品生产工人工资10 000元，车间管理人员工资6 000元，厂部管理人员工资4 000元。

（10）31日，提取本月固定资产折旧4 000元，其中生产车间固定资产折旧3 000元；行政管理部门固定资产折旧1 000元。

（11）31日，结转本月甲产品负担的制造费用。

（12）31日，本月甲产品全部完工，结转完工产品成本。

（13）31日，结转已售甲产品成本（单位成本1 000元）。

（14）31日，结转损益类（费用类）账户到“本年利润”账户。

（15）31日，结转损益类（收入类）账户到“本年利润”账户。

根据上述经济业务编制记账凭证。因篇幅所限，此处以记账凭证简表（见表7-3）代替记账凭证。

表7-3 记账凭证简表

2019年5月　　　　单位：元

日期	凭证字号	摘要	总账账户	明细账户	借方	贷方
6日	转1	购入原材料	原材料	A材料	10 000	
			应交税费	应交增值税——进项税额	1 300	
			应付账款	甲公司		11 300
8日	转2	购入原材料	原材料	B材料	15 000	
			应交税费	应交增值税——进项税额	1 950	
			预付账款	乙公司		16 950
10日	转3	领用原材料	生产成本	甲产品	32 000	
			原材料	A材料		20 000
				B材料		12 000
14日	转4	销售商品	预收账款	丁公司	84 750	
			主营业务收入			75 000
			应交税费	应交增值税——销项税额		9 750
14日	收1	收到销售货款	银行存款		80 750	
			预收账款	丁公司		80 750
15日	付1	支付销售费用	销售费用		500	
			银行存款			500

续表

日 期	凭证字号	摘 要	总账账户	明细账户	借 方	贷 方
16日	付2	提现备发工资	库存现金		20 000	
			银行存款			20 000
17日	付3	发放职工工资	应付职工薪酬		20 000	
			库存现金			20 000
25日	收2	预收销售货款	银行存款		5 000	
			预收账款	丙公司		5 000
31日	转5	分配工资	生产成本	甲产品	10 000	
			制造费用		6 000	
			管理费用		4 000	
			应付职工薪酬			20 000
31日	转6	计提折旧	制造费用		3 000	
			管理费用		1 000	
			累计折旧			4 000
31日	转7	结转制造费用	生产成本	甲产品	9 000	
			制造费用			9 000
31日	转8	结转完工产品成本	库存商品	甲产品	51 000	
			生产成本	甲产品		51 000
31日	转9	结转已销产品成本	主营业务成本	甲产品	50 000	
			库存商品	甲产品		50 000
31日	转10	结转费用	本年利润		55 500	
			主营业务成本			50 000
			管理费用			5 000
			销售费用			500
31日	转11	结转收入	主营业务收入		75 000	
			本年利润			75 000

根据记账凭证简表编制科目汇总表，如表7-4所示。

表7-4　科目汇总表

2019年5月01日至31日　　　　科汇字第1号

会计账户	本期发生额		总账页数	记账凭证起讫号数
	借 方	贷 方		
库存现金	20 000.00	20 000.00	略	收1～收2 付1～付3 转1～转11
银行存款	85 750.00	20 500.00		
预付账款		16 950.00		
原材料	25 000.00	32 000.00		
库存商品	51 000.00	50 000.00		
生产成本	51 000.00	51 000.00		
制造费用	9 000.00	9 000.00		

续表

会计账户	本期发生额 借方	本期发生额 贷方	总账页数	记账凭证起讫号数
累计折旧		4 000.00		
应付账款		11 300.00		
预收账款	84 750.00	85 750.00		
应交税费	3 250.00	9 750.00		
应付职工薪酬	20 000.00	20 000.00		
本年利润	55 500.00	75 000.00		
主营业务收入	75 000.00	75 000.00		
主营业务成本	50 000.00	50 000.00		
销售费用	500.00	500.00		
管理费用	5 000.00	5 000.00		
合　计	535 750.00	535 750.00		

根据科目汇总表登记总分类账，如表 7-5 至表 7-10 所示。（因篇幅所限，此处仅以部分总账为例。）

表 7-5　总分类账

总分类账

总第　　页
分第　　页
会计科目：库存现金

2019年		凭证号码	摘要	借方									贷方									借或贷	余额								
月	日			百	十	万	千	百	十	元	角	分	百	十	万	千	百	十	元	角	分		百	十	万	千	百	十	元	角	分
5	1		期初余额																			借				2	0	0	0	0	0
	31	科汇 1	1～31 日发生额			2	0	0	0	0	0	0			2	0	0	0	0	0	0	借				2	0	0	0	0	0
	31		本月合计			2	0	0	0	0	0	0			2	0	0	0	0	0	0	借				2	0	0	0	0	0

表 7-6　总分类账

总分类账

总第　　页
分第　　页
会计科目：银行存款

2019年		凭证号码	摘要	借方									贷方									借或贷	余额								
月	日			百	十	万	千	百	十	元	角	分	百	十	万	千	百	十	元	角	分		百	十	万	千	百	十	元	角	分
5	1		期初余额																			借		1	8	6	0	0	0	0	0
	31	科汇 1	1～31 日发生额			8	5	7	5	0	0	0			2	0	5	0	0	0	0	借		2	5	1	2	5	0	0	0
	31		本月合计			8	5	7	5	0	0	0			2	0	5	0	0	0	0	借		2	5	1	2	5	0	0	0

表 7-7 总分类账

总分类账

总第　　页
分第　　页
会计科目：原材料

2019年		凭证号码	摘要	借方									贷方									借或贷	余额								
月	日			百	十	万	千	百	十	元	角	分	百	十	万	千	百	十	元	角	分		百	十	万	千	百	十	元	角	分
5	1		期初余额																			借			5	5	0	0	0	0	0
	31	科汇1	1～31日发生额			2	5	0	0	0	0	0			3	2	0	0	0	0	0	借			4	8	0	0	0	0	0
	31		本月合计			2	5	0	0	0	0	0			3	2	0	0	0	0	0	借			4	8	0	0	0	0	0

表 7-8 总分类账

总分类账

总第　　页
分第　　页
会计科目：预付账款

2019年		凭证号码	摘要	借方									贷方									借或贷	余额								
月	日			百	十	万	千	百	十	元	角	分	百	十	万	千	百	十	元	角	分		百	十	万	千	百	十	元	角	分
5	1		期初余额																			借				8	0	0	0	0	0
	31	科汇1	1～31日发生额												1	6	9	5	0	0	0	贷				8	9	5	0	0	0
	31		本月合计												1	6	9	5	0	0	0	贷				8	9	5	0	0	0

表 7-9 总分类账

总分类账

总第　　页
分第　　页
会计科目：应付账款

2019年		凭证号码	摘要	借方									贷方									借或贷	余额								
月	日			百	十	万	千	百	十	元	角	分	百	十	万	千	百	十	元	角	分		百	十	万	千	百	十	元	角	分
5	1		期初余额																			贷				3	0	0	0	0	0
	31	科汇1	1～31日发生额												1	1	3	0	0	0	0	贷			1	4	3	0	0	0	0
	31		本月合计												1	1	3	0	0	0	0	贷			1	4	3	0	0	0	0

表 7-10 总分类账

总分类账

总第 页
分第 页
会计科目：预收账款

2019年		凭证号码	摘要	借方									贷方									借或贷	余额								
月	日			百	十	万	千	百	十	元	角	分	百	十	万	千	百	十	元	角	分		百	十	万	千	百	十	元	角	分
5	1		期初余额																			贷				8	5	0	0	0	0
	31	科汇1	1～31日发生额			8	4	7	5	0	0	0			8	5	7	5	0	0	0	贷				9	5	0	0	0	0
	31		本月合计			8	4	7	5	0	0	0			8	5	7	5	0	0	0	贷				9	5	0	0	0	0

8

第八章 财产清查

学习目标

知识目标

了解财产清查的意义与分类。
熟悉财产清查的一般程序。
熟悉货币资金、实物资产和往来款项的清查方法。
熟悉财产清查结果的账务处理。

能力目标

掌握银行存款余额调节表的编制。

导入案例

小李在公司财务部已实习一段时间了，通过实际工作，她对课堂上学到的专业知识有了更深的体会，受益匪浅。某天，她与公司出纳一起盘点库存现金时发现，出纳首先将库存现金收、付款凭证全部登记入账并结出余额，然后打开保险柜和办公桌抽屉，取出其中的现钞及收据并进行清点。盘点结束后，根据盘点结果和账簿余额填制了现金盘点报告表。

盘点工作结束后，小李有些疑惑，按照公司现金管理制度，库存现金应该全部放在保险柜中，而公司出纳将一部分现金存放于办公桌抽屉中，到底哪个正确呢？盘点过程中，清点的收据是否就是“白条抵库”呢？

第一节 财产清查概述

一、财产清查的概念与意义

（一）财产清查的概念

财产清查是指通过对货币资金、实物资产和往来款项等财产物资进行盘点或核对，确定其实存数，查明账存数与实存数是否相符的一种专门方法。

（二）财产清查的意义

企业应当建立并健全财产物资清查制度，加强管理，以保证财产物资核算的真实性和完整性。具体而言，财产清查的意义包括：

（1）保证账实相符，提高会计资料的准确性。通过财产清查，可以查明各项财产物资的实有数与账面数是否相符，并可进一步查明发生盘盈或盘亏的原因，进而便于及时调整账面信息，做到账实相符，以保证会计资料的准确性。

（2）切实保障各项财产物资的安全完整。通过财产清查，可以发现各项财产物资有无发生霉烂变质、损坏丢失或者被非法挪用、贪污盗窃等情况，从而采取措施，改善对财产物资的管理，保证财产物资的安全与完整。

（3）加速资金周转，提高资金使用效益。通过财产清查，可以查明财产物资的储备和利用情况，对于积压、闲置不用的物资及时做出适当处理，避免损失浪费；对于储备不足的物资应及时补充，保证生产经营的需要；对于不合理的物资使用应采取措施做到物尽其用，加速资金周转，提高资金使用效益。

二、财产清查的分类

财产清查可以按照清查范围、时间和执行单位进行分类。

（一）按照清查范围分类

财产清查按照清查范围的不同，可分为全面清查和局部清查。

1. 全面清查

全面清查是指对企业的全部财产进行的盘点和核对。全面清查范围广，涉及的部门、人员多，一般来说，企业只有在以下几种情况下才需进行全面清查：

（1）年终决算前，为了确保年终决算会计资料真实、正确时。

（2）单位撤销、合并或改变隶属关系时。

（3）中外合资、国内联营时。

（4）开展清产核资时。

（5）单位主要负责人调离工作岗位时。

2. 局部清查

局部清查是指企业根据需要只对部分财产进行盘点和核对。局部清查一般根据企业的管理需要进行，其清查对象也因管理需要的不同而不同，没有一个固定的模式。例如，企业出纳人员进行工作交接时，就必须对其保管的财产物资进行清点，以明确责任，这种清点就是一种局部清查。

局部清查的范围小、内容少且工作量小，企业应经常对一些贵重物资、流动性较大的财产（如库存现金、原材料和库存商品等）进行局部清查。局部清查一般包括：

（1）库存现金，应由出纳员在每日业务终了时进行清点，做到日清月结。

（2）银行存款和银行借款，应由出纳人员每月同银行至少核对一次。

（3）材料、在产品和产成品，除年度清查外，应有计划地每月重点抽查。

（4）贵重的财产物资，应经常清查盘点。

（5）债权债务，应每年至少与对方核对一至两次。

（二）按照清查时间分类

财产清查按照清查时间的不同，可分为定期清查和不定期清查。

1. 定期清查

定期清查是指按照预先计划安排的时间对财产进行的盘点和核对。定期清查一般在年末、季末或月末进行。定期清查可以是全面清查，也可以是局部清查。

2. 不定期清查

不定期清查是指事先不规定清查日期，而是根据特殊需要临时进行的盘点和核对。不定期清查可以是全面清查，也可以是局部清查，企业应根据实际需要来确定清查的对象和范围。不定期清查通常在下列情况下进行：

（1）更换财产物资保管员和出纳人员时。

（2）发生自然灾害或意外损失时。

（3）配合有关部门对企业进行会计检查时。

（4）单位撤销、合并或改变隶属关系时。

（5）按规定进行临时性资产评估和清产核资时。

（三）按照清查执行单位分类

财产清查按照清查执行单位的不同，可分为内部清查和外部清查。

1. 内部清查

内部清查是指由单位内部自行组织清查工作小组所进行的财产清查工作。大多数财产清查都是内部清查。

2. 外部清查

外部清查是指由上级主管部门、审计机关、司法部门或注册会计师根据国家有关规定或情况需要组成清查小组，对单位所进行的财产清查。一般来讲，进行外部清查时应有单位相关人员参加。

三、财产清查的程序

财产清查既是会计核算的一种专门方法，又是财产物资管理的一项重要制度。企业必须有计划、有组织地进行财产清查。财产清查是一项复杂而细致的工作，特别是年终的全部清查，由于范围广，工作量大，时间紧，在财产清查前必须做好充分的准备工作，然后才能按科学、合理的方法进行财产清查。不同目的的财产清查，所采用的清查方法也不同，但就其一般程序来讲，都至少包括以下步骤：

（1）建立财产清查小组。

（2）组织清查人员学习有关政策规定，掌握有关法律、法规和相关业务知识，以提高财产清查工作的质量。

（3）确定清查对象、范围，明确清查任务。

（4）制定清查方案，具体安排清查内容、时间、步骤、方法，以及必要的清查前准备。

（5）清查时本着先清查数量、核对有关账簿记录等，后认定质量的原则进行。

（6）填制盘存清单。

（7）根据盘存清单，填制实物、往来账项清查结果报告表。

第二节　财产清查的方法

由于货币资金、实物和往来款项的特点各有不同，在进行财产清查时，应采用与其特点和管理要求相适应的方法。

一、货币资金的清查

（一）库存现金的清查

库存现金的清查是采用实地盘点法确定库存现金的实存数，然后与库存现金日记账的账面余额相核对，以确定账实是否相符。

在清查前，出纳员应将库存现金收、付款凭证全部登记入账，并结计出余额。清点时，出纳员、财产清查人员都必须在场，由出纳员打开保险柜，并取出保险柜中的现钞，逐张清点。盘点结束后，根据盘点结果和库存现金日记账余额填制“库存现金盘点报告表”（见表 8-1），并由清查人员和出纳员签章。盘点时应注意，不能以借条、收据代替库存现金（称为“白条抵库”），若发现库存现金超过规定限额，则应及时将超限额部分送存银行。

表 8-1 库存现金盘点报告表

单位名称： 年 月 日

实存金额	账存金额	实存与账存对比		备注
		盘盈	盘亏	
处理意见：				

财务负责人签章： 盘点人签章： 出纳员签章：

在日常工作中，出纳员应做到“日清月结”。“日清”是指出纳员应做到当日的现金收付款凭证全部记入库存现金日记账，下班时清点保险柜内的现金余额，并与库存现金日记账余额进行核对。“月结”是指做到当月的现金日记账余额与会计的现金总账余额相符合。

（二）银行存款的清查

银行存款的清查是采用与开户银行核对账目的方法进行的，即将企业银行存款日记账的账簿记录与开户银行转来的对账单逐笔进行核对，来查明银行存款的实有数额。银行存款的清查一般在月末进行。

1. 银行存款日记账与银行对账单不符的原因

财务人员在进行银行存款清查时，应先将截至清查日的所有银行存款的收付业务都登记入账，对发生的错账、漏账及时查清更正后，再与银行的对账单逐笔核对。如果两者余额相符，通常说明没有错误；如果两者余额不相符，则可能是企业或银行一方或双方记账过程有错误或者存在未达账项。

未达账项是指企业和银行之间由于记账时间不一致而发生的一方已经入账，而另一方尚未入账的事项。未达账项一般分为以下四种情况：

（1）企业已收款记账，银行未收款未记账的款项（即企业已收，银行未收）。例如，企业将收到的支票送存银行，并根据银行的“进账单”回单登记银行存款增加，而银行则要等到款项转到企业账户后才增加企业的存款。

（2）企业已付款记账，银行未付款未记账的款项（即企业已付，银行未付）。例如，企业开出转账支票支付一笔商品款，并根据转账支票存根登记银行存款增加，但由于持票人未及时到银行办理转账，银行尚未记录企业的存款减少。

（3）银行已收款记账，企业未收款未记账的款项（即银行已收，企业未收）。例如，银行已将企业的存款利息收入划转并记入企业的银行账户，即银行已收，而企业由于未及时取回银行的结息单，仍未入账。

（4）银行已付款记账，企业未付款未记账的款项（即银行已付，企业未付）。例如，银行账上已代企业支付本月电费，即银行已付，但企业未及时取回银行的付款通知单，仍未入账。

上述任何一种未达账项的存在，都会使企业银行存款日记账余额与银行开出的对账单余额不符。所以，在与银行对账时首先应查明是否存在未达账项，如果存在未达账项，应该编制“银行存款余额调节表”（见表 8-2），确定企业与银行双方记账是否存在错误，以及企业银行存款实有数。

表 8-2 银行存款余额调节表

银行账户：　　　　　　　　　　年　　月　　日　　　　　　　　　　单位：元

项目	金额	项目	金额
企业银行存款日记账余额		银行对账单余额	
加：银行已收，企业未收		加：企业已收，银行未收	
减：银行已付，企业未付		减：企业已付，银行未付	
调节后的存款余额		调节后的存款余额	

主管会计：　　　　　　　　出纳：　　　　　　　　制表人：

2. 银行存款清查的步骤

银行存款的清查通常按以下四个步骤进行：

（1）将本单位银行存款日记账与银行对账单，以结算凭证的分类、号码和金额为依据，逐日逐笔核对。凡双方都有记录的，用铅笔在金额旁打上“√”。

（2）找出未达账项（即银行存款日记账和银行对账单中没有打“√”的款项）。

（3）将银行存款日记账和银行对账单的月末余额及找出的未达账项填入“银行存款余额调节表”，并计算出调整后的余额。

（4）将调整平衡的“银行存款余额调节表”，经主管会计签章后，呈报开户银行。

凡有多个银行户头及开设有外币存款户头的单位，应分别按存款户头开设“银行存款日记账”。每月月底，应分别将各户头的“银行存款日记账”与各户头的“银行对账单”核对，并分别编制各户头的“银行存款余额调节表”。

银行存款余额调节表的编制，是以双方账面余额为基础，各自分别加上对方已收款入账而企业尚未入账的数额，减去对方已付款入账而企业尚未入账的数额，其计算公式如下：

企业银行存款日记账余额+银行已收企业未收款−银行已付企业未付款=银行对账单余额+企业已收银行未收款−企业已付银行未付款

【例 8-1】　2019 年 7 月 2 日，某企业接到其开户行 6 月份的对账单，6 月份的银行存款日记账与银行对账单分别如表 8-3 和表 8-4 所示。

表 8-3　银行存款日记账

银行存款日记账

开户银行：中国建设银行　　银行账号：6217001234567890023　　第 1 页

2019 年 月	日	凭证 字	号	摘　要	对应科目	借　方（百十万千百十元角分）	贷　方（百十万千百十元角分）	借或贷	余　额（百十万千百十元角分）
5	31			本月合计	略	5500000	1000000	借	4500000
6	5	银付	01	购材料（电汇 4001#）			2000000	借	2500000
6	10	银付	02	支付运费（支票 012021#）			50000	借	2450000
6	14	银收	01	收到货款（银承 3021#）		1500000		借	3950000
6	21	银收	02	送存现金（支票 012011#）		1000000		借	4950000
6	30	银付	03	支付货款（银承 3111#）			850000	借	4100000
6	30	银收	03	出售设备（支票 012123#）		2400000		借	6500000

表 8-4　银行对账单

2019 年 月	日	结算凭证	摘　要	借　方	贷　方	余　额
6	5	电汇 4001#	付货款	20 000		25 000
6	10	转账支票 012021#	支付运费	500		24 500
6	18	委托收款	收到货款		15 000	39 500
6	21	现金支票 012011#	收现		10 000	49 500
6	22	委托收款	利息收入		500	50 000
6	30	集中代收付	代付电费	2 500		47 500

注：银行对账单中，贷方表示企业存入开户行的存款增加数，借方表示企业在开户行的存款减少数。

根据银行存款日记账与银行对账单编制银行存款余额调节表，具体步骤为：

第一步：将本单位银行存款日记账与银行对账单逐日逐笔核对。凡双方都有记录的，用铅笔在金额旁打上“√”。

第二步：找出未达账项。

企业已付、银行未付的未达账项=8 500 元

企业已收、银行未收的未达账项=24 000 元

银行已收、企业未收的未达账项=500 元

银行已付、企业未付的未达账项=2 500 元

第三步：银行存款余额调节表，如表 8-5 所示。

表 8-5　银行存款余额调节表

银行账户：中国建设银行　　2019 年 06 月 30 日　　单位：元

项目	金额	项目	金额
银行存款日记账余额	65 000	银行对账单余额	47 500
加：银行已收，企业未收	500	加：企业已收，银行未收	24 000
减：银行已付，企业未付	2 500	减：企业已付，银行未付	8 500
调节后的存款余额	63 000	调节后的存款余额	63 000

主管会计：　　出纳：　　制表人：

3. 银行存款余额调节表的作用

（1）银行存款余额调节表是一种对账记录或对账工具，不能作为调整账面记录的依据，即不能根据银行存款余额调节表中的未达账项来调整银行存款账面记录。对于未达账项，只有在收到有关凭证后才能进行有关的账务处理。

（2）调节后的余额如果相等，说明企业和银行的账面记录一般没有错误，该余额通常为企业可以动用的银行存款实有数。

（3）调节后的余额如果不相等，通常说明一方或双方记账有误，需进一步追查，查明原因后予以更正和处理。

二、实物资产的清查

实物资产主要包括固定资产和存货（如原材料、在产品、自制半成品、库存商品和低值易耗品等）。实物资产的清查就是对实物资产在数量和质量上所进行的清查。

（一）盘存制度

实物资产账面结存数的确定方法有永续盘存制和实地盘存制两种。

1. 永续盘存制

永续盘存制，又称账面盘存制，是指根据会计凭证在财产物资明细账中连续记录财产物资的增加和减少，随时结出账面结存数的核算方法。账面期末结存数的计算公式为：

账面期末结存数=账面期初结存数+账面本期增加数−账面本期减少数

若账面期末结存数与实际盘点数相符，则说明账面记录基本正确，财产物资安全；若两者不符，则说明账面记录或者实物资产的收、发、存有错误，需进一步查明原因。

2. 实地盘存制

实地盘存制，又称以存计销制或以存计耗制，是指平时只登记各项财产物资的增加，月末对财产物资进行实地盘点，将实存数作为账面结存数，再倒挤出本期减少数并登记入账的一种盘存制度。账面本期减少数的计算公式为：

账面本期减少数=账面期初结存数+账面本期增加数−账面期末实地盘点数

在实地盘存制下，以财产物资的实地盘存数作为账面期末结存数，倒挤账面本期减少数，容易导致在收发计量等管理过程中财产物资的毁损、被盗等均作为正常耗用处理，不便于企业对财产物资的管理，故实务中除大宗低值商品（如煤炭）外，一般不采用实地盘存制。

（二）实物资产的清查方法

实物的清查主要是通过实地盘点进行的。盘点时，实物保管人员必须在场，并与清查人员一起参加盘点工作。由于实物的形态、体积和重量等不同，采用的清查方法也不同，常用的清查方法主要有实地盘点法和技术推算法。

1. 实地盘点法

实地盘点法是指在财产物资存放现场逐一清点或通过计量器具（如磅秤、米尺等）确定其实有数量的一种方法。这种方法盘点数字准确可靠、适用范围广，适用于现金和各种实物的清查。

2. 技术推算法

技术推算法是指利用技术方法推算财产物资实存数的方法。这种方法主要适用于大堆存放、物体笨重、价值低廉、不便于逐一点数、过磅等物资的清查，如露天堆放的煤、沙石、焦炭等。技术推算法的盘点数量不够准确，但工作量小，是实地盘点法的一种补充方法。

对实物资产进行实地盘点后，应根据实物资产的清查盘点结果填写“盘存单”（见表 8-6），并由盘点人和实物保管人签字或盖章。盘存单是用来记录实物盘点结果，反映事物资产实存数额的原始凭证。

表 8-6 存货盘存单

财产类别：　　　　　　　　年　　月　　日　　　　　　　　存放地点：

编号	名称	规格或型号	计量单位	数量	单价	金额	备注

盘点人：　　　　　　　　　　　　保管人：

为了查明各种实物资产的实存数与账存数是否一致，应根据“盘存单”和会计账簿记录，编制“实存账存对比表”（见表 8-7），以便确定各种账实不符物资的具体盈亏金额。“实存账存对比表”是用来反映实物资产实有数和账存数的差异，并作为调整账簿记录的原始凭证。

表 8-7 存货账存实存对比表

财产类别： 年 月 日 第 页

编号	名称	计量单位	单价	实存		账存		盘盈		盘亏		备注
				数量	金额	数量	金额	数量	金额	数量	金额	

负责人： 制表人：

清查时如发现有积压呆滞、残损变质或霉烂过期的各种实物资产，则应填制“积压变质报告单”，如表 8-8 所示。

表 8-8 积压变质报告单

财产类别： 年 月 日

编号	名称	规格	计量单位	进货单价	实存数量	金额	情况说明	处理意见

审批意见： 盘点人： 实物保管人：

三、往来款项的清查

往来款项主要包括应收、应付款项和预收、预付款项等。往来款项的清查一般采用发询证函（见图 8-1）的方法进行核对。往来款项清查以后，将清查结果编制“往来款项清查报告单”（见表 8-9），填列各项债权、债务的余额。对于有争执的款项及无法收回的款项，应在报告单上详细列明情况，以便及时采取措施进行处理，避免或减少坏账损失。

往来结算款项询证函

×××单位：

本单位与贵单位的往来款项，下列数据来自本单位核对账簿记录。如与贵公司记录相符，请在本函下端“信息证明无误”处签章证明；如有不符，请在“信息不符”处列明不符项目。如存在与本公司有关的未列入本函的其他项目，请在“信息不符”处列出这些项目的金额及详细资料。

截止日期	贵公司欠	销售给贵公司（不含税）	欠贵公司	本公司科目

本函仅为复核账目之用，并非催款结算。若款项在上述日期之后已经付清，仍请及时复函为盼。

核查单位（盖章）

年 月 日

沿此虚线裁开，将以下回函寄回本单位。

往来结算款项询证函（回函）

__________核查单位：

你单位寄来的“往来结算款项询证函”已收到，经核对无误（或不符，应注明具体内容）。

信息证明无误	信息不符及需加证明事项（详细附后）
单位（盖章） 年 月 日	单位（盖章） 年 月 日

图 8-1 往来结算款项询证函

表 8-9 往来款项清查报告单

总分类账户名称： 年 月 日 单位：元

明细分类账户		清查结果		不相符的原因分析			
名称	金额	核对相符金额	核对不符金额	未达账项	争执款项	无法收回	合计

清查人员： 往来会计：

第三节　财产清查结果的处理

一、财产清查结果处理的要求

财产清查结果处理是指对账实不符即发生盘盈、盘亏或毁损等情况的处理。对于财产清查中发现的问题，如财产物资的盘盈、盘亏、毁损或其他各种损失，应核实情况，调查分析产生的原因，按照国家有关法律法规的规定，进行相应的处理。财产清查结果处理的具体要求包括：

（1）分析产生差异的原因和性质，提出处理建议。

（2）积极处理多余积压财产，清理往来款项。

（3）总结经验教训，建立和健全各项管理制度。

（4）及时调整账簿记录，保证账实相符。

二、财产清查结果处理的步骤与方法

对于财产清查结果的处理可分为以下两种情况。

（一）审批之前的处理

根据“清查结果报告表”“盘点报告表”等已经查实的数据资料，填制记账凭证，记入有关账簿，使账簿记录与实际盘存数相符，同时根据权限，将处理建议报股东大会或董事会，或经理（厂长）会议或类似机构批准。

（二）审批之后的处理

企业清查的各种财产损益，应于期末前查明原因，并根据企业的管理权限，经股东大会或董事会，或经理（厂长）会议或类似机构批准后，在期末结账前处理完毕。企业应严格按照有关部门对财产清查结果提出的处理意见进行账务处理，填制有关记账凭证，登记有关账簿，并追回由于责任者原因造成的财产损失。

企业清查的各种财产损益，如果在期末结账前尚未经批准，在对外提供财务报表时，先按上述规定进行处理，并在附注中作出说明。

三、财产清查结果的账务处理

（一）设置“待处理财产损溢”账户

为了反映和监督企业在财产清查过程中查明的各种财产物资的盘盈、盘亏、毁损及其处理情况，企业应设置“待处理财产损溢”账户（固定资产盘盈和毁损分别通过“以前年度损益调整”“固定资产清理”账户核算）。该账户属于双重性质的资产类账户，下设“待处理流动资产损溢”和“待处理非流动资产损溢”两个明细分类账户进行明细分类核算。“待处理财产损溢”账户在期末结账后没有余额，其账户结构如图 8-2 所示。

借方　　待处理财产损溢	贷方
① 登记财产物资的盘亏数、毁损数 ② 批准转销的财产物资盘盈数	① 登记财产物资的盘盈数 ② 批准转销的财产物资盘亏及毁损数
期末余额：尚未处理的财产物资的盘亏、毁损数	期末余额：尚未处理的财产物资的盘盈数

图 8-2 “待处理财产损溢”账户结构

（二）库存现金清查结果的账务处理

1. 库存现金盘盈的账务处理

库存现金盘盈时，应及时办理库存现金的入账手续，调整库存现金账簿记录，即按盘盈的金额借记“库存现金”账户，贷记“待处理财产损溢——待处理流动资产损溢”账户。

对于盘盈的库存现金，应及时查明原因，按管理权限报经批准后，按盘盈的金额借记“待处理财产损溢——待处理流动资产损溢”账户，按需要支付或退还他人的金额贷记“其他应付款”账户，按无法查明原因的金额贷记“营业外收入”账户。

【例 8-2】 某企业在现金清查中，发现库存现金实有数比账面余额多出 345 元，无法查明原因。

（1）批准前，根据“库存现金盘点报告表”确定现金盘盈数，编制如下会计分录：

借：库存现金　　345

　贷：待处理财产损溢——待处理流动资产损溢　　345

（2）经批准，盘盈的现金做营业外收入处理，根据批准文件编制如下会计分录：

借：待处理财产损溢——待处理流动资产损溢　　345

　贷：营业外收入　　345

2. 库存现金盘亏的账务处理

库存现金盘亏时，应及时办理盘亏的确认手续，调整库存现金账簿记录，即按盘亏的金额借记“待处理财产损溢——待处理流动资产损溢”账户，贷记“库存现金”账户。

对于盘亏的库存现金，应及时查明原因，按管理权限报经批准后，按可收回的保险赔偿和过失人赔偿的金额借记“其他应收款”账户，按管理不善等原因造成净损失的金额借记“管理费用”账户，按自然灾害等原因造成净损失的金额借记“营业外支出”账户，按原记入“待处理财产损溢——待处理流动资产损溢”账户借方的金额贷记本账户。

【例 8-3】 某企业在现金清查中，发现库存现金实有数比账面余额短缺 566 元，经查，400 元是员工王振白条抵库，100 元属于出纳李红挪用，另外 66 元无法查明原因。

（1）批准前，根据“库存现金盘点报告表”确定现金盘亏数，编制如下会计分录：

借：待处理财产损溢——待处理流动资产损溢　566

　贷：库存现金　566

（2）批准后，根据批准后处理意见编制如下会计分录：

借：其他应收款——王振　400

　　　　　——李红　100

　管理费用　66

　贷：待处理财产损溢——待处理流动资产损溢　566

（三）存货清查结果的账务处理

1. 存货盘盈的账务处理

存货盘盈时，应及时办理存货入账手续，调整存货账簿的实存数。盘盈的存货应按其重置成本作为入账价值借记“原材料”“库存商品”等账户，贷记“待处理财产损溢——待处理流动资产损溢”账户。

对于盘盈的存货，应及时查明原因，按管理权限报经批准后，冲减管理费用，即按其入账价值借记“待处理财产损溢——待处理流动资产损溢”账户，贷记“管理费用”账户。

【例 8-4】 某企业在财产清查中发现甲材料盘盈 5 千克，单价 100 元，共计 500 元。经查属于材料收发计量错误造成。

（1）批准前，根据“盘存单”和“存货实存账存对比表”，调增甲材料的账面价值，编制如下会计分录：

借：原材料——甲材料　500

　贷：待处理财产损溢——待处理流动资产损溢　500

（2）批准后，编制如下会计分录：

借：待处理财产损溢——待处理流动资产损溢　500

　贷：管理费用　500

2. 存货盘亏的账务处理

存货盘亏时，应按盘亏的金额借记“待处理财产损溢——待处理流动资产损溢”账户，贷记“原材料”“库存商品”等账户。材料、产成品涉及增值税的，还应进行相应的税费处理。

对于盘亏的存货，应及时查明原因，按管理权限报经批准后，按可收回的保险赔偿和过失人赔偿的金额借记“其他应收款”账户，按管理不善等原因造成净损失的金额借记“管理费用”账户，按自然灾害等原因造成净损失的金额借记“营业外支出”账户，按原记入“待处理财产损溢——待处理流动资产损溢”账户借方的金额贷记本账户。

【例 8-5】某企业在财产清查中发现乙材料已霉烂变质，数量为 10 千克，单价 60 元，共计 600 元。经批准，对乙材料进行处理，材料保管员张青赔偿 200 元，其余作管理不善损失（不考虑增值税）。

（1）批准前，根据“盘存单”和“存货实存账存对比表”，调减乙材料的账面价值，编制如下会计分录：

借：待处理财产损溢——待处理流动资产损溢　　600
　贷：原材料——乙材料　　600

（2）批准后，编制如下会计分录：

借：其他应收款——张青　　200
　　管理费用　　400
　贷：待处理财产损溢——待处理流动资产损溢　　600

（四）往来款项结算的账务处理

在财产清查过程中发现的长期未结算的往来款项，应及时清查。对于经查明确实无法支付的应付款项可按规定程序报经批准后，转作营业外收入。

对于无法收回的应收款项则作为坏账损失冲减坏账准备。坏账是指企业无法收回或收回的可能性极小的应收款项。由于发生坏账而产生的损失，称为坏账损失。企业通常应将符合下列条件之一的应收款项确认为坏账：

（1）债务人死亡，以其遗产清偿后仍然无法收回。

（2）债务人破产，以其破产财产清偿后仍然无法收回。

（3）债务人较长时间内未履行其偿债义务，并有足够的证据表明无法收回或者收回的可能性极小。

企业对有确凿证据表明确实无法收回的应收款项，经批准后作为坏账损失。对于已确认为坏账的应收款项，并不意味着企业放弃了追索权，一旦重新收回，应及时入账。

【例 8-6】某企业在财产清查中发现有一笔 5 000 元的应付款项因债权单位已不存在而无法支付，按规定予以转销。根据有关审批手续，编制如下会计分录：

借：应付账款——××单位　　5 000
　贷：营业外收入　　5 000

课堂讨论

请同学们分析一下“导入案例”中小李提出的问题：按照公司现金管理制度，库存现金应该全部放在保险柜中，而公司出纳将一部分现金存放于办公桌抽屉中，到底哪个正确呢？盘点过程中，清点的收据是否就是“白条抵库”呢？

9

第九章 财务报表

学习目标

知识目标

了解财务报表的概念、作用及内容。
理解财务报表的分类。
熟悉编制财务报表的基本要求。
熟悉资产负债表、利润表的作用。

能力目标

掌握资产负债表的列示要求与编制方法。
掌握利润表的列示要求与编制方法。

导入案例

小玲大学刚毕业，第一次做财务工作，忙碌了一个月，终于在月底将填制凭证、登记账簿的工作基本完成，接下来该编制财务报表了。

小玲翻开这个月的总账账簿和明细账账簿，整理后的有关资料如表 9-1 所示。

表 9-1　总分类账户余额表

单位：元

账户名称	借方余额	账户名称	贷方余额
库存现金	1 500	短期借款	60 000
银行存款	252 700	应付账款	40 000
其他货币资金	120 000	其他应付款	80 000
应收账款	75 000	应付职工薪酬	60 000
其他应收款	15 000	应交税费	5 600
材料采购	130 000	长期借款	100 000
原材料	145 000	实收资本	500 000
库存商品	170 000	资本公积	100 000
固定资产	250 000	盈余公积	37 100
累计折旧	-150 000	利润分配（未分配利润）	26 500
合计	1 009 200	合计	1 009 200

请大家对照资产负债表中列示的项目，跟小玲一起编制一份资产负债表。

第一节　财务报表概述

一、财务会计报告的概念及作用

（一）财务会计报告的概念

财务会计报告是指单位会计部门根据经过审核的会计账簿记录和有关资料，编制并对外提供的反映单位某一特定日期财务状况和某一会计期间经营成果、现金流量及所有者权益等会计信息的总结性书面文件。

（二）财务会计报告的作用

企业编制财务会计报告的目的，是向会计信息使用者提供与企业财务状况、经营成果和现金流量等有关的会计信息，反映企业管理层受托责任的履行情况，其作用主要表现在以下几个方面：

（1）为企业的投资者作出合理决策提供会计信息。

（2）为政府有关部门进行宏观经济调控和管理提供会计信息。

（3）为企业加强和改善经营管理，提高经济效益提供会计信息。

（4）为企业的债权人了解企业财务状况和偿债能力提供有用的信息。

二、财务会计报告的内容

财务会计报告主要由财务报表和财务报表附注两部分组成。

（一）财务报表

财务报表是财务会计报告的主体和核心，也是企业对外披露会计信息的主要手段。财务报表包括资产负债表、利润表、现金流量表和所有者权益变动表。

现金流量表、所有者权益（或股东权益）变动表的格式分别如表 9-2 和表 9-3 所示，资产负债表和利润表的格式与内容将在后文详细讲述。

表 9-2　现金流量表

会企 03 表

编制单位：　　　　　　　　　　年　　月　　　　　　　　　　单位：元

项目	本期金额	上期金额
一、经营活动产生的现金流量		
销售商品、提供劳务收到的现金		
收到的税费返还		
收到其他与经营活动有关的现金		
经营活动现金流入小计		
购买商品、接受劳务支付的现金		
支付给职工以及为职工支付的现金		
支付的各项税费		
支付其他与经营活动有关的现金		
经营活动现金流出小计		
经营活动产生的现金流量净额		

续表

项目	本期金额	上期金额
二、投资活动产生的现金流量		
收回投资收到的现金		
取得投资收益收到的现金		
处置固定资产、无形资产和其他长期资产收回的现金净额		
处置子公司及其他营业单位收到的现金净额		
收到其他与投资活动有关的现金		
投资活动现金流入小计		
购建固定资产、无形资产和其他长期资产支付的现金		
投资支付的现金		
取得子公司及其他营业单位支付的现金净额		
支付其他与投资活动有关的现金		
投资活动现金流出小计		
投资活动产生的现金流量净额		
三、筹资活动产生的现金流量		
吸收投资收到的现金		
取得借款收到的现金		
收到其他与筹资活动有关的现金		
筹资活动现金流入小计		
偿还债务支付的现金		
分配股利、利润或偿付利息支付的现金		
支付其他与筹资活动有关的现金		
筹资活动现金流出小计		
筹资活动产生的现金流量净额		
四、汇率变动对现金及现金等价物的影响		
五、现金及现金等价物净增加额		
加：期初现金及现金等价物余额		
六、期末现金及现金等价物余额		

表 9-3　所有者权益变动表

会企 04 表

编制单位：　　　　　　　　　　　年度　　　　　　　　　　　单位：元

项目	本年金额													上年金额												
	实收资本（或股本）	其他权益工具			资本公积	减：库存股	其他综合收益	专项储备	盈余公积	未分配利润	所有者权益合计	实收资本（或股本）	其他权益工具			资本公积	减：库存股	其他综合收益	专项储备	盈余公积	未分配利润	所有者权益合计				
		优先股	永续债	其他									优先股	永续债	其他											
一、上年年末余额																										
加：会计政策变更																										
前期差错更正																										
其他																										
二、本年年初余额																										
三、本年增减变动金额（减少以“-”号填列）																										
（一）综合收益总额																										
（二）所有者投入和减少资本																										
1．所有者投入普通股																										
2．其他权益工具持有者投入资本																										
3．股份支付计入所有者权益的金额																										
4．其他																										
（三）利润分配																										
1．提取盈余公积																										
2．对所有者（或股东）的分配																										
3．其他																										
（四）所有者权益内部结转																										
1．资本公积转增资本（或股本）																										
2．盈余公积转增资本（或股本）																										
3．盈余公积弥补亏损																										
4．设定受益计划变动额结转留存受益																										
5．其他																										
四、本年年末余额																										

（二）财务报表附注

财务报表附注是反映企业财务状况、经营成果和现金流量的补充报表，是为了便于会计信息使用者理解财务报表的内容而对在财务报表中列示项目所作的进一步说明，以及未能在这些报表中列示项目的说明。

财务报表附注主要包括企业的基本情况、财务会计报告的编制基础、遵循企业会计准则的声明、重要会计政策和会计估计、会计政策和会计估计变更，以及差错更正的说明、报表重要项目的说明、分部报告和关联方披露等。

需要注意的是，资产负债表、利润表、现金流量表和所有者权益变动表和会计报表附注是企业编制财务会计报告的最低要求，而不是财务会计报告的全部内容。

三、财务报表的分类

（一）按编报期间分类

财务报表按编报期间的不同，可分为年度财务报表和中期财务报表。

（1）年度财务报表简称年报，又称为决算报告，是指企业每年末编报的财务报表，包括资产负债表、利润表、现金流量表和所有者权益变动表。年度财务报表应于年度终了后四个月内对外提供。

（2）中期财务报表是以短于一个完整会计年度的报告期间为基础编制的财务报表，包括月度财务报表、季度财务报表和半年度财务报表。中期财务报表至少应当包括资产负债表、利润表、现金流量表和附注，与年度财务报表相比，中期财务报表中的附注披露可适当简略。

年度财务报表要求揭示完整、反映全面；月度财务报表是按月编报的报表，要求简明扼要、及时编报；季度财务报表和半年度财务报表的详细程度介于年度报表与月度报表之间。

（二）按编制主体分类

财务报表按编制主体的不同，可分为个别财务报表和合并财务报表。

（1）个别财务报表是由企业在自身会计核算基础上对账簿记录进行加工而编制的财务报表，主要用于反映企业自身的财务状况、经营成果和现金流量情况。

（2）合并财务报表是以母公司和子公司组成的企业集团为会计主体，由母公司编制的，综合反映企业集团整体财务状况、经营成果和现金流量的财务报表。

（三）按所反映资金运动的性质分类

财务报表按所反映资金运动的性质不同，可分为静态财务报表和动态财务报表。

（1）静态财务报表是指反映企业某一特定日期的资产、负债和所有者权益等基本财务状况的报表。资产负债表就属于这类报表。

（2）动态财务报表是指表现企业在一定期间内的经营成果的形成及其在经营中对现金增减变化影响的报表。利润表、现金流量表和所有者权益变动表属于这类报表。动态报表是处于经营期间内的报表，在时间表示上一般是月份、季度、半年度或年度。

（四）按使用者与企业的关系不同分类

财务报表按使用者与企业的关系不同，可分为对外财务报表和对内财务报表。

（1）对外财务报表是指需要向企业外部的所有利害关系人公开的财务报表，其内容包括资产负债表、利润表、现金流量表及所有者权益变动表等。

（2）对内财务报表是指为企业内部经营管理者提供经营管理所需要的财务报表，其内容基本是涉及企业经营“秘密”的报表，如有关成本报表、销售利润表等，这些专项财务报表都不宜公开。

四、编制财务报表的基本要求

为了充分发挥财务报表的作用，让会计信息使用者清楚地了解企业的财务状况、经营成果和现金流量等情况，尽可能准确地预测企业未来，企业编制的财务报表应符合以下基本要求。

（一）以持续经营为基础编制

企业应当以持续经营为基础，根据实际发生的交易和事项，按照《企业会计准则——基本准则》和其他各项会计准则的规定进行确认和计量，在此基础上编制财务报表。如果以持续经营为基础编制财务报表不再合理，企业应当采用其他基础编制财务报表，并在附注中声明财务报表未以持续经营为基础编制的事实、披露未以持续经营为基础编制的原因和财务报表的编制基础。

（二）按正确的会计基础编制

除现金流量表按照收付实现制原则编制外，企业应按权责发生制原则编制财务报表。

（三）至少按年编制财务报表

企业至少应当按年编制财务报表。年度财务报表涵盖的期间短于一年的，应当披露年度财务报表的涵盖期间、短于一年的原因，以及报表数据不具可比性的事实。

（四）重要性原则

重要性是指在合理预期下，财务报表某项目的省略或错报会影响使用者据此做出经济决策的，该项目具有重要性。

重要性应当根据企业所处的具体环境，从项目的性质和金额两方面予以判断，且对各项目重要性的判断标准一经确定，不得随意变更。判断项目性质的重要性，应当考虑该项目在性质上是否属于企业日常活动、是否显著影响企业的财务状况、经营成果和现金流量等因素；判断项目金额大小的重要性，应当考虑该项目金额占资产总额、负债总额、所有者权益总额、营业收入总额、营业成本总额、净利润和综合收益总额等直接相关项目金额的比重或所属报表单列项目金额的比重。

性质或功能不同的项目，应当在财务报表中单独列报，但不具有重要性的项目除外。性质或功能类似的项目，其所属类别具有重要性的，应当按其类别在财务报表中单独列报。某些项目的重要性程度不足以在资产负债表、利润表、现金流量表或所有者权益变动表中单独列示，但对附注却具有重要性，则应当在附注中单独披露。《企业会计准则第30号——财务报表列报》规定在财务报表中单独列报的项目，应当单独列报。其他会计准则规定单独列报的项目，应当增加单独列报项目。

（五）保持各个会计期间财务报表项目列报的一致性

财务报表项目的列报应当在各个会计期间保持一致，除会计准则要求改变财务报表项目的列报或企业经营业务的性质发生重大变化后，变更财务报表项目的列报能够提供更可靠、更相关的会计信息外，不得随意变更。

（六）各项目之间的金额不得相互抵销

财务报表中的资产项目和负债项目的金额、收入项目和费用项目的金额、直接计入当期利润的利得项目和损失项目的金额不得相互抵销，但其他会计准则另有规定的除外。

一组类似交易形成的利得和损失应当以净额列示，但具有重要性的除外。资产或负债项目按扣除备抵项目后的净额列示，不属于抵销。非日常活动产生的利得和损失，以同一交易形成的收益扣减相关费用后的净额列示更能反映交易实质的，不属于抵销。

（七）至少应当提供所有列报项目上的一个比较数据

企业当期财务报表的列报，至少应当提供所有列报项目上一个可比会计期间的比较数据，以及与理解当期财务报表相关的说明，但其他会计准则另有规定的除外。财务报表项目的列报发生变更的，应当对上期比较数据按照当期的列报要求进行调整，并在附注中披露调整的原因和性质，以及调整的各项目金额。对上期比较数据进行调整不切实可行的（即企业在做出所有合理努力后仍然无法采用某项规定），应当在附注中披露不能调整的原因。

（八）应当在显著位置披露重要信息

企业应当在财务报表的显著位置（如表首）至少披露下列各项：① 编报企业的名称；② 资产负债表日或财务报表涵盖的会计期间；③ 人民币金额单位；④ 财务报表是合并财务报表的，应当予以标明。

（九）其他

此外，企业在编制和报送财务报表时还应注意做好以下几项工作：

（1）内容完整。按规定的财务报表构成内容编报全部内容，对已有的经济活动及与报告对象决策有关的各种信息都在财务报表中提供，表中的项目和内容必须按规定填列完整。对规定填列的报表指标，无论是表内项目还是补充资料，都必须填列齐全，不得遗漏。

（2）数字真实。财务报表中各项指标数字必须真实可靠、正确无误，如实地反映企业的财务状况，严禁弄虚作假或用估计数字代替实际数字。

（3）计算准确。在编表过程中严格按照会计制度规定的报表编制说明操作，正确把握各项指标的口径，准确计算、填列各项指标的金额。

（4）编报及时。财务报表必须按照规定的时间和程序及时编制与对外提供。按企业会计制度规定，月度财务报表应当于月度终了后6天内（节假日顺延，下同）对外提供，至少应当包括资产负债表和利润表；季度财务报表应当于季度终了后 15 天内对外提供，包括的内容与月度财务报表基本相同；半年财务报表应当于年度中期结束后 60 天内对外提供，一般包括基本会计报表、利润分配表等附表及财务情况说明书；年度财务报表应当于年度终了后四个月内对外提供，包括要求提供财务会计报告的全部内容。

企业对外提供的财务报表应当依次编定页数，加具封面，装订成册，加盖公章。封面上应当注明企业名称、企业统一代码、组织形式、地址、报表所属年度或月份及报出日期，由企业负责人和会计机构负责人签名并盖章。设置总会计师的企业还应当由总会计师签名并盖章。

五、编制财务报表前的准备工作

在编制财务报表前，需要完成下列工作：

（1）严格审核会计账簿的记录和有关资料：① 检查相关的会计核算是否按照国家统一的会计制度的规定进行；② 检查是否存在因会计差错、会计政策变更等原因需要调整前期或本期相关项目的情况等。

（2）进行全面财产清查、核实债务，并按规定程序报批，进行相应的会计处理。

（3）按规定的结账日进行结账，结出有关会计账簿的余额和发生额，并核对各会计账簿之间的余额。

（4）检查相关的会计核算是否按照国家统一的会计制度的规定进行。

（5）检查是否因会计差错、会计政策变更等原因需要调整前期或本期相关项目的情况等。

第二节 资产负债表

一、资产负债表的概念和作用

（一）资产负债表的概念

资产负债表是反映企业某一特定日期财务状况的会计报表，它表明企业在某一特定日期所拥有或控制的经济资源、所承担的现时义务和所有者对净资产的要求权，属于静态报表。

（二）资产负债表的作用

（1）通过资产负债表，可以提供某一日期资产的总额及结构，表明企业拥有或控制的经济资源及其分布情况，即有多少资源是流动资产、有多少资源是长期投资，以及有多少资源是固定资产等。

（2）通过资产负债表，可以反映某一日期的负债总额及结构，表明企业未来需要用多少资产或劳务清偿债务及需要多少清偿时间，即流动负债有多少、长期负债有多少，以及长期负债中有多少需要用当期流动资金进行偿还等。

（3）通过资产负债表，可以反映所有者权益的情况，表明投资者在企业资产中所占的份额，了解所有者权益的构成情况，据以判断资本保值、增值的情况及对负债的保障程度。

（4）资产负债表还能够提供财务分析的基本资料，如通过资产负债表将流动资产与流动负债进行比较，将速动资产与流动负债进行比较，可以计算流动比率、速动比率等，以了解企业的短期偿债能力，从而有助于财务报表使用者做出经济决策。

二、资产负债表的列示要求

（一）资产负债表列报总体要求

1. 分类列报

资产负债表应当按照资产、负债和所有者权益三大类别分类列报。

2. 资产和负债按流动性列报

资产和负债应当按照流动性分别分为流动资产和非流动资产、流动负债和非流动负债列示。

3. 列报相关的合计、总计项目

资产负债表中的资产类至少应当列示流动资产和非流动资产的合计项目；负债类至少应当列示流动负债、非流动负债及负债的合计项目；所有者权益类应当列示所有者权益的合计项目。

资产负债表应当分别列示资产总计项目、负债与所有者权益之和的总计项目，且两者金额应当相等。

（二）资产的列报

资产负债表中的资产类至少应当单独列示反映下列信息的项目：① 货币资金；② 以公允价值计量且其变动计入当期损益的金融资产；③ 应收款项；④ 预收款项；⑤ 存货；⑥ 被划分为持有待售的非流动资产及被划分为持有待售的处置组中的资产；⑦ 可供出售金融资产；⑧ 持有至到期投资；⑨ 长期股权投资；⑩ 投资性房地产；⑪ 固定资产；⑫ 生物资产；⑬ 无形资产；⑭ 递延所得税资产。

（三）负债的列报

资产负债表中的负债类至少应当单独列示反映下列信息的项目：① 短期借款；② 以公允价值计量且其变动计入当期损益的金融负债；③ 应付款项；④ 预收款项；⑤ 应付职工薪酬；⑥ 应交税费；⑦ 被划分为持有待售的处置组中的负债；⑧ 长期借款；⑨ 应付债券；⑩ 长期应付款；⑪ 预计负债；⑫ 递延所得税负债。

（四）所有者权益的列报

资产负债表中的所有者权益类至少应当单独列示反映下列信息的项目：① 实收资本（或股本）；② 资本公积；③ 盈余公积；④ 未分配利润。

三、资产负债表的结构和内容

资产负债表由表头、表体和补充资料三个部分组成，如表 9-4 所示（适用于未执行新金融准则、新收入准则和新租赁准则的企业）。表体部分的格式主要有账户式和报告式两种。我国现行的企业资产负债表采用账户式格式。

表 9-4　资产负债表

会企 01 表

编制单位：　　　　　　　　年　　月　　日　　　　　　　　单位：元

资　产	期末余额	上年年末余额	负债和所有者权益（或股东权益）	期末余额	上年年末余额
流动资产：			流动负债：		
货币资金			短期借款		
以公允价值计量且其变动计入当期损益的金融资产			以公允价值计量且其变动计入当期损益的金融负债		
衍生金融资产			衍生金融负债		
应收票据			应付票据		
应收账款			应付账款		

续表

资　产	期末余额	上年年末余额	负债和所有者权益（或股东权益）	期末余额	上年年末余额
预付款项			预收款项		
其他应收款			应付职工薪酬		
存货			应交税费		
持有待售资产			其他应付款		
一年内到期的非流动资产			持有待售负债		
其他流动资产			一年内到期的非流动负债		
流动资产合计			其他流动负债		
非流动资产：			流动负债合计		
可供出售金融资产			非流动负债：		
持有至到期投资			长期借款		
长期应收款			应付债券		
长期股权投资			其中：优先股		
投资性房地产			永续债		
固定资产			长期应付款		
在建工程			预计负债		
生产性生物资产			递延收益		
油气资产			递延所得税负债		
无形资产			其他非流动负债		
开发支出			非流动负债合计		
商誉			负债合计		
长期待摊费用			所有者权益（或股东权益）：		
递延所得税资产			实收资本（或股本）		
其他非流动资产			其他权益工具		
非流动资产合计			其中：优先股		
			永续债		
			资本公积		
			减：库存股		
			其他综合收益		
			专项储备		
			盈余公积		
			未分配利润		
			所有者权益（或股东权益）合计		
资产总计			负债和所有者权益（或股东权益）总计		

（1）表头部分主要列示报表名称、编制单位名称、编制日期和人民币金额单位。

（2）表体部分根据“资产=负债+所有者权益”的会计等式设计，以表格的形式反映资产负债表的基本内容。表体分为左方和右方，左方列示资产，右方列示负债和所有者权益。

- ✧ 资产项目按流动性大小进行列示，流动性大的资产如“货币资金”“以公允价值计量且其变动计入当期损益的金融资产”等排在前面，流动性小的资产如“固定资产”“无形资产”等排在后面。
- ✧ 负债项目一般按要求清偿时间的先后顺序排列，“短期借款”“应付账款”等需要在一年以内或者长于一年的一个正常营业周期内偿还的流动负债排在前面，“长期借款”等在一年以上才需偿还的非流动负债排在后面。
- ✧ 所有者权益项目首先是实收资本（或股本），其次是资本公积、其他综合收益、盈余公积和未分配利润项目。

资产各项目的总计等于负债和所有者权益各项目的总计。表中列明的“期末余额”和“上年年末余额”两栏，借以分析和比较资产、负债和所有者权益等项目的增减变动情况。

（3）资产负债表的补充资料用于对资产负债表编制基础、编制依据、编制原则和方法及主要项目等进行解释。

四、编制资产负债表前的准备工作

编制资产负债表前，要认真清查财产物资，处理各种悬账、悬案，核对账簿记录，调整和结转有关账项，做到账账相符和账实相符，才能保证财务报表的质量。例如，资产发生盘盈盘亏的，要及时清理，一方面做出调整以使账实相符，另一方面及时结转待处理项目；编表前，对于本期应进行摊销、计提的各项目均应按规定比例、规定计提基数和规定期限计算摊提，如各项资产减值准备的计提、无形资产的摊销等。

在实务中，编制资产负债表前，一般先要进行试算平衡，编制试算平衡表，如表 9-5 所示。

表 9-5 总分类账试算平衡表

账户名称	期初余额		本期发生额		期末余额	
	借方	贷方	借方	贷方	借方	贷方
合　计						

试算平衡不是编表必不可少的步骤，但先试算平衡后再编表有利于确保报表的准确性。

五、资产负债表编制的基本方法

资产负债表一般按从上往下（即先表头、表体，后补充资料）、先左后右（即先资产，后负债和所有者权益）和先期初后期末的填表顺序填列。

（一）表头部分的编制

表头部分的编制单位是指该报表的会计主体。编制日期是指资产负债表报告期间的最后截止日，如1月份的资产负债表，其编制日期为××年1月31日；第一季度的资产负债表，其编制日期为××年3月31日；如为××年度的资产负债表，其编制日期为××年12月31日。金额单位是指报表的编报货币单位。按规定，我国的编报货币是人民币，编制时金额单位一般以人民币“元”为单位，对于报表金额特大的企业，也可以以“万元”为单位。

（二）表体部分的编制

资产负债表各项目均需填列“上年年末余额”和“期末余额”两栏。其中，“上年年末余额”栏内各项目数字，应根据上年末资产负债表栏内所列数字填列。若本年度资产负债表中规定的各项目的名称和内容与上年度不一致，应对上年年末资产负债表各项目的名称和数字按照本年度的规定进行调整，再将调整后的金额填入表中的“上年年末余额”栏。“期末余额”栏主要有以下几种填列方法。

1. 根据一个或几个总账账户余额填列

有些项目直接根据总账账户的余额填列，如短期借款、实收资本、资本公积和盈余公积等项目。

有些项目则需根据几个总账账户的期末余额计算填列。例如，“货币资金”项目，需根据“库存现金”“银行存款”“其他货币资金”三个总账账户的期末余额的合计数填列；“其他流动负债”项目，应根据有关账户的期末余额分析填列。

【例9-1】 2019年12月31日，华夏有限公司结账后“库存现金”账户余额为2 000元，“银行存款”账户余额为1 325 800元，“其他货币资金”账户余额为73 000元。则该公司2019年12月31日资产负债表中的“货币资金”项目金额为：

2 000+1 325 800+73 000=1 400 800元

2. 根据明细账户的余额计算填列

（1）“预付款项”项目需要根据“预付账款”和“应付账款”账户所属各明细账的期末借方余额合计数填列。

【例9-2】 2019年12月31日，华夏有限公司结账后，有关账户所属明细账户借贷方余额如表9-6所示。

表 9-6 明细账户借贷方余额表

2019 年 12 月 31 日 单位：元

账户名称	明细账户借方余额合计	明细账户贷方余额合计
预付账款	400 000	300 000
应付账款	200 000	1 150 000

则该公司 2019 年 12 月 31 日资产负债表中“预付账款”项目的金额为：

400 000+200 000=600 000 元

（2）“开发支出”项目应根据“研发支出”账户中所属的“资本化支出”明细账户期末余额填列。

（3）“一年内到期的非流动资产”“一年内到期的非流动负债”项目应根据有关非流动资产或非流动负债账户的明细账户余额分析填列。

（4）“未分配利润”项目，平时应根据“本年利润”账户和“利润分配”账户的期末余额计算填列，如为未弥补的亏损，则在本项目内以“-”填列。年度终了，该项目可以只根据“利润分配”账户的期末余额填列。如果余额在贷方，则直接填列；如果余额在借方，则以“-”填列。

3. 根据总账账户和明细账账户的余额分析计算填列

例如，“长期借款”项目应根据“长期借款”总账账户余额扣除“长期借款”账户所属明细账户中将在一年内到期且企业不能自主地将清偿义务展期的长期借款的金额计算填列。

【例 9-3】 华夏有限公司长期借款情况如表 9-7 所示。

表 9-7 长期借款情况列表

借款起始日期	借款期限（年）	金额（元）
2018—2019	3	400 000
2017—2018	4	460 000
2016—2017	3	300 000
合　计		1 160 000

则该公司 2019 年 12 月 31 日资产负债表中“长期借款”项目金额为：

1 160 000-300 000=860 000 元

本例中，应当根据“长期借款”总账账户余额 1 160 000 元，减去 1 年内到期的长期借款 300 000 元，得到作为资产负债表中“长期借款”项目的金额，即 860 000 元。将在一年内到期的长期借款 300 000 元，应当填列在流动负债下“一年内到期的非流动负债”项目中。

4. 根据有关账户余额减去其备抵账户余额后的净额填列

例如，“长期股权投资”项目应根据“长期股权投资”等账户的期末余额减去“长期股权投资减值准备”等账户余额后的净额填列；“固定资产”项目应当根据“固定资产”账户的期末余额减去“累计折旧”“固定资产减值准备”账户期末余额后的金额，以及“固定资产清理”账户的期末余额填列；“无形资产”项目应当根据“无形资产”账户的期末余额减去“累计摊销”“无形资产减值准备”账户余额后的净额填列。

【例 9-4】 2019 年 12 月 31 日，华夏有限公司结账后的“固定资产”账户余额为 2 400 000 元，“累计折旧”账户余额为 370 000 元。则该公司 2019 年 12 月 31 日资产负债表中的“固定资产”项目金额为：

2 400 000−370 000=2 030 000 元

本例中，应当以“固定资产”总账账户余额，减去“累计折旧”账户余额后的净额，作为资产负债表中“固定资产”的项目金额。

5. 综合运用上述填列方法分析填列

例如，“存货”项目应根据“材料采购（在途物资）”“原材料”“库存商品”“生产成本”“周转材料”“委托加工物资”“材料成本差异”“发出商品”等总账账户期末余额的分析汇总数减去“存货跌价准备”账户期末余额后的净额填列。

【例 9-5】 2019 年 12 月 31 日，华夏有限公司结账后“材料采购”账户余额为 180 000 元（借方），“原材料”账户余额为 145 000 元（借方），“周转材料”账户余额为 28 000 元（借方），“库存商品”账户余额为 2 315 000 元（借方）。则该公司 2018 年 12 月 31 日资产负债表中的“存货”项目金额为：

180 000+145 000+28 000+2 315 000=2 668 000 元

（三）“期末余额”各项目的具体内容和填列说明

资产负债表中资产、负债和所有者权益主要项目的具体内容和填列说明如下。

1. 资产项目的具体内容和填列说明

（1）“货币资金”项目，反映企业库存现金、银行结算户存款、外埠存款、银行汇票存款、银行本票存款、信用卡存款和信用保证金存款等的合计数。本项目应根据“库存现金”“银行存款”“其他货币资金”账户期末余额合计数填列。

（2）“以公允价值计量且其变动计入当期损益的金融资产”项目，反映企业持有的以公允价值计量且其变动计入当期损益的为交易目的所持有的债券投资、股票投资、权证投资等金融资产。本项目应根据“交易性金融资产”账户和在期初确认时指定为以公允价值计量且其变动计入当期损益的金融资产科目的期末余额填列。

（3）“衍生金融资产”项目，反映企业衍生工具形成资产的期末余额。本项目应根据有关账户期末余额填列。

（4）“应收票据”项目，反映资产负债表日以摊余成本计量的、企业因销售商品、提供服务等收到的商业汇票，包括银行承兑汇票和商业承兑汇票。本项目应根据“应收票据”账户的期末余额，减去“坏账准备”账户中相关坏账准备期末余额后的金额填列。

（5）“应收账款”项目，反映资产负债表日以摊余成本计量的、企业因销售商品、提供服务等经营活动应收取得款项。本项目应根据“应收账款”账户的期末余额，减去“坏账准备”科目中相关坏账准备期末余额后的金额分析填列。

（6）“预付款项”项目，反映企业预付给供应单位的款项。本项目应根据“预付账款”和“应付账款”账户所属各明细账户的期末借方余额合计数，减去“坏账准备”账户中有关预付账款计提的坏账准备期末余额后的金额填列。如“预付账款”账户所属明细账户期末有贷方余额的，应在资产负债表“应付账款”项目内填列。

（7）“其他应收款”项目，反映企业除应收票据、应收账款、预付账款等以外的各种应收及暂付款项，包括各种应收赔款、备用金、应收包装物租金、应收的各种赔款、罚款和应向职工收取的各种垫付款项等。本项目应根据“应收利息”“应收股利”和“其他应收款”账户的期末余额合计数，减去“坏账准备”账户中相关坏账准备期末余额后的金额填列。

（8）“存货”项目，反映企业期末在库、在途和在加工中的各项存货的成本或可变现净值。本项目应根据“材料采购”“在途物资”“原材料”“周转材料”“库存商品”“发出商品”“委托加工物资”“委托代销商品”“受托代销商品”“生产成本”等总账账户的期末余额合计数，减去“受托代销商品款”“存货跌价准备”账户余额后的净额填列。材料采用计划成本核算，以及库存商品采用计划成本核算或售价核算的企业，还应按加或减材料成本差异、商品进销差价后的金额填列。

（9）“持有待售资产”项目，反映资产负债表日划分为持有待售类别的非流动资产及划分为持有待售类别的处置组中的流动资产和非流动资产的期末账面价值。本项目应根据“持有待售资产”账户的期末余额，减去“持有待售资产减值准备”账户的期末余额后的金额填列。

（10）“一年内到期的非流动资产”项目，反映预计自资产负债表日起一年内变现的非流动资产，包括一年内到期的持有至到期投资、长期待摊费用、一年内可收回的长期应收款等。本项目应根据上述账户分析计算后填列。

（11）“其他流动资产”项目，反映企业除以上流动资产项目外的其他流动资产。本项目应根据有关账户的期末余额填列。

（12）“可供出售金融资产”项目，反映企业持有的可供出售金融资产的公允价值。本项目根据“可供出售金融资产”账户期末余额填列。

（13）“持有至到期投资”项目，反映企业持有至到期投资的摊余价值。本项目根据“持有至到期投资”账户期末余额减去一年内到期的投资部分和“持有至到期投资减值准备”账户期末余额后的净额填列。

（14）“长期应收款”项目，反映企业长期应收款的净额。本项目应根据“长期应收款”账户的期末余额，减去将于一年内到期的部分、“未确认融资收益”账户期末余额、“坏账准备”账户中按长期应收款计提的坏账损失后的净额填列。

（15）“长期股权投资”项目，反映投资方对被投资单位实施控制、重大影响的权益性投资，以及对其合营企业的权益性投资。本项目应根据“长期股权投资”账户的期末余额，减去“长期股权投资减值准备”账户期末余额后的净额填列。

（16）“投资性房地产”项目，反映企业持有的投资性房地产。企业采用成本模式计量投资性房地产的，本项目应根据“投资性房地产”账户的期末余额，减去“投资性房地产累计折旧（摊销）”和“投资性房地产减值准备”账户期末余额后的净额填列；企业采用公允价值模式计量投资性房地产的，本项目应根据“投资性房地产”账户的期末余额填列。

（17）“固定资产”项目，反映资产负债表日企业固定资产的期末账面价值和企业尚未清理完毕的固定资产清理净损益。本项目应根据“固定资产”账户的期末余额，减去“累计折旧”和“固定资产减值准备”账户的期末余额后的余额，以及“固定资产清理”账户的期末余额填列。

（18）“在建工程”项目，反映资产负债表日企业尚未达到预定可使用状态的在建工程的期末账面价值和企业为在建工程准备的各种物资的期末账面价值。本项目应根据“在建工程”账户的期末余额，减去“在建工程减值准备”账户的期末余额后的金额，以及“工程物资”账户的期末余额，减去“工程物资减值准备”账户的期末余额后的金额填列。

（19）“无形资产”项目，反映企业持有的各项无形资产的成本减去累计摊销和减值准备后的净值。本项目应根据“无形资产”账户的期末余额，减去“累计摊销”和“无形资产减值准备”账户期末余额后的净额填列。

（20）“开发支出”项目，反映企业开发无形资产过程中发生的、尚未形成无形资产成本的支出。本项目应根据“研发支出”账户中所属的“资本化支出”明细账户期末余额填列。

（21）“商誉”项目，反映企业合并中形成商誉的价值。本项目应根据“商誉”账户的期末余额，减去相应减值准备后的金额填列。

（22）“长期待摊费用”项目，反映企业已经发生但应由本期和以后各期负担的分摊期限在一年以上（不含一年）的各项费用。长期待摊费用中在一年内（含一年）摊销的部分，在资产负债表“一年内到期的非流动资产”项目填列。本项目应根据“长期待摊费用”账户的期末余额减去将于一年内（含一年）摊销的数额后的净额分析填列。

（23）“递延所得税资产”项目，反映企业确认的可抵扣暂时性差异产生的递延所得税资产。本项目应根据“递延所得税资产”账户期末余额填列。

（24）“其他非流动资产”项目，反映企业除以上资产以外的其他非流动资产。本项目应根据有关账户的期末余额填列。

2．负债项目的具体内容和填列说明

（1）“短期借款”项目，反映企业向银行或其他金融机构等借入的期限在一年以下（含一年）的各种借款。本项目应根据“短期借款”账户的期末余额填列。

（2）“以公允价值计量且其变动计入当期损益的金融负债”项目，反映企业发行短期债券等所形成的以公允价值计量且其变动计入当期损益的金融负债的公允价值。本项目应根据“交易性金融负债”账户的相关明细账户的期末余额填列。

（3）“衍生金融负债”项目，反映企业衍生工具形成负债的期末余额。本项目应根据有关账户期末余额填列。

（4）“应付票据”项目，反映资产负债表日以摊余成本计量的、企业因购买材料、商品和接受服务等开出、承兑的商业汇票，包括银行承兑汇票和商业承兑汇票。本项目应根据“应付票据”账户的期末余额填列。

（5）“应付账款”项目，反映资产负债表日以摊余成本计量的、企业因购买材料、商品和接受服务等经营活动应支付的款项。本项目应根据“应付账款”和“预付账款”账户所属的相关明细账户的期末贷方余额合计数填列。

（6）“预收款项”项目，反映企业按合同规定预收的款项。本项目应根据“预收账款”和“应收账款”账户所属各明细账户的期末贷方余额合计填列。如“预收账款”账户所属明细账户期末有借方余额的，应在资产负债表“应收账款”项目内填列。

（7）“应付职工薪酬”项目，反映企业为获得职工提供的服务或解除劳动关系而给予的各种形式的报酬或补偿。企业提供给职工配偶、子女、受赡养人、已故员工遗属及其他受益人等的福利，也属于职工薪酬。职工薪酬主要包括短期薪酬、离职后福利、辞退福利和其他长期职工福利。本项目应根据“应付职工薪酬”账户的期末贷方余额填列，如“应付职工薪酬”账户期末为借方余额，以“-”号填列。

（8）“应交税费”项目，反映企业按照税法规定计算的期末未交、多交或未抵扣的各种税费。本项目应根据“应交税费”账户的期末贷方余额填列。如“应交税费”账户期末为借方余额，以“-”号填列。

（9）“其他应付款”项目，反映除短期借款、应付票据、应付账款、应付职工薪酬、应交税费、应付利润以及预提费用以外的各种偿付期在一年以内的款项，如出租、出借包装物收取的押金等。本项目应根据“应付利息”“应付股利”和“其他应付款”账户的期末余额合计数填列。

（10）“持有待售负债”项目，反映资产负债表日处置组中与划分为持有待售类别的资产直接相关的负债的期末账面价值。本项目应根据“持有待售负债”账户的期末余额填列。

（11）“一年内到期的非流动负债”项目，反映企业各种非流动负债将于资产负债表日后一年内到期部分的金额，包括一年内到期的长期借款、长期应付款和应付债券。本项目应根据上述账户的期末余额分析计算后填列。

（12）“其他流动负债”项目，反映企业除以上流动负债以外的其他流动负债。本项目应根据有关账户的期末余额填列。如其他流动负债价值较大，应在会计报表附注中披露其内容及金额。

（13）“长期借款”项目，反映企业向银行或其他金融机构借入的尚未归还的期限在一年期以上（不含一年）的各期借款。本项目应根据“长期借款”账户的期末余额减去一年内到期部分的金额填列。

（14）“应付债券”项目，反映企业为筹集资金而发行的债券本金和利息。对于资产负债表日企业发行的金融工具，分类为金融负债的，应在“应付债券”项目下增设“优先股”和“永续债”两个项目，分别反映企业发行的分类为金融负债的优先股和永续债的账面价值。本项目应根据相关账户的期末余额填列。

（15）“长期应付款”项目，反映资产负债表日企业除长期借款和应付债券以外的其他各种长期应付款的期末账面价值。本项目应根据“长期应付款”账户的期末余额，减去“未确认融资费用”账户期末金额，以及“专项应付款”账户的期末余额填列。

（16）“预计负债”项目，反映企业计提的各种预计负债。本项目应根据“预计负债”账户期末余额填列。

（17）“递延收益”项目，反映尚待确认的收入或收益，包括企业根据政府补助准则确认的应在以后期间计入当期损益的政府补助金额、售后租回形成融资租赁的售价与资产账面价值差额等其他递延性收入。本项目应根据“递延收益”账户的期末余额填列。

（18）“递延所得税负债”项目，反映企业根据应纳税暂时性差异确认的递延所得税负债。本项目应根据“递延所得税负债”账户期末余额填列。

（19）“其他非流动负债”项目，反映企业除长期借款、应付债券等项目以外的其他非流动负债。本项目应根据有关账户的期末余额减去将于一年内（含一年）到期偿还数后的余额分析填列。非流动负债各项目中将于一年内（含一年）到期的非流动负债，应在“一年内到期的非流动负债”项目内反映。

3. 所有者权益项目的具体内容和填列说明

（1）“实收资本（或股本）”项目，反映企业各投资者实际投入的资本（或股本）总额。本项目应根据“实收资本（或股本）”账户的期末余额填列。

（2）“其他权益工具”项目，反映资产负债表日企业发行在外的除普通股以外分类为权益工具的金融工具的账面价值，并在“其他权益工具”项目下增设“优先股”和“永续债”两个项目，分别反映企业发行的分类为权益工具的优先股和永续债的账面价值。本项目应根据相关账户的期末余额填列。

（3）“资本公积”项目，反映企业资本公积的期末余额。本项目应根据“资本公积”账户的期末余额填列，其中“库存股”按“库存股”账户余额填列。

（4）“其他综合收益”项目，反映企业其他综合收益的期末余额，本项目应根据“其他综合收益”账户的期末余额填列。

（5）“专项储备”项目，反映高危行业企业按国家规定提取的安全生产费的期末账面价值。本项目应根据“专项储备”账户的期末余额填列。

（6）“盈余公积”项目，反映企业盈余公积的期末余额。本项目应根据“盈余公积”账户的期末余额填列。

（7）“未分配利润”项目，反映企业尚未分配的利润。本项目应根据“本年利润”账户和“利润分配”账户的期末余额计算填列，如为未弥补的亏损，在本项目内以“-”号填列。

六、资产负债表的编制实例

【例 9-6】 2019 年 11 月 30 日，华夏有限公司的资产负债表（上年年末余额略）及 2019 年 12 月 31 日的账户余额表分别如表 9-8 和表 9-9 所示。

表 9-8 资产负债表

会企 01 表

编制单位：华夏有限公司　　　2019 年 11 月 30 日　　　单位：元

资　产	期末余额	上年年末余额	负债和所有者权益	期末余额	上年年末余额
流动资产：			流动负债：		
货币资金	1 306 600		短期借款	300 000	
以公允价值计量且其变动计入当期损益的金融资产			以公允价值计量且其变动计入当期损益的性金融负债		
衍生金融资产			衍生金融负债		
应收票据	55 000		应付票据	20 000	
应收账款	500 000		应付账款	600 000	
预付款项	100 000		预收款项	0	
其他应收款	50 000		应付职工薪酬	200 000	
存货	2 580 000		应交税费	76 000	
持有待售资产			其他应付款	136 810	
一年内到期的非流动资产			持有待售负债		
其他流动资产	100 000		一年内到期的非流动负债	200 000	
流动资产合计	4 691 600		其他流动负债		
非流动资产：			流动负债合计	1 532 810	
可供出售金融资产			非流动负债：		
持有至到期投资			长期借款	960 000	
长期应收款			应付债券		
长期股权投资			其中：优先股		
投资性房地产			永续债		
固定资产	2 100 000		长期应付款		
在建工程			预计负债		
生产性生物资产			递延收益		
油气资产			递延所得税负债		
无形资产	800 000		其他非流动负债		
开发支出			非流动负债合计	960 000	
商誉			负债合计	2 492 810	
长期待摊费用			所有者权益（或股东权益）：		
递延所得税资产			实收资本（或股本）	5 000 000	
其他非流动资产	300 000		其他权益工具		
非流动资产合计	3 200 000		其中：优先股		
			永续债		
			资本公积	200 000	
			减：库存股		

续表

资　产	期末余额	上年年末余额	负债和所有者权益	期末余额	上年年末余额
			其他综合收益		
			专项储备		
			盈余公积	118 622	
			未分配利润	80 168	
			所有者权益（或股东权益）合计	5 398 790	
资产总计	7 891 600		负债和所有者权益（或股东权益）总计	7 891 600	

表 9-9　账户余额表

编制单位：华夏有限公司　　　　2019 年 12 月 31 日　　　　单位：元

账户名称	借方余额	账户名称	贷方余额
库存现金	2 000	短期借款	50 000
银行存款	1 325 700	应付票据	100 000
其他货币资金	73 000	应付账款	930 000
应收票据	62 000	——钢石公司（贷）	950 000
应收账款	540 000	——依顿公司（借）	20 000
——天马公司（借）	540 000	预收账款	-30 000
预付账款	80 000	——华佳公司（借）	30 000
——健百公司（借）	580 000	其他应付款	80 000
——艺钢公司（贷）	500 000	应付职工薪酬	240 000
其他应收款	15 000	应交税费	126 000
材料采购	180 000	应付利息	20 200
原材料	145 000	应付股利	92 000
周转材料	28 000	长期借款 其中：一年内到期的长期借款	1 160 000 300 000
库存商品	2 315 000	股本	5 000 000
其他流动资产	100 000	资本公积	200 000
固定资产	2 400 000	盈余公积	121 000
累计折旧	-370 000	利润分配（未分配利润）	226 500
无形资产	720 000		
其他长期资产	700 000		
合　　计	8 315 700	合　　计	8 315 700

根据上述资料编制华夏有限公司2019年12月31日的资产负债表，如表9-10所示。

表 9-10　资产负债表　　会企 01 表

编制单位：华夏有限公司　　2019 年 12 月 31 日　　单位：元

资　产	期末余额	上年年末余额	负债和所有者权益（或股东权益）	期末余额	上年年末余额
流动资产：			流动负债：		
货币资金	1 400 700	1 306 600	短期借款	50 000	300 000
以公允价值计量且其变动计入当期损益的金融资产			以公允价值计量且其变动计入当期损益的性金融负债		
衍生金融资产			衍生金融负债		
应收票据	62 000	55 000	应付票据	100 000	20 000
应收账款	570 000	500 000	应付账款	1 450 000	600 000
预付款项	600 000	100 000	预收款项		
其他应收款	15 000	50 000	应付职工薪酬	240 000	200 000
存货	2 668 000	2 580 000	应交税费	126 000	76 000
持有待售资产			其他应付款	192 200	136 810
一年内到期的非流动资产			持有待售负债		
其他流动资产	100 000	100 000	一年内到期的非流动负债	300 000	200 000
流动资产合计	5 415 700	4 691 600	其他流动负债		
非流动资产：			流动负债合计	2 458 200	1 532 810
可供出售金融资产			非流动负债：		
持有至到期投资			长期借款	860 000	960 000
长期应收款			应付债券		
长期股权投资			其中：优先股		
投资性房地产			永续债		
固定资产	2 030 000	2 100 000	长期应付款		
在建工程			预计负债		
生产性生物资产			递延收益		
油气资产			递延所得税负债		
无形资产	720 000	800 000	其他非流动负债		
开发支出			非流动负债合计	860 000	960 000
商誉			负债合计	3 318 200	2 492 810
长期待摊费用			所有者权益（或股东权益）：		
递延所得税资产			实收资本（或股本）	5 000 000	5 000 000
其他非流动资产	700 000	300 000	其他权益工具		
非流动资产合计	3 450 000	3 200 000	其中：优先股		
			永续债		

续表

资　产	期末余额	上年年末余额	负债和所有者权益（或股东权益）	期末余额	上年年末余额
			资本公积	200 000	200 000
			减：库存股		
			其他综合收益		
			盈余公积	121 000	118 622
			未分配利润	226 500	80 168
			所有者权益（或股东权益）合计	5 547 500	5 398 790
资产总计	8 865 700	7 891 600	负债和所有者权益（或股东权益）总计	8 865 700	7 891 600

第三节　利润表

一、利润表的概念和作用

（一）利润表的概念

利润表，又称损益表，是反映企业在一定会计期间经营成果的会计报表。利润表是根据“收入-费用=利润”的会计等式设计的，属于动态报表。利润表把一定期间的营业收入与其同一会计期间相关的营业费用进行配比，以计算出企业一定期间的净利润（或净亏损）。

（二）利润表的作用

（1）利润表反映企业的经营成果和盈利能力。报表使用者根据利润表反映企业在一定会计期间的收入、成本和费用情况，可了解企业生产经营成果及其形成原因。通过利润表提供的不同时期的比较数字（本月数、本年累计数和上年数），可以评价企业当期盈利水平，了解企业的盈利能力和盈利的稳定性，并可据此预测企业今后利润的发展趋势。

（2）利润表有助于企业管理人员制定经营决策。企业管理部门通过比较和分析利润表各构成要素，能够知悉成本费用同收入之间的比例关系，了解企业现有经济资源的利用效率，并可以发现经营管理中存在的问题，进而做出正确的经营决策，努力改善经营管理，提高经济效益。

（3）利润表是评价和考核经营业绩的依据。企业管理人员通过对利润表中收入、成本和费用的变动分析，可以较为客观地评价和考核各部门和各级管理人员的经营业绩，督促其尽职尽责，完成好本职工作。

二、利润表的结构和内容

利润表在结构上包括表头、表体和补充资料三部分。

利润表的表头包括表名、编制单位、编制期间和金额单位等内容。

利润表的表体是利润表的基本内容部分，有多步式和单步式两种格式。我国的利润表一般采用多步式，对收入与费用、损失项加以归类，分步反映本期收益的计算过程。

在利润表中，收入按照重要程度列示，主要包括营业收入、公允价值变动净收益、投资收益和营业外收入；费用则按照性质列示，并与相关收入相配比，主要包括营业成本、税金及附加、销售费用、管理费用、财务费用、资产减值损失、营业外支出和所得税费用等；利润则按照形成过程列示，依次是营业利润、利润总额、净利润、其他综合收益的税后净额、综合收益总额和每股收益。

我国企业利润表的格式一般如表 9-11 所示（适用于未执行新金融准则、新收入准则和新租赁准则的企业）。

表 9-11 利润表

会企 02 表

编制单位：　　　　　　　　______年度　　　　　　　　元

项　目	本期金额	上期金额
一、营业收入		
减：营业成本		
税金及附加		
销售费用		
管理费用		
研发费用		
财务费用		
其中：利息费用		
利息收入		
加：其他收益		
投资收益（损失以“-”号填列）		
其中：对联营企业和合营企业的投资收益		
公允价值变动收益（损失以“-”号填列）		
资产减值损失（损失以“-”号填列）		
资产处置收益（损失以“-”号填列）		
二、营业利润（亏损以“-”号填列）		
加：营业外收入		
减：营业外支出		
三、利润总额（亏损总额以“-”号填列）		
减：所得税费用		

续表

项　目	本期金额	上期金额
四、净利润（净亏损以“-”填列）		
（一）持续经营净利润（净亏损以“-”号填列）		
（二）终止经营净利润（净亏损以“-”号填列）		
五、其他综合收益的税后净额		
（一）不能重分类进损益的其他综合收益		
1．重新计算设定受益计划变动额		
2．权益法下不能转损益的其他综合收益		
……		
（二）将重分类进损益的其他综合收益		
1．权益法下可转损益的其他综合收益		
2．可供出售金融资产公允价值变动损益		
3．持有至到期投资重分类为可供出售金融资产损益		
4．现金流量套期损益的有效部分		
5．外币财务报表折算差额		
……		
六、综合收益总额		
七、每股收益		
（一）基本每股收益		
（二）稀释每股收益		

三、利润表的编制

（一）利润表的编制方法

1．利润表的基本编制方法

利润表中“上期金额”栏内各项数字，根据上年该期利润表“本期金额”栏内所列数字填列。如果上年度利润表的项目名称和内容与本年度利润表不相一致，应对上年度利润表项目的名称和数字按本年度的规定进行调整，填入报表的“上期金额”栏。

利润表中“本期金额”栏内各项数字一般应根据各损益类账户的发生额分析填列。

（1）根据损益类账户的本期发生净额直接填列。利润表中的项目绝大部分与损益类账户名称相同，这些项目均可根据损益类账户的本期发生净额直接填列，具体包括“税金及附加”“销售费用”“管理费用”“财务费用”“公允价值变动收益”（若为损失，则以“-”号填列）“投资收益”（若为损失，则以“-”号填列）“营业外收入”“营业外支出”“所得税费用”等。

（2）根据损益类账户的本期发生额合并填列。利润表中的“营业收入”项目，应根据损益类账户中的“主营业务收入”与“其他业务收入”发生额相加后的金额填列；“营业成本”项目，应根据损益类账户中的“主营业务成本”与“其他业务成本”发生额相加后的金额填列。

（3）根据表内项目计算填列。利润表中的“营业利润”“利润总额”和“净利润”项目是根据表内项目的加减计算结果填列的。“每股收益”“基本每股收益”“稀释每股收益”项目是根据平均计算结果填列的。

“营业利润”“利润总额”“净利润”的计算公式分别如下：

营业利润=营业收入−营业成本−税金及附加−销售费用−管理费用−财务费用−资产减值损失+其他收益+公允价值变动收益（−公允价值变动损失）+投资收益（−投资损失）+资产处置收益（−资产处置损失）

利润总额=营业利润+营业外收入−营业外支出

净利润=利润总额−所得税费用

2. 利润表的编制步骤

多步式利润表按照以下六个步骤进行编制：

第一步，从营业收入出发，减去营业成本、税金及附加、销售费用、管理费用、财务费用和资产减值损失，再加上其他收益、公允价值变动收益（减去公允价值变动损失）、投资收益（减去投资损失）和资产处置收益（减去资产处置损失），计算出营业利润。

第二步，从营业利润开始，加上营业外收入，减去营业外支出，计算出利润总额。

第三步，在利润总额的基础上，扣除所得税费用后，计算出净利润（或净亏损）。

第四步，根据企业会计准则的规定，未在损益中确认的各项利得和损失扣除所得税影响后的净额为基础，计算其他综合收益的税后净额。

第五步，以净利润（或净亏损）和其他综合收益的税后净额为基础，计算综合收益总额。

第六步，以净利润（或净亏损）为基础，计算每股收益。

3. 利润表“本期金额”栏中各项目的具体内容及填列说明

（1）“营业收入”项目，反映企业经营主要业务和其他业务所确认的收入总额。本项目应根据“主营业务收入”和“其他业务收入”账户的发生额分析填列。

（2）“营业成本”项目，反映企业经营主要业务和其他业务所发生的成本总额。本项目应根据“主营业务成本”和“其他业务成本”账户的发生额分析填列。

（3）“税金及附加”项目，反映企业经营业务应负担的消费税、城市维护建设税、资源税、房产税、土地使用税、车船使用税、印花税和教育费附加等。本项目应根据“税金及附加”账户的发生额分析填列。

（4）“销售费用”项目，反映企业在销售商品过程中发生的包装费、广告费等费用和为销售本企业商品而专设的销售机构的职工薪酬、业务费等经营费用。本项目应根据“销售费用”账户的发生额分析填列。

（5）“管理费用”项目，反映企业为组织和管理生产经营发生的管理费用。本项目应根据“管理费用”账户的发生额分析填列。

（6）“研发费用”项目，反映企业进行研究与开发过程中发生的费用化支出，以及计入管理费用的自行开发无形资产的摊销。该项目应根据“管理费用”账户下的“研发费用”明细账户发生额，以及“管理费用”账户下的“无形资产摊销”明细账户的发生额分析填列。

（7）“财务费用”项目，反映企业筹集生产经营所需资金等而发生的筹资费用，并在“财务费用”项目下增设“利息费用”和“利息收入”两个项目，分别反映企业为筹集生产经营所需资金等而发生的应予费用化的利息支出和企业按照相关会计准则确认的应冲减财务费用的利息收入。本项目应根据“财务费用”账户的发生额分析填列。

（8）“资产减值损失”项目，反映企业各项资产发生的减值损失。本项目应根据“资产减值损失”账户的发生额分析填列。

（9）“其他收益”项目，反映企业计入其他收益的政府补助，以及其他与日常活动相关且计入其他收益的项目。本项目应根据“其他收益”账户的发生额分析列示。

（10）“投资收益”项目，反映企业以各种方式对外投资所取得的收益。本项目应根据“投资收益”账户的发生额分析填列。如为投资损失，本项目以“-”号填列。

（11）“公允价值变动收益”项目，反映企业应当计入交易性金融资产、交易性金融负债，以及采用公允价值模式计量的投资性房地产、衍生工具、套期保值业务等公允价值变动形成的应计入当期损益的利得或损失。本项目应根据“公允价值变动损益”账户的发生额分析填列，如为净损失，本项目以“-”号填列。

（12）“资产处置收益”项目，反映企业出售划分为持有待售的非流动资产（金融工具、长期股权投资和投资性房地产除外）或处置组（子公司和业务除外）时确认的处置利得或损失，以及处置未划分为持有待售的固定资产、在建工程、生产性生物资产及无形资产而产生的处置利得或损失。债务重组中因处置非流动资产产生的利得或损失和非货币性资产交换中换出非流动资产产生的利得或损失也包括在本项目内。该项目应根据“资产处置损益”账户的发生额分析填列；如为处置损失，以“-”号填列。

（13）“营业利润”项目，反映企业实现的营业利润。如为亏损，本项目以“-”号填列。

（14）“营业外收入”项目，反映企业发生的除营业利润以外的收益，主要包括与企业日常活动无关的政府补助、盘盈利得、捐赠利得（企业接受股东或股东的子公司直接或间接的捐赠，经济实质属于股东对企业的资本性投入的除外）等。该项目应根据“营业外收入”账户的发生额分析填列。

（15）“营业外支出”项目，反映企业发生的除营业利润以外的支出，主要包括公益性捐赠支出、非常损失、盘亏损失和非流动资产毁损报废损失等。该项目应根据“营业外支出”账户的发生额分析填列。

（16）“利润总额”项目，反映企业实现的利润。如为亏损，本项目以“-”号填列。

（17）“所得税费用”项目，反映企业应从当期利润总额中扣除的所得税费用。本项目应根据“所得税费用”账户的发生额分析填列。

（18）“净利润”项目，反映企业实现的净利润。如为亏损，本项目以“-”号填列。

（19）“（一）持续经营净利润”和“（二）终止经营净利润”项目：分别反映净利

润中与持续经营相关的净利润和与终止经营相关的净利润；如为净亏损，以“-”号填列。该两个项目应按照《企业会计准则第 42 号——持有待售的非流动资产、处置组和终止经营》的相关规定分别列报。

（20）“其他综合收益的税后净额”项目，反映企业根据企业会计准则规定未在损益中确认的各项利得和损失扣除所得税影响后的净额。

（21）“综合收益总额”项目，反映企业净利润与其他综合收益的合计金额。

（22）“每股收益”项目，包括基本每股收益和稀释每股收益两项指标，反映普通股或潜在普通股已公开交易的企业，以及正处在公开发行普通股或潜在普通股过程中的企业的每股收益信息。

（23）“基本每股收益”项目，按照归属于普通股股东的当期净利润除以当期实际发行在外普通股的加权平均数计算确定。计算基本每股收益时，分子为归属于普通股股东的当期净利润。发生亏损的企业，每股收益以“-”号列示。

（24）“稀释每股收益”项目，计算稀释每股收益时，当期发行在外普通股的加权平均数应当为计算基本每股收益时普通股的加权平均数与假定稀释性潜在普通股转换为已发行普通股而增加的普通股股数的加权平均数之和。

（二）利润表的编制实例

【例 9-7】 华夏有限公司 2019 年度有关损益类账户的本年累计发生净额如表 9-12 所示。

表 9-12 华夏有限公司损益类账户 2019 年度累计发生净额

单位：元

账户名称	借方发生额	贷方发生额
主营业务收入		1 200 000
其他业务收入		100 000
主营业务成本	720 000	
其他业务成本	60 000	
税金及附加	2 000	
销售费用	58 390	
管理费用	254 800	
财务费用	42 500	
营业外收入		50 000
营业外支出	17 200	
所得税费用	48 778	

根据上述资料，编制华夏有限公司 2019 年度利润表，如表 9-13 所示。

表 9-13　利润表（简表）

会企 02 表

编制单位：华夏有限公司　　2019 年度　　单位：元

项　目	本期金额	上期金额
一、营业收入	1 300 000	
减：营业成本	780 000	
税金及附加	2 000	
销售费用	58 390	
管理费用	254 800	
研发费用	（略）	
财务费用	42 500	
投资收益（损失以“–”号填列）	（略）	
公允价值变动收益（损失以“–”号填列）	（略）	
资产减值损失（损失以“–”号填列）	（略）	
资产处置收益（损失以“–”号填列）	（略）	
二、营业利润（亏损以“–”号填列）	162 310	
加：营业外收入	50 000	
减：营业外支出	17 200	
三、利润总额（亏损总额以“–”号填列）	195 110	
减：所得税费用	48 778	
四、净利润（净亏损以“–”填列）	146 322	
五、其他综合收益的税后净额	（略）	
六、综合收益总额	（略）	
七、每股收益	（略）	